"十四五"时期国家重点出版物出版规划项目

中国共产党百年教育理论与实践研究

总主编 靳诺
执行主编 郑水泉 刘复兴

教育理论与政策

JIAOYU LILUN YU ZHENGCE

刘复兴 等 著

中国人民大学出版社
·北京·

中国共产党百年教育理论与实践研究丛书
编委会

总 主 编 靳 诺
执 行 主 编 郑水泉　刘复兴
编委会成员（按姓氏笔画排序）
　　　　　王树荫　邬志辉　刘复兴　吴 霓　张 剑
　　　　　张晓京　周光礼　郑水泉　胡百精　胡莉芳
　　　　　侯慧君　秦 宣　唐景莉　曾天山　靳 诺

总　序

2021年7月1日是中国共产党成立一百周年纪念日。2021年也是我们党的百年党史学习教育之年。2021年2月20日，习近平总书记在党史学习教育动员大会上强调："我们党的一百年，是矢志践行初心使命的一百年，是筚路蓝缕奠基立业的一百年，是创造辉煌开辟未来的一百年。……回望过往的奋斗路，眺望前方的奋进路，我们必须把党的历史学习好、总结好，把党的成功经验传承好、发扬好。"在庆祝我们党百年华诞的重大历史时刻，在"两个一百年"奋斗目标历史交汇的关键节点，我们着力推进"中国共产党百年教育理论与实践研究丛书"的编撰和出版工作，总结我们党百年来举办党和人民的教育事业的历史经验、伟大成就与重大意义。这是一件十分重要的工作，具有重大的历史价值、理论意义与实践意义。

第一，中国共产党自成立以来就高度重视教育工作，并取得了伟大历史性成就。在一百年的光辉历程中，中国共产党始终高度重视教育事业，在吸收中华优秀传统文化、西方优秀文化合理内核的基础上，以马克思主义为指导，结合新民主主义革命时期、社会主义革命和建设时期、改革开放和社会主义现代化建设新时期、中国特色社会主义新时代等不同历史阶段党的使命和任务，大力推动思想政治教育、义务教育、高等教育、职业教育与成人教育、农村教育、干部教育、妇女教育等教育事业的创新发展，为中国革命和社会主义建设输送了大批人才，为保障不同历史时期党的事业发展和战略目标的实现提供了坚实的智力支撑。特别是党的十八大以来，习近平总书记就教育改革发展作出了一系列重要讲话、指示批示，提出了一系列新理念新思想新观点，从根本上阐明了新时代中国特色社会主义教育的发展道路，回答了一系列方向性根本性战略性问题，为加快推进教育现代化、建设教育强国、办好人民满意的教育提供了根本遵循和行动指南。

第二，扎根中国大地办教育，必须坚持党的全面领导，传承党的红色基因。教育的发展必须有适合其生长的环境和土壤。中国的教育有着独特的内在逻辑和生成规律，我们党创造性地运用马克思主义基本原理和科学方法，在实践中形成了一系列关于教育工作的理论、方针和政策。我们需要循脉而行，不断深化对教育初心使命的领悟，从党史之脉把握教育的根本任务，从大历史观把握教育的战略定位，从百年奋斗把握教育的历史贡献。中国共产党办教育之所以取得伟大成就，根本原因在于坚持党对教育事业的全面领导，这为我国教育事业的健康发展提供了坚强的政治和组织保证。中国共产党办教育坚持马克思主义在教育工作中的指导地位，坚持教育的社会主义性质和办学方向，强调把为人民服务、为社会主义建设服务作为教育工作的根本宗旨，强调受教育者德智体美劳的全面发展。中国共产党办教育，正如同中国共产党发展自身一样，传承红色基因，赓续红色血脉，让教育事业始终航行在正确的方向上。

第三，从校史看党的教育史，中国人民大学是中国共产党创办新型正规高等教育的典范。回顾中国共产党百年教育史，涌现了一大批标志性的办学案例和成就。中国人民大学在其中具有举足轻重的地位。作为我们党创办的第一所新型正规大学，中国人民大学的前身是1937年成立于延安的陕北公学，以及后来的华北联合大学和华北大学。85年来，中国人民大学始终与党和国家同呼吸、共命运。中国人民大学的校史，承载着我们党创办和领导新型正规高等教育的伟大实践，折射着我们党培养造就先锋分子推动革命、建设和改革的不懈求索。总结中国共产党的百年教育理论与实践就是为中国教育寻根溯源，同时既能够从中国人民大学的办学史中总结我们党创办新型正规高等教育的思想与理念，又能够从历史的实践中加深我们今天对中国共产党为什么能、马克思主义为什么行、中国特色社会主义为什么好的理解。

总　序

2020年，在学校党委的统一部署下，我们启动了"中国共产党百年教育理论与实践研究丛书"的研究与编撰工作。研究团队的成员来自多个单位，主要有中国教育报刊社、中国教育电视台、教育部职业技术教育中心研究所、国家教育行政学院、中国教育科学研究院、中国科学院大学、北京师范大学、东北师范大学以及中国人民大学等相关研究机构与高校，它们有一个共同的特点，那就是与中国共产党举办新型正规高等教育的历史具有千丝万缕的联系，具有广泛的代表性。这套丛书是对我们党百年来教育理论与实践的系统性梳理，全角度、深层次、大范围地展现了中国共产党建党一百年来是如何随着中国革命和社会主义建设实践的发展而不断推进党和人民教育事业进程的历史画卷，是系统总结我们党的教育思想与理论的历史演进、鲜明特征、中国特色和成功经验的一个重要研究项目，也是以中国人民大学为代表的全体研究与编撰人员献给我们党一百年华诞和祝贺党的二十大胜利召开的一份厚礼。这套丛书不仅具有资料性，而且具有深刻的思想性和科学的指导性，对于在新时代继承中国共产党百年教育的历史经验，坚持马克思主义指导地位，贯彻党的教育方针，坚持走中国特色社会主义教育发展道路，培养德智体美劳全面发展的社会主义建设者和接班人，加快实现教育现代化，建设教育强国，都具有十分重要的启发与指导意义。

靳　诺

2022年3月29日

目 录

第一部分　中国共产党成立与大革命时期

第一章　马克思主义教育思想 ··· 003
　一、马克思主义经典理论与教育思想 ··· 004
　二、马克思主义教育思想对中国共产党的早期影响 ···················· 010

第二章　教育为阶级斗争与土地革命服务 ··································· 017
　一、从中共一大到中共四大：党的时代任务与教育方针 ············· 018
　二、从中共一大到中共四大：党的教育实践 ······························ 027

第三章　教育唤醒有战斗力的各阶级 ·· 037
　一、以教育传播马克思主义思想，建立马克思主义信仰 ············ 038
　二、以教育团结民主革命的统一战线 ······································· 039
　三、以教育提升广大人民群众素质，推动现代化发展 ··············· 041

　附录一　中共一大到中共四大时期全国代表大会报告有关教育
　　　　　内容的节选及其他重要政策文献 ······························· 044

第二部分　土地革命战争、抗日战争与解放战争时期

第四章　新民主主义教育理论 ·· 061
　一、新民主主义的思想 ··· 062
　二、新民主主义教育思想对中国共产党的影响 ·························· 069

第五章　教育为革命战争与革命根据地的建设服务 ····················· 073
　一、从中共五大到中共七大：党的时代任务与教育方针 ············ 074

二、从中共五大到中共七大：党的教育实践……………………086
第六章　培养革命的干部……………………………………………103
　　一、以干部教育传播马克思主义思想，加强党的建设…………104
　　二、以干部教育提升革命军队战斗力，推动武装斗争…………107
　　三、以干部教育团结各革命阶级，巩固统一战线………………108
　　附录二　中共五大到中共七大时期全国代表大会报告有关教育
　　　　　　内容的节选及其他重要政策文献……………………111

第三部分　社会主义革命和建设时期

第七章　毛泽东教育思想……………………………………………117
　　一、教育要与政治、经济相适应的思想…………………………119
　　二、毛泽东关于"培养什么人"的教育思想……………………122
　　三、毛泽东关于"怎样培养人"的教育思想……………………126
第八章　教育为无产阶级政治与社会主义建设服务………………133
　　一、从新民主主义教育方针到社会主义教育方针………………134
　　二、中国社会主义的新教育道路的探索…………………………138
第九章　把培养为无产阶级政治和社会主义建设服务的劳动者作为
　　　　党的战略任务………………………………………………151
　　一、突出德育的首要地位，培养又红又专的人才………………152
　　二、德智体全面发展，为现代化建设奠定人才基础……………154
　　三、实现劳动人民知识化，知识分子劳动化……………………156
　　四、为了群众办教育，依靠群众办教育…………………………159
　　附录三　中共八大、中共十一大报告有关教育内容的节选及
　　　　　　其他重要政策文献………………………………………161

第四部分　改革开放和社会主义现代化建设新时期

第十章　中国特色社会主义教育理论………………………………173
　　一、邓小平理论与中国特色社会主义教育发展道路的
　　　　开端（1978—1993年）………………………………………174
　　二、"三个代表"重要思想与中国特色社会主义教育的
　　　　蓬勃发展（1993—2000年）…………………………………180

三、科学发展观与新世纪中国特色社会主义教育发展的
　　新拓展（2000—2012 年） ················· 185
第十一章　教育为社会主义现代化建设服务，为人民服务········ 195
　一、教育为社会主义现代化建设服务················ 196
　二、教育为人民服务、必须全面贯彻党的教育方针·········· 204
第十二章　培养德智体美全面发展的社会主义建设者和接班人····· 215
　　附录四　中共十二大到中共十七大时期全国代表大会报告有关
　　　　　教育内容的节选及其他重要政策文献············ 219

第五部分　中国特色社会主义新时代

第十三章　新时代中国特色社会主义教育理论············· 227
　一、教育是国之大计、党之大计··················· 228
　二、提出并贯彻落实教育"九个坚持"················ 233
　三、坚持创新驱动发展战略····················· 249
第十四章　贯彻落实"四为"方针··················· 253
　一、以"四为"方针为指导，为党育人、为国育才·········· 254
　二、培养德智体美劳全面发展的社会主义建设者和接班人······ 267
第十五章　努力培养堪当民族复兴重任的时代新人··········· 277
　一、提出人才培养的新标准与新要求················· 278
　二、着力培养时代新人······················· 282
　三、体现时代特征，服务时代要求·················· 286
　　附录五　中共十八大到中共二十大时期全国代表大会报告有关
　　　　　教育内容的节选及其他重要政策文献············ 291

后记 ································ 297

第一部分　中国共产党成立与大革命时期

第一章 马克思主义教育思想

一、马克思主义经典理论与教育思想

(一)教育具有阶级性,由社会的政治、经济决定

1. 资产阶级教育是资产阶级统治的工具,无产阶级教育是无产阶级专政的工具

根据马克思主义的经典理论,"资产者唯恐其灭亡的那种教育,对绝大多数人来说不过是把人训练成机器罢了"[①]。资产阶级的物质生活决定了资产阶级的意志内容,他们的观念是资产阶级生产关系的产物,而教育作为传递意志和观念的活动,是资产阶级使得资产阶级观念固化在群众心中的统治工具。在资本主义社会,"在学校中,教师对于学校老板,可以是纯粹的雇佣劳动者","这些教师对学生来说虽然不是生产工人,但是对雇用他们的老板来说却是生产工人。老板用他的资本交换教师的劳动能力,通过这个过程使自己发财"[②],包括教育在内的非物质生产领域同样受到资本的支配作用,资产阶级通过教育将人驯化为机器,压迫无产阶级为其劳作,从而扩大自身利益实现统治和剥削。所以,教育是由社会决定的,是由借以进行教育的那种社会关系决定的,是由社会通过学校等进行的直接的或者间接的干涉决定的[③]。

对于资产阶级来说,教育是资产阶级统治的工具,而对于无产阶级来说,教育则是无产阶级专政的工具,是推翻资产阶级的工具。根据马克思主义理论,无产阶级"并没有发明社会对教育的影响",而"仅仅是要改变这种影响的性质,要使教育摆脱统治阶级的影响"[④]。"学校应当成为无产阶级专政的工具,就是说,不仅应当成为一般共产主义原则

---

① 苏联教育科学院. 马克思恩格斯论教育:上卷 [M]. 北京:人民教育出版社,1985:152.
② 马克思,恩格斯. 马克思恩格斯文集:第8卷 [M]. 北京:人民出版社,2009:417.
③④ 同①153.

的传播者，而且应当从思想上、组织上、教育上实现无产阶级对劳动群众中的半无产的和非无产的阶层的影响，以利于彻底镇压剥削者的反抗和实现共产主义制度。"[1] 列宁强调无产阶级"办学的事业同样也是一种推翻资产阶级的斗争"[2]，所以学校不可以脱离生活，不可以脱离政治。十月革命胜利之后，列宁又强调国民教育要继续努力，提出"把学校由资产阶级的阶级统治工具变为摧毁这种统治和完全消灭社会阶级划分的工具"[3]。

2. 教育不能脱离政治、经济

教育受到经济的制约，"教育一般说来取决于生活条件，资产者认为道德教育就是灌输资产阶级的原则"，但是"资产阶级没有使人民受到真正教育的经费，即使有这笔经费，它也不肯使用"[4]。同时教育受到政治的制约，"资产阶级国家愈文明，它就愈会骗人，说学校可以脱离政治而为整个社会服务。事实上，学校完全变成了资产阶级阶级统治的工具，它浸透了资产阶级的等级观念，它的目的是为资本家培养恭顺的奴才和能干的工人"[5]，所以"教育'脱离政治'，教育'不问政治'，都是资产阶级的伪善的说法，这正是对百分之九十九是受教会势力和私有制等等压迫的群众的欺骗"[6]。

一定的教育受到一定的政治、经济的制约，教育不能脱离政治、经济等社会因素存在，不能把教育当作一个特殊口号，把它跟政治、经济对立起来[7]。教育要与阶级斗争的实际相结合，与社会革命本身相结合，"可以用来进行教育的不单只是书本，甚至书本还不如革命的进程本身，它打开群众的眼界，使群众受到政治锻炼"[8]。同时"一方面，为了建立正确的教育制度，需要改变社会条件，另一方面，为了改变社

---

[1] 列宁. 列宁选集：第3卷 [M]. 2版. 北京：人民出版社，1972：765.
[2] 列宁. 列宁全集：第35卷 [M]. 2版. 北京：人民出版社，1985：77.
[3] 列宁. 列宁全集：第36卷 [M]. 2版. 北京：人民出版社，1985：106.
[4] 苏联教育科学院. 马克思恩格斯论教育：上卷 [M]. 北京：人民教育出版社，1985：149.
[5] 同②.
[6] 列宁. 列宁选集：第4卷 [M]. 2版. 北京：人民出版社，1972：364.
[7] 列宁. 列宁全集：第10卷 [M]. 2版. 北京：人民出版社，1987：336.
[8] 列宁. 列宁全集. 第8卷 [M]. 北京：人民出版社，1959：257.

会条件，又需要相应的教育制度"①，教育发展一定要从现实情况出发，联系我们的政治、经济问题，"我们都不能持有教育脱离政治的旧观点，我们不能让教育工作不联系政治"②。

3. 无产阶级专政条件下，思想领域是无产阶级同资产阶级斗争的一条重要战线

"所有这些对共产主义的物质产品的占有方式和生产方式的责备，也被扩展到精神产品的占有和生产方面。"③ "共产主义革命就是同传统的所有制关系实行最彻底的决裂；毫不奇怪，它在自己的发展进程中要同传统的观念实行最彻底的决裂。"④ 无产阶级专政最根本的是从思想上、精神上与资产阶级决裂，而教育是改变思想、形成观念、凝聚精神最重要的活动，"正如阶级的所有制的终止在资产者看来是生产本身的终止一样，阶级的教育的终止在他们看来就等于一切教育的终止"⑤。所以，"教育是一种武器，其效果是取决于谁把它掌握在手中，用这个武器去打击谁"⑥，必须实现教育为阶级斗争服务、为无产阶级专政服务，"把整个雇佣工人阶级培养成为使全人类摆脱一切压迫而斗争的战士"，"经常教育这一阶级的不断出现的新阶层；必须善于接近这一阶级的最不开化、最不成熟、而我们的科学和生活的科学也很少触动的代表们，以便能够跟他们谈得来，能够接近他们，能够坚持不懈地耐心地提高他们，使他们具有社会民主主义的觉悟；但不要把我们的理论变成枯燥乏味的教条，不要光用书本子教他们理论，而要让他们参加日常的斗争"⑦。从教育的改变入手推动社会的改变，让教育成为革命的实践，使得"环境的改变和人的活动或自我改变的一致"⑧，让社会主义的学校成为无产阶级专政的工具，在社会无产阶级政治活动中充分发挥教育

---

① 苏联教育科学院. 马克思恩格斯论教育：下卷 [M]. 北京：人民教育出版社，1986：10.
② 列宁. 列宁选集：第4卷 [M]. 2版. 北京：人民出版社，1972：363.
③ 马克思，恩格斯. 马克思恩格斯文集：第2卷 [M]. 北京：人民出版社，2009：48.
④ 同③52.
⑤ 同③.
⑥ 北京师范大学教育系，中国人民解放军一二〇一工厂工人理论组. 马克思恩格斯列宁斯大林论教育 [M]. 北京：人民教育出版社，1977：10.
⑦ 同⑥14.
⑧ 马克思，恩格斯. 马克思恩格斯选集：第1卷 [M]. 3版. 北京：人民出版社，2012：134.

的因素，从而推动实现无产阶级的胜利。

（二）提升工农文化水平，在生产劳动中开展教育

1. 提高工农的文化水平是社会主义革命和建设的最迫切任务之一

"凯博士在他的'改进英国教育事业的最新措施'一书中，把一切都归结为忽视教育问题。"[①] 在资产阶级看来，如果工人"懂得'商业的自然规律'"，"懂得那些必然使他们陷于赤贫的规律"，"就会'阻碍英国制造业和英国商业的繁荣，会减低实业家们相互间的信任，会动摇政治的和社会的基石'"[②]，甚至导致暴动，所以资本主义的教育让工人变成机器，害怕工人获得知识。如果工人要"为改善自己的状况而进行反抗"，"就一定要在这种反抗中显出自己最动人、最高贵、最合乎人情的特性"，要将"工人的全部力量、全部活动都正好是倾注于这方面的，甚至他们为了要获得普通教育而做的一切努力也都是与此有直接联系的"[③]，其中教育的作用至关重要，提升工农的文化水平至关重要。

之所以需要提升工农的文化水平，其一是因为"只有工人、英国的贱民、穷人"才能真正拯救社会，"他们还是可塑性的材料；他们没有受过教育，但他们也没有偏见，他们还有力量从事伟大的民族事业，他们还有前途。而贵族——目前还包括资产阶级——已经日暮途穷；它的全部思想，一直到最新的结论，都已卖弄净尽，见诸实际，它的统治迅速走向灭亡"[④]，对工农进行教育能够最大限度地推进社会主义革命和建设。其二是因为"工人强烈的求知欲和追求社会主义的热情却日益增长，工人中间的真正英雄人物也不断出现，他们虽然生活环境很坏，在工厂中从事着摧残智力的苦役劳动，但是有顽强的个性和坚定的意志来不断学习，学习，再学习，使自己成为觉悟的社会民主党人，成为'工人知识分子'"[⑤]，通过教育能够让工农成为"知识分子"，使其精神需求得到满足，使队伍不断扩大，从而形成无产阶级的领导力量。其三是

---

①② 苏联教育科学院. 马克思恩格斯论教育：上卷［M］. 北京：人民教育出版社，1985：12.

③ 同①81.

④ 同①8.

⑤ 列宁. 列宁全集：第4卷［M］. 北京：人民出版社，1958：246.

因为对于工农阶级来说，知识就是力量，马克思指出："工人们！你们看，我们的大臣们对知识和工人的结合真是怕得要死！你们应当向所有的人表明：任何力量都不能阻止工人的觉醒！没有知识，工人就无法自卫；有了知识，他们就有了力量！"①

2. 发展智育、体育和技术教育，把教育与生产劳动结合起来

马克思将教育理解为三件事，分别是智育、体育和技术教育。其中智育指的是知识教育，使儿童等获得生产、生活所需要的各种知识；体育指的是"体育学校和军事训练所教授的那种东西"；技术教育指的是"教育要使儿童和少年了解生产各个过程的基本原理，同时使他们获得运用各种生产的最简单的工具的技能"②。在对儿童和少年工人教育中，"应当按不同的年龄循序渐进地授以智育、体育和技术教育课程"，其中"技术学校的部分开支应当靠出售这些学校的产品来补偿"③。

"尽管工厂法的教育条款整个说来是不足道的，但还是把初等教育宣布为劳动的强制性条件。这一条款的成就第一次证明了智育和体育同体力劳动相结合的可能性，从而也证明了体力劳动同智育和体育相结合的可能性。""虽然工厂儿童上课的时间要比正规的日校学生少一半，但学到的东西一样多，而且往往更多。"④ 这一论述表明，在发展智育、体育和技术教育的同时，要注重教育与生产劳动结合，这种从工厂制度中萌发出来的未来教育，对"所有已满一定年龄的儿童来说，就是生产劳动同智育和体育相结合，它不仅是提高社会生产的一种方法，而且是造就全面发展的人的唯一方法"⑤。"我们认为，现代工业吸引男女儿童和少年来参加伟大的社会生产事业，是一种进步的、健康的和合乎规律的趋势，虽然在资本主义制度下它是畸形的。在合理的社会制度下，每个儿童从9岁起都应当像每个有劳动能力的成人那样成为生产工作者，应当服从普遍的自然规律，这个规律就是：为了吃饭，他必须劳动，不仅用脑劳动，而且用双手劳动。"⑥ "在按照各种年龄严格调节劳动时间并采取其他保护儿童的预防措施的条件下"⑦，"把有报酬的生产劳动、

---

① 苏联教育科学院. 列宁论教育：上卷［M］. 北京：人民教育出版社，2001：21.
②③ 北京师范大学教育系，中国人民解放军一二〇一工厂工人理论组. 马克思恩格斯列宁斯大林论教育［M］. 北京：人民教育出版社，1977：24.
④⑤⑥ 同②95.
⑦ 同②96.

智育、体育和综合技术教育结合起来"①,"保证多方面的技术训练和科学教育的实践基础"② 作为改造现代社会的最强有力的手段之一,"就会把工人阶级提高到比贵族和资产阶级高得多的水平"③。

(三) 无产阶级教育事业必须由共产党领导

"只有工人阶级的政党,即共产党,才能团结、教育和组织无产阶级和全体劳动群众的先锋队,而只有这个先锋队才能抵制这些群众中不可避免的小资产阶级动摇性,抵制无产阶级中不可避免的种种行会狭隘性或行会偏见的传统和恶习的复发,并领导全体无产阶级的一切联合行动,也就是说在政治上领导无产阶级,并且通过无产阶级领导全体劳动群众。不这样,便不能实现无产阶级专政。"④ "无产阶级专政是对旧社会的势力和传统进行的顽强斗争,流血的和不流血的,暴力的和和平的,军事的和经济的,教育的和行政的斗争。千百万人的习惯势力是最可怕的势力。没有铁一般的在斗争中锻炼出来的党,没有为本阶级一切正直的人所信赖的党,没有善于考察群众情绪和影响群众情绪的党,要顺利地进行这种斗争是不可能的。"⑤ 要实现无产阶级专政就必须要工人阶级的政党共产党的领导,而无产阶级专政所要求的无产阶级教育事业,更需要在共产党的领导下才能发展和进步。

"无产阶级,通过它的先锋队共产党和所有一般无产阶级组织,应当最积极地作为最主要的成分参与整个国民教育事业"⑥,因为"教育界的资产阶级偏见特别顽固。这里进行了长期的斗争,其形式是公开怠工和顽固坚持资产阶级的偏见,我们只好慢慢地逐步地夺取共产主义阵地"⑦,要在共产党的领导下,"运用全部国家机构,使学校教育、社会教育、实际训练等等,……为无产者、为工人、为劳动农民进行工作"⑧,

---

① 北京师范大学教育系,中国人民解放军一二〇一工厂工人理论组. 马克思恩格斯列宁斯大林论教育 [M]. 北京:人民教育出版社,1977:24.
② 同①96.
③ 同①.
④ 列宁. 列宁选集:第4卷 [M]. 3版. 北京:人民出版社,1995:474.
⑤ 同④154-155.
⑥ 同①145.
⑦ 同①32.
⑧ 同①144.

并在这个立场上争取广大教师,"使知识和科学成为解放被剥削的劳动群众的工具,不再是特权者的东西,不再是巩固富人和剥削者的阵地的材料"①,"从思想上、组织上、教育上实现无产阶级对劳动群众中的半无产阶级的和非无产阶级的阶层的影响","培养能够最后实现共产主义的一代人"②。

二、马克思主义教育思想对中国共产党的早期影响

(一)教育不能脱离政治,建立无产阶级教育必先解决政治问题

1922年9月3日,李大钊在上海社会主义青年团"国际少年日纪念会"上说:"前几年,人家以为教育与政治是两件事,不用妥协。到了现在简直受了此种误解而破产。……从前蔡元培先生即抱此种观念,决不干预政治。结果国立北京八校竟有停办的危机。"③ 所以,李大钊认为要解决教育问题,必先解决政治问题,离开政治而高谈"教育救国"是不可能的,同时也不切实际,"须知政治不好,提倡教育是空谈的"④。

陈独秀于1917年7月1日在《答顾克刚》中指出:"盖一群之进化,其根本固在教育、实业,而不在政治,然亦必政治进化在水平线以上,然后教育、实业始有发展之余地。"⑤ 这说明,教育受到政治的制约,教育的发展必须以政治的发展作为依据,要先解决政治问题才能实现教育推动社会进化的目的。他说:"国民生活倘不加以政治采色,倘不以全力解决政治问题,则必无教育实业之可言,终于昏弱削亡而已。"⑥ 在1923年1月31日《教育界能不问政治吗?》一文中,陈独秀曾经质问:"所谓教育独立,是不是离开社会把教育界搬到空中去独立或是大洋中去独立?"⑦ 可见,教育脱离政治是无稽之谈,"'教育独立,

---

①② 北京师范大学教育系,中国人民解放军一二〇一工厂工人理论组.马克思恩格斯列宁斯大林论教育[M].北京:人民教育出版社,1977:34.
③ 李大钊文集:下[M].北京:人民出版社,1984:575-576.
④ 同③575.
⑤⑥ 陈独秀文章选编:上[M].北京:生活·读书·新知三联书店,1984:225.
⑦ 陈独秀文章选编:中[M].北京:生活·读书·新知三联书店,1984:238.

不问政治'"① 的观点是一种毫无常识的观点，教育不能在象牙塔中存在，教育要适应政治、适应社会发展。

作为中国无产阶级革命家、中国共产党早期青年运动领导人之一的恽代英指出，教育改造必须在社会改造的基础之上，"我们要改造教育，必须同时改造社会。要改造社会，必须同时改造教育。不然，总不能有个理想圆满的成效"②。作为中国共产党早期党员、马克思主义教育理论家的杨贤江也指出，"在阶级社会中，政治支配一般社会的精神生活过程，教育当然不在例外"③。他还引用列宁的话表示，"我们公开声明，学校可以脱离生活、脱离政治，这是撒谎骗人"④。他提出教育的政治化，即文化教育所涉及的所有范围，无处不跟随着政治势力。

（二）教育对政治具有反作用，是社会进步的工具

李大钊指出，"不改造经济组织，单求改造人类精神，必致没有效果。不改造人类精神，单求改造经济组织，也怕不能成功"⑤。教育虽然由政治所决定，但对政治具有反作用，能够改良政治、推动革命，是社会进步的工具。

李大钊认为，"我们主张以人道主义改造人类精神，同时以社会主义改造经济组织。不改造经济组织，单求改造人类精神，必致没有效果。不改造人类精神，单求改造经济组织，也怕不能成功。我们主张物心两面的改造，灵肉一致的改造"⑥。教育改造社会的重要作用在于"教育家为社会传播光明的种子"⑦，劳动人民要想改变自己的命运，也必须通过斗争赢得教育权。劳动人民赢得教育权的斗争，也必须与他们追求自身解放的根本利益相一致。可见，教育对社会革命、社会改造、社会建设都有重要的作用，正所谓"若夫国民教育，乃培根固本之图，所关至钜"⑧。陈独秀认为教育是社会进步的重要工具。他于 1922 年 3

---

① 陈独秀文章选编：中 [M]. 北京：生活·读书·新知三联书店，1984：238.
② 恽代英文集：上卷 [M]. 北京：人民出版社，1984：293.
③④ 杨贤江教育文集 [M]. 北京：教育科学出版社，1982：534.
⑤⑥ 李大钊文集：下 [M]. 北京：人民出版社，1984：68.
⑦ 同⑤176.
⑧ 李大钊文集：上 [M]. 北京：人民出版社，1984：43.

月5日在《平民教育》一文中指出:"教育虽然没有万能的作用,但总算是改造社会底重要工具之一,而且为改造社会最后的唯一工具,这是我们应该承认的。"①

教育推动社会进步在于,首先,教育能够为政治变革和社会发展培养各种人才,"教育是智慧的源泉"②,"鄙意以为以后办学,务使社会明了教育内容,深知舍教育以外,不足以培成社会上经营各项事业之人才,及深信教育在社会上之实益"③。其次,教育对社会文化的发展具有促进作用,因为"教育和社会的关系是很大的。社会要是离了教育,那人类的知识必定不能发展,人类知识一不发展,那国的文化就不堪问了"④。最后,教育对于唤醒民众、鼓动民众起来参加革命具有促进作用,"教育也有率先领导或者促进的功用"⑤。教育和宣传活动能够在当时内忧外患的中国唤醒麻木的群众意识,鼓动群众参加革命,从而推动社会变革⑥。杨贤江说,在革命的进程中,教育是革命的武器之一。在革命民众获取政权以前,教育通过宣传革命思想,激起被压迫民众的革命情绪,进而使民众参加革命斗争,成为"获得政权的武器之一"。在获得政权之后,教育又承担起教导民众、训练民众的责任,起着"保卫政权并促进政权"的重要作用。"由这可知教育着实有作用,决不像是专做尾巴的。"⑦

(三) 教育应与社会广泛结合,为社会服务

如果教育与社会严重脱离,会产生"社会自社会,教育自教育"的现象,从而削弱教育的功能。"社会与教育分离,其弊之最大者莫如减少教育的效力"⑧,"教育若离社会而独立,则教育之力量自减"⑨,所以教

---

① 陈独秀文章选编:中 [M]. 北京:生活·读书·新知三联书店,1984:167.
② 同①31.
③ 同①100.
④ 陈独秀文章选编:上 [M]. 北京:生活·读书·新知三联书店,1984:490.
⑤ 杨贤江教育文集 [M]. 北京:教育科学出版社,1982:461.
⑥ 卢国琪. 中国早期马克思主义群体教育思想研究 [M]. 北京:人民出版社,2020.
⑦ 同⑤462.
⑧ 陈独秀. 陈独秀文集:第2卷 [M]. 北京:人民出版社,2013:134.
⑨ 同⑧135.

育应该与社会广泛结合,"一切教育都建设在社会底需要上面",要适应社会经济、政治的发展,必须紧密联系社会实际,决不能成为"死学术"。陈独秀指出:"学术与社会分离,是死学术,学术与社会合,方是活学术。"①

陈独秀认为,教育不是社会的奢侈品,而是社会的必需品,教育要为社会需要服务。由于旧教育把教育与社会割裂开来,导致学校在社会中成了一种特殊事业,学生在社会中成了一种特殊的阶级,所以社会不会意识到需要教育,也认识不到教育对自身的促进作用,要"救济这个弊病,惟有把教育与社会打成一片,一切教育都建设在社会底需要上面,不建设在造成个人的伟大底上面,无论设立农工何项学校以及农工学校何种科目,都必须适应学校所在地社会底需要以及产业、交通、原料各种状况"②。毛泽东也曾结合农民文化运动,指出"农村里地主势力一倒,农民的文化运动便开始了。……不久的时间内,全省当有几万所学校在乡村中涌出来,不若知识阶级和所谓'教育家'者流,空唤'普及教育',唤来唤去还是一句废话"③。

所以,"必须使教育与社会密接"④,造就"社会化的学校"和"学校化的社会"。只有符合当地社会需要的教育,取信于社会、为社会服务的教育,才是真正能发挥社会作用的教育,才能实现新教育的最终目的,即"注重在改良社会,不专在造成个人的伟大"⑤。教育如果脱离社会、学校脱离群众,就不能发挥其真正的作用。

(四)以有价值的教育解决现实社会人生实际问题

恽代英指出:"有价值的教育,是因为他是改造社会的工具,不是因为他可以为这些劳工减轻生活的压迫。"⑥ 真正有价值的教育,是与实际相结合的教育,是具有现实主义的教育。

---

① 谢美,邵祖德.陈独秀教育论著选[M].北京:人民教育出版社,1995:293.
② 璩鑫圭,童富勇.中国近代教育史资料汇编:教育思想[M].上海:上海教育出版社,1997:911.
③ 毛泽东选集:第1卷[M].2版.北京:人民出版社,1991:39-40.
④ 陈独秀.陈独秀文集:第2卷[M].北京:人民出版社,2013:136.
⑤ 同④106.
⑥ 恽代英文集:上卷[M].北京:人民出版社,1984:288.

毛泽东将现实主义贯彻到教育之中，指出教育的首要之义是要使学生立足于现实，所谓为知识而知识、为学术而学术的教育，是一种空洞的教育、无用的教育，只有要求学生"踏着人生社会的实际说话"，学生的学习以"通今"为主，重"实学"、重"有用之学"，读"实事而有用之书"，才能为解决现实社会人生实际问题服务。同时，现实主义的教育还要注重实行。陈独秀曾经针对旧教育脱离现实的状况进行批判，认为学农的，"其所学得之学问，反不如老农"；学工的，"其成绩反不如一小匠"①，这种与社会实际脱节，又缺乏动手操作的教育对于社会"亦有何大用之处？"② 这样的教育培养出的学生，自然也不能推动社会发展，甚至会阻碍社会的进步。毛泽东也指出，我国的教育"又非实际生活的，学生在学校所习，与社会之实际不相一致，结果则学生不熟谙社会内情，社会亦嫌恶学生"③。基于此，毛泽东主张要使教育与生活相联系，克服旧教育非生产、非实际生活、"多鹜都市而不乐田园"的弊病，"第一，须有一种经济的工作，可使之直接生产，其能力之使用，不论大小多寡，皆有成效可观。第二，此种工作之成品，必为现今社会普通之要需。第三，此种工作之场所，必在农村之中；此种之工作，必为农村之工作"④。

（五）以社会主义发展教育，建立无产阶级的教育

中共一大到中共四大时期，中国在知识和物质方面都十分匮乏，发展教育、推动实业是当时中国"顶重要的事"。陈独秀在致罗素先生的信中明确指出，要用社会主义来发展教育。他说："我个人的意见，以为资本主义虽然在欧洲、美洲、日本也能够发达教育及工业，同时却把欧、美、日本之社会弄成贪鄙、欺诈、刻薄、没有良心了；而且过去的大战争及将来的经济大革命都是资本主义之产物，这是人人都知道的，幸而我们中国此时才创造教育、工业在资本制度还未发达的时候，正好

---

①② 谢美，邵祖德. 陈独秀教育论著选［M］. 北京：人民教育出版社，1995：293.
③ 中共中央文献研究室，中共湖南省委《毛泽东早期文稿》编辑组. 毛泽东早期文稿（1912.6—1920.11）［M］. 长沙：湖南出版社，1990：451.
④ 同③451-452.

第一章　马克思主义教育思想

用社会主义来发展教育及工业，免得走欧、美、日本的错路。"① 他运用辩证法分析认为，虽然资本主义制度能够发展教育，但是资本主义的教育并不能够让人全面发展，甚至还会造成社会的压迫与苦难。所以，他极力主张不走西方资本主义国家所走过的错误发展道路，中国应该走社会主义发展道路，明确提出"用社会主义来发展教育"，为中国教育发展指明了前进的方向。另外，李大钊也对什么是无产阶级教育、什么是社会主义制度下的教育进行了具体描述，"无论他是什么种族、什么属性、什么阶级、什么地域，都能在政治上、社会上、经济上、教育上得一个均等的机会，去发展他们的个性，享有他们的权利"②。女子也完全拥有与男子同等的教育机会，平等、全面发展等成为教育事业的重要目标。

---

① 陈独秀文章选编：中 [M]. 北京：生活·读书·新知三联书店，1984：52.
② 李大钊选集 [M]. 北京：人民出版社，1959：140.

第二章 教育为阶级斗争与土地革命服务

党的时代任务是依据中国的政治背景制定的，而教育要受到政治的制约，所以党的教育方针政策要紧紧跟随党的时代任务。教育能够反作用于社会，对政治变革起推动作用，充分发挥教育的能动作用能够推动青年运动、妇女运动、工农运动的深入，所以这一时期的教育核心是为阶级斗争与土地革命服务。

一、从中共一大到中共四大：党的时代任务与教育方针

（一）党的时代任务

中国共产党创立初期，中共一大至中共四大的党代会宣言都明确指出要以反帝反封建为导向，以阶级斗争为主要任务，争取革命的胜利。

1920年《中国共产党宣言》提出，共产主义者的目的是"要按照共产主义者的理想，创造一个新的社会"，而首要的就是"铲除现在的资本制度"，要进行阶级斗争，将阶级斗争作为打倒资本主义的工具，从而"铲除资本制度，……用强力打倒资本家的国家"。同时，需要把"劳动群众——无产阶级——的势力……发展和团聚起来"，"要组织和集中这阶级争斗的势力，使那攻打资本主义的势力日增雄厚"。"向工人、农人、兵士、水手和学生宣传"，"组织一些大的产业组合，并联合成一个产业组合的总联合会"，最重要的是"要组织一个革命的无产阶级的政党——共产党"。共产党的任务是"引导革命的无产阶级去向资本家争斗，并要从资本家手里获得政权——这政权是维持资本家的国家的；并要将这政权放在工人和农人的手里"。资产阶级的政府被推翻后，革命的无产阶级获得政权，阶级斗争还是要继续，以无产阶级专政的方式继续。无产阶级专政的任务是"一面继续用强力与资本主义的剩余势力作战，一面要用革命的办法造出许多共产主义的建设法，这种建设法是由无产阶级选出来的代表——最有阶级觉悟和革命精神的无产阶级中

第二章　教育为阶级斗争与土地革命服务

之一部分——所制定的"①。

1921年7月，中共一大通过了《中国共产党第一个决议》，明确提出我们党"在政治斗争中，在反对军阀主义和官僚制度的斗争中，在争取言论、出版、集会自由的斗争中，我们应始终站在完全独立的立场上，只维护无产阶级的利益，不同其他党派建立任何关系"②，即实现党的独立、无产阶级的独立。

1922年7月，中共二大通过了《中国共产党第二次全国代表大会宣言》，中共二大宣言对中国所处的国内外形势进行剖析，深刻认识到了当时中国受压迫的现状，针对中国政治经济现状与受压迫的劳苦群众，认为只有"无产阶级的革命势力和民主主义的革命势力合同动作，才能使真正民主主义革命格外迅速成功"。中国共产党作为中国无产阶级政党，"他的目的是要组织无产阶级，用阶级斗争的手段，建立劳农专政的政治，铲除私有财产制度，渐次达到一个共产主义的社会"。"为工人和贫农的目前利益计，引导工人们帮助民主主义的革命运动，使工人和贫农与小资产阶级建立民主主义的联合战线。"③

1923年6月，中共三大通过了《中国共产党第一次修正章程》，对党章进行了修订；同时，通过了《中国共产党第三次全国代表大会宣言》，提出党的使命是"以国民革命来解放被压迫的中国民族，更进而加入世界革命，解放全世界的被压迫民族和被压迫的阶级"④。中共三大《中国共产党党纲草案》分析了"帝国主义与中国旧经济""中国之资产阶级的发展及其性质""现代中国的政治现象""欧战后中国社会中各种争斗的形势""中国之国民革命及无产阶级和农民在此革命中所占的地位""中国无产阶级的责任""中国无产阶级之争斗及其最终目的"等内容，提出了共产党的任务："中国无产阶级，同时须从事国民运动

---

① 中国共产党宣言（一九二〇年十一月）[EB/OL].[2023-11-19]. http://cpc.people.com.cn/GB/64162/64168/64553/4427948.html.
② 中国共产党第一个决议（一九二一年）[EB/OL].[2023-11-19]. http://cpc.people.com.cn/GB/64162/64168/64553/4427949.html.
③ 中国共产党第二次全国代表大会宣言[EB/OL].[2023-11-19]. http://cpc.people.com.cn/GB/64162/64168/64554/4428164.html.
④ 中国共产党第三次全国代表大会宣言[EB/OL].[2023-11-19]. http://cpc.people.com.cn/GB/64162/64168/64555/4428211.html.

及阶级运动这种复杂的争斗,其职任非常困难,而其发展程度又非常之稚弱。所以他的争斗必与世界无产阶级的争斗有最密切的关系。此种自中国国民革命进而至世界社会革命之争斗,必须是有觉悟的,统一的,并且了解其必然的目标;而锻炼此种觉悟力统一力及指示此种必然的目标,就是中国共产党及共产国际之任务。"①

1925年1月,中共四大通过了《中国共产党第二次修正章程》和《中共第四次全国代表大会宣言》,四大宣言号召工农们和被压迫的民众,"努力对世界帝国主义迎头痛击,努力打消帝国主义者的阴谋。世界帝国主义者确实想把中国变为殖民地,将中国人民沦到万劫不复的地位!"中国共产党要号召并组织劳动群众进行阶级斗争,因为"劳农反对帝国主义和资本主义的压迫之斗争已临近了,这种斗争将永远把人类解放出来,将永远消灭一切的战争"。中国共产党也要向群众不断解释"用什么方法中国人民才可以脱离帝国主义和军阀的压迫,如何才能与世界劳农革命运动联合起来",并将这作为自己唯一的责任②。

(二)党的青年教育方针政策

青年是党的革命运动的先锋力量,青年运动对党的革命斗争起到了关键作用,中共二大、三大、四大均在党代会宣言精神的指导下,根据党反帝反封建的时代任务针对青年运动做出了具体议决案。关于如何使青年运动发挥最大的社会效益,青年教育起到了关键作用。这一时期的党的青年教育方针政策围绕党的时代任务,意在以青年教育启发青年斗争,激发青年革命斗志,凝聚青年革命力量,推动青年运动,引发社会变革。

中共二大《关于少年运动问题的决议案》指出:"共产主义少年在中国的运动是要成个大群众的性质。他且要记着他是以劳动少年的利益为第一的,他要认目前民主革命的奋斗是训练无产阶级革命的绝好机会,他要收革命的少年劳动者大群众的坚强的团结成了他的唯一主力。"

---

① 中国共产党党纲草案 [EB/OL]. [2023-11-19]. http://cpc.people.com.cn/GB/64162/64168/64555/4428212.html.

② 中共第四次全国代表大会宣言 [EB/OL]. [2023-11-19]. http://cpc.people.com.cn/GB/64162/64168/64556/4428257.html.

第二章 教育为阶级斗争与土地革命服务

该决议案明确了共产主义少年在中国革命斗争的重要价值，"在国际共产党政治的领袖之下，独立的做无产阶级少年运动的引导"；明确了少年运动为阶级斗争服务的性质；指出了阶级斗争成功的原因在于教育，提出"将资本主义世界整身推入他已打就的坟墓，实有待于劳动者阶级认识的增加，革命的教育在无产阶级少年运动当中成了很紧急需要，这种教育的重要教材就在他们日常的奋斗当中。组织的本身就要是个训练的指导师，每种运动都要是训练少年劳动者成为阶级觉悟的革命分子的课程"；突出了党要进行革命的青年教育的重要方针政策，而党的青年教育的目的是培养"中国少年运动的先锋，他不但要在共产主义与少年国际领导之下为了少年劳动者经济和文化利益而奋斗，将他们组成了无产阶级革命的少年军旅，他同时要联络中国一切被压迫的少年们的革命势力在一条民主革命的联合战线上，引导他们做打倒帝国主义和封建势力的奋斗"[1]。

根据此次大会精神，在中国共产党的领导下，中国社会主义青年团（现名为共产主义青年团）成立，"教育工作是本团根本工作之一，以共产主义的原则和国民革命的理论教育青年工人、农民、学生群众是本团最重大的责任"[2]。只有"唤起青年工人为争得教育权利而奋斗，并努力从事于识字教育和阶级争斗的教育运动"，才能启发青年工人的"阶级觉悟和争斗能力"，只有通过教育才能使乡村青年农人"明了他们现在所处的经济地位——被资本主义压迫、崩坏的经济地位——之危险，非完全实现共产主义的社会不能解决"[3]。这充分体现了革命的青年教育对启发工农学生等青年群众的重要作用，团结各阶级力量推动反帝反封建运动需要青年教育。

中共三大《青年运动决议案》针对社会主义青年团部署工作，指出"社会主义青年团应以组织及教育青年工人为其重要工作，在出版物上

---

[1] 关于少年运动问题的决议案 [EB/OL]. [2023-11-19]. http://cpc.people.com.cn/GB/64162/64168/64554/4428174.html.

[2] 教育及宣传决议案 [EB/OL]. [2023-11-19]. http://www.gqt.org.cn/history/congress/documents/200612/t20061211_5493.htm.

[3] 关于教育运动的议决案 [EB/OL]. [2023-11-19]. http://www.gqt.org.cn/history/congress/documents/200612/t20061211_5518.htm.

应注意于一般青年实际生活状况及其要求。社会主义青年团对于青年学生应从普通的文化宣传进而为主义的宣传，应从一般的学生运动引导青年学生到反对军阀反对帝国主义的国民运动。社会主义青年团应开始从事于农民运动的宣传及调查"，为社会主义青年团的青年教育进一步明确了方向。

中共四大《对于青年运动之议决案》指出，"青年运动是共产主义运动中一部分重要的工作"，明确了青年运动的三方面内容，包括青年工人运动、青年农民运动和青年学生运动，同时也指出青年运动"至今没有一点成绩，是因为对于一切议决案没有懂得以致未能切实进行"①。这就更加要求青年教育要针对工人、农民、学生的不同实际情况进行，以推动青年运动更深入、更广范围地开展。青年工人教育要"组织俱乐部、学校等机关以与青年工人接触而得从事宣传"；青年农民教育要注意"如何使 S.Y. 学生分子散布到各地乡村学校中去当教师，以与青年农民有触接与宣传的机会"；青年学生教育要注意"使学生能与工人农民运动结合起来，使他们到工人农民群众中宣传和帮助他们组织"②。

同时，社会主义青年团也对工人、农民、学生的青年教育分别做出指导，在《青年工人运动决议案》中提出"本团宜在他们中间多设教育机关，并常常向他们解释，使他们明了自己的地位"，要在教育运动中，"注意搜集实际经济状况材料，鼓励青年工人自己在本团出版品上多发表意见"③，强调教育过程中宣传工作的重要性；在《农民运动决议案》中指出"农民中最富反抗精神和革命精神的是青年农民"，教育青年农民要注意"灌输他们以革命的教育，使他们成为革命的重要分子"④；在《学生运动决议案》中指出青年教育"应力使学生帮助劳动运动（如为罢工募捐示威等），对于学生只读书不问社会的心理宜矫正之使服务

---

①② 对于青年运动之议决案［EB/OL］．［2023-11-19］．http：//cpc.people.com.cn/GB/64162/64168/64556/4428267.html．

③ 青年工人运动决议案［EB/OL］．［2023-11-19］．http：//www.gqt.org.cn/history/congress/documents/200612/t20061211_5491.htm．

④ 农民运动决议案［EB/OL］．［2023-11-19］．http：//www.gqt.org.cn/history/congress/documents/200612/t20061211_5492.htm．

社会（如办平民学校，演讲团等）"，同时建议"组织学生会集中权力，执行反对帝国主义和军阀的奋斗，新文化的宣传和赞助劳动运动的工作"①。

（三）党的妇女教育方针政策

《中国共产党章程》从组织的角度对劳动、青年、妇女等运动的领导进行规范，提出"中央执行委员会执行大会的各种决议，审议及决定本党政策及一切进行方法；……其余委员协同委员长分掌政治、劳动、青年、妇女等运动"②，将妇女运动与政治运动、劳动运动、青年运动并列，体现了中国共产党成立以来，妇女地位的提升，妇女革命运动成为重要的社会推动力。为了进一步引导妇女运动，动员增强妇女群体资产阶级革命的民主精神，实现妇女自我意识的觉醒，妇女教育起着关键性作用。

中共二大宣言针对"中国共产党为工人和贫农的利益"提出了在这个联合战线里的奋斗目标，其中提到了"废除一切束缚女子的法律，女子在政治上、经济上、社会上、教育上一律享受平等权利"，这便从法律角度提出了妇女教育的重要地位和作用。中共二大《关于妇女运动的决议案》指出，"中国共产党除努力保护女劳动者的利益而奋斗——如争得平等工价、制定妇孺劳动法等之外并应为所有被压迫的妇女们的利益而奋斗"。"中国共产党认为妇女解放是要伴着劳动解放进行的，只有无产阶级获得了政权妇女们才能得到真正解放。"通过妇女教育，能够打破旧社会对妇女礼教习俗的束缚，从精神层面获得妇女解放的力量，从而"帮助妇女们获得普通选举权及一切政治上的权利与自由""保护女工及童工的利益"。

中共三大《中国共产党党纲草案》针对教育问题提出了"实行义务教育，教育与宗教绝对分离。全国教育经费应严重保证。教员应享受年功加俸；到相当年龄应享受养老年金"，而教育的重要目的之一就是实

---

① 学生运动决议案［EB/OL］.［2023-11-19］. http://www.gqt.org.cn/history/congress/documents/200612/t20061211_5494.htm.
② 中国共产党章程［EB/OL］.［2023-11-19］. http://cpc.people.com.cn/GB/64162/64168/64554/4428163.html.

现"公私法上男女一律平权"①，可见妇女教育的落实与男女平权的实现，是党在一大到四大时期重要的教育方针政策，也是无产阶级教育的重要体现。中共三大《妇女运动决议案》提出，"本党关于此点应尽力宣传，不仅要号召男女工亲密团结，而且要扫荡男工轻侮女工之习惯与成见。至接触女工初步方法，或办工儿院，或办女工夜学，亦方法之一，并可斟酌情形因时制宜"。女工夜学是推动妇女运动、实现男女工亲密团结的重要方法之一。除此之外，"一般的妇女运动如女权运动、参政运动、废娼运动等，亦甚重要"。但是当时的妇女运动和女权运动并不统一，且开展并不全面积极，所以女党员需要通过妇女教育和宣传发挥重要作用，"指导并联合这种种运动"，以"全国妇女运动的大联合""打破奴隶女子的旧礼教""男女教育平等""男女职业平等""女子应有遗产承继权""男女社交自由""结婚离婚自由""男女工资平等""母性保护""赞助劳动女同胞"为口号，唤醒妇女的革命战斗力量，同时加入"打倒军阀""打倒外国帝国主义"等口号，引导占国民半数的女子加入革命的队伍。同时，妇女教育还要对所有妇女平等对待，要注意"第一，不要轻视此等为小姐太太，或女政客们的运动；第二，阶级的主义的色彩不要太骤太浓，致使她们望而生畏"。

中共四大《对于妇女运动之议决案》指出，"本党妇女运动应以工农妇女为骨干，在妇女运动中切实代表工农妇女的利益"。妇女教育和宣传的目的是"抬高工农妇女的地位，使工农妇女渐渐得为妇女运动中的主要成分"。妇女教育和宣传最适用的口号是"男女社会地位平等"、"男女教育平等"（一切教育机关为女子开放）、"男女职业平等"、"结婚离婚自由"、"反对大家庭制度"、"打破奴隶女性的礼教"、"反抗良妻贤母主义的女子教育"、"女子应有财产权与承继权"、"女子应有参政权"、"男女工资平等"、"赞助劳工妇女"、"保护母性（生产期前后休息六星期不扣薪资）"②。其中"男女教育平等"不仅明确了妇女教育的重要地位，同时也是妇女教育的重要底线原则。

---

① 中国共产党党纲草案［EB/OL］．［2023-11-19］．http：//cpc.people.com.cn/GB/64162/64168/64555/4428212.html．
② 对于妇女运动之议决案［EB/OL］．［2023-11-19］．http：//fuwu.12371.cn/2012/09/18/ARTI1347957523811429.shtml．

(四) 党的工人教育方针政策

1921年，中国共产党第一次全国代表大会通过《中国共产党第一个决议》，提出要实现党的独立、实现无产阶级的独立。而对于教育，用马克思主义的观点来说，它不能脱离政治，也应该跟随这一时代任务做出相应的改变。针对教育，该决议指出，"党应在工会里灌输阶级斗争的精神"；针对"工人学校"，该决议指出"因工人学校是组织产业工会过程中的一个阶段，所以在一切产业部门均应成立这种学校，例如，应成立'运输工人预备学校'和'纺织工人预备学校'等等"。这些工人学校的基本方针是"提高工人的觉悟，使他们认识到成立工会的必要"，主要目的是使工人学校逐渐成长、成熟为"工人政党的中心机构"。除"工人学校"之外还应该成立"工会组织的研究机构"，主要目的是教育工人使其在实践中能够实现共产党的思想[1]。加强对工人群众的马克思主义教育，是中国共产党建党之初对教育提出的纲领性的指导意见，主要是为了传播阶级斗争的精神，唤醒广大劳工积极参加革命斗争，积极参与社会运动，是同党在初创阶段发动广大劳工参加革命运动的中心任务紧密相关的。

中共二大宣言针对"中国共产党为工人和贫农的利益"提出了在这个联合战线里的奋斗目标，其中提到了"改良教育制度，实行教育普及"[2]。而工人教育是党的教育工作中最重要的一环。中共二大《关于"工会运动与共产党"的议决案》指出，"劳动阶级和劳苦群众从资产阶级掠夺中解放自己的奋斗，必须伴着劳苦群众中的最进步和最能战斗的部分——无产阶级——的利益奋斗进行。因此中国共产党在他的工会运动范围内，必须集中他的力量为产业工人的组合运动，如铁路、海员、五金、纺织工人等"。要集中工人阶级的力量就需要工会，而工会最重要的任务之一就是教育工人。"工会自身一定要是一个很好的学校，他应当花许多时候努力去教育工会会员，用工会运动的实际经验做课程，

---

[1] 中国共产党第一个决议（一九二一年）[EB/OL].[2023-11-19]. http://cpc.people.com.cn/GB/64162/64168/64553/4427949.html.

[2] 中国共产党第二次全国代表大会宣言[EB/OL].[2023-11-19]. http://cpc.people.com.cn/GB/64162/64168/64554/4428164.html.

为的是要发展工人们的阶级自觉。"通过工会进行工人教育，并在此基础上"努力做改良工人状况的运动，凡在资本主义之下能够改良的，都要努力去做"，工人教育的最终目的在于使工人阶级、无产阶级"完全打倒工银奴隶制的资本制度，并照共产主义原则改造社会"①。

中共三大宣言提到，"中国共产党鉴于国际及中国之经济的政治的状况，鉴于中国社会的阶级（工人、农民、工商业家）之苦痛及要求，都急需一个国民革命"。而为了更好地拥护工人农民的自身利益，工人农民的教育、宣传和组织成为中国共产党的特殊责任，通过工人教育"引导工人农民参加国民革命更是我们的中心工作"，中国共产党的使命是"以国民革命来解放被压迫的中国民族，更进而谋世界革命，解放全世界的被压迫的民族和被压迫的阶级"②。中共四大宣言也指出，"工人、农民、学生、手工业者，你们赶快组织起来，赶快制止军阀的阴谋，赶快要求在善后会议中参加最大多数的国民代表，赶快努力国民会议之召集！你们赶快组织大示威运动反对外舰驶入中国内地，要求外兵不得驻扎在我们的领土以内，取消一切领事裁判权！要使中国不陷于奴隶的地位，完全靠着中国劳苦群众的努力，完全靠着全世界劳农联合起来反对资本主义的奋斗！"③ 这指明了当时我国通过教育工人推动阶级斗争、国民革命的迫切性。

（五）党的农民教育方针政策

中国共产党建党初期，对于农民群体作用的认识还不充分，针对农民运动、农民教育的方针政策明显较少，但不能否认的是，"农民问题在中国尤其在民族革命时代的中国，是特别的重要"④。

中共三大《关于农民问题的决议案》对农民群众所遭遇的社会现实进行了较为准确的定位和分析，"自从各帝国主义者以武力强制输入外

---

① 关于"工会运动与共产党"的议决案 [EB/OL]. [2023-11-19]. http://fuwu.12371.cn/2012/09/17/ARTI1347855025728972.shtml.
② 中国共产党第三次全国代表大会宣言 [EB/OL]. [2023-11-19]. http://cpc.people.com.cn/GB/64162/64168/64555/4428211.html.
③ 中共第四次全国代表大会宣言 [EB/OL]. [2023-11-19]. http://cpc.people.com.cn/GB/64162/64168/64556/4428257.html.
④ 对于农民运动之议决案 [EB/OL]. [2023-11-19]. http://fuwu.12371.cn/2012/09/18/ARTI1347957358459334.shtml.

货以来，一般日用品的价格增高率远超过于农产价格增高率，从前的农民副业（如手工纺织等）也全被摧残。又自辛亥以后，军阀争地盘的战争连年不息，土匪遍于各地，再加以贪官污吏之横征暴敛（如预征钱粮、额外需索等），地痞劣绅之鱼肉把持，以致农民生活愈加困难"。该决议案还指出，农民在种种压迫下自然地产生了一种反抗的精神，各地农民以抗租抗税的暴动进行反抗，基于此"我党第三次大会决议认为有结合小农佃户及雇工以反抗牵制中国的帝国主义者，打倒军阀及贪官污吏，反抗地痞劣绅，以保护农民之利益而促进国民革命运动之必要"①。

中共四大《对于农民运动之议决案》进一步分析了农民群众的现实境遇，指出"中国农民群众实早已由（资本）帝国主义、军阀政治、重租、苛税、高利贷等等驱之于反抗动乱之途"，在此基础上强调了保护农民利益，组织农民斗争，推进农民教育的重要性，提出"中国共产党与工人阶级要领导中国革命至于成功，必须尽可能地、系统地鼓动并组织各地农民逐渐从事经济的和政治的争斗。没有这种努力，我们希望中国革命成功以及在民族运动中取得领导地位，都是不可能的"。所以，"由原始的、自然的农民反抗之可能而引之入自觉组织的经济和政治争斗，是中国共产党的责任"。其中，农民教育的目的在于总结"南方日益发展之农民运动经验"，打破农民群众的精神枷锁，唤醒农民群众的反抗意识，从而"在反帝国主义反军阀的民族革命时代努力获得最大多数农民为工人阶级之革命的同盟"，将"全世界农民之真实的解放"，"与全世界工人阶级解放相联接"，"在可能范围内领导有组织的中国农民加入农民国际的组织以发展其国际性并助长全世界革命的进步"②。

二、从中共一大到中共四大：党的教育实践

（一）青年教育在青年工人、农民、学生运动中发挥重要作用

青年教育必须从群众中来，再到群众中去，在从群众中汲取社会的

---

① 关于农民问题的决议案 [EB/OL]. [2023-11-19]. http://fuwu.12371.cn/2012/09/17/ARTI1347874080516641.shtml.

② 对于农民运动之议决案 [EB/OL]. [2023-11-19]. http://fuwu.12371.cn/2012/09/18/ARTI1347957358459334.shtml.

养分的同时为群众提供理性智慧的指导。通过青年教育的思想指引，众多青年运动得以开展，虽然青年工人、农民、学生教育的侧重点不同，所影响的青年工人、农民、学生的运动也各不相同，但都实现了对整体社会群众力量的动员，形成了大范围的社会浪潮，成为取得革命胜利的重要动力。

1. 五卅运动中青年工人阶级的觉醒

恽代英曾说，"非工人的青年，自然亦富于革命性；然而容易有浪漫不守纪律的缺点。非青年的工人，自然亦富于革命性；然而亦有时不能有那种如火样的热情"①。中国革命的先锋队是青年，而最富有革命激情与革命斗志的是青年工人，"青年工人，实在是最合式的革命先锋队"②。在党的领导下，青年教育、宣传和号召的影响力不断扩大，青年工人逐渐意识到自己所肩负的社会责任，从为改良自身的经济地位与社会地位而斗争，逐渐向政治斗争过渡。

1925年，以反对日本纱厂资本家无理解雇工人和枪杀工人共产党员顾正红为导火索，五卅运动爆发，国民革命高潮到来，在这场全国性的反帝浪潮中，青年工人站在了斗争的前列。运动初期，大批青年工人自发加入五卅大示威的游行队伍之中，青年工人唐良生被帝国主义罪恶的子弹击中背部，临终前还说："我因爱国而死，何痛之有？"③ 此后，五卅大屠杀激化的群众情绪不断蔓延，各地青年工人、学生纷纷罢工罢课、募捐宣传，在中共中央和共青团的带领和组织下，6月在上海实现了以工人阶级为主体的工人罢工、学生罢课、商人罢市的"三罢"斗争，形成了中国现代史上前所未有的反帝斗争高潮，长城内外、大江南北到处响起"打倒帝国主义""为死难同胞报仇"的怒吼声。五卅运动之所以高潮迭起并实现社会广泛参与，正是因为教育青年使其实现了思想觉醒。这场群众性的反帝爱国运动由青年工人为先锋力量，沉重打击了帝国主义，锻炼和教育了中国人民，推动了各界人民的奋起，把斗争几乎扩大到全国范围的各个阶层。

---

①② 恽代英文集：上卷[M]. 北京：人民出版社，1984：453.
③ 郭贵儒. 近代政治史系列：青年运动史话[M]. 北京：社会科学文献出版社，2011：49.

第二章　教育为阶级斗争与土地革命服务

2. 青年农民运动质量的逐渐提升

中国共产党和共青团在农村地区开展"识字运动，设立学校，提倡义塾"，针对青年农民"设法介绍青年农民入学校……从土地田赋金等问题以介绍政治知识"，通过青年农民教育将其培养为田间地头农民运动的先锋者，甚至"介绍同志为乡村小学教师，以便随时调查情形，辅助……各项工作"①，从而进一步带动青年农民运动，扩大在农民群体中的号召力和影响力。

广州农民运动讲习所是第一次国共合作时期培养农民运动干部的学校和全国农民运动研究中心，1924年7月到1926年9月，讲习所共举办6届②。讲习所坚持马克思主义理论与中国农村实际相结合的原则，采取课堂讲授与课外实习、自学与集体讨论、实际调查研究的方式，为大量青年农民讲授革命基础知识，农民运动的理论及实施方法，甚至军事训练的知识等，希望"俾学成之后，能为农民武装自己之领导"③。通过青年农民教育，青年农民群体在此基础上以革命知识武装自己，毕业后其中1/3由国民党中央农民部派到广东各地任特派员，从事各地的农民运动工作，甚至参加工农武装和北伐战争④，走到更广大的农民群众中去，充分发挥了青年农民的革命力量。

3. 学生运动从复苏到高潮

共青团的《学生运动决议案》指出，"学生运动只是一国民解放运动。指挥、扩大、集中这种运动，是本团在学生活动中间的根本责任"⑤。中国共产党和共青团通过积极传播马克思主义思想，教育青年学生关心政治和实事，使关于反帝反封建的民主革命思想深入学生心中，激发学生参与革命斗争，使学生树立改造社会的人生观，推动青年学生运动走向高潮。

---

① 一般被压迫青年运动的决议案[EB/OL].[2023-11-19]. http://www.gqt.org.cn/history/congress/documents/200612/t20061211_5505.htm.
② 顾明远，刘复兴. 从新民主主义教育到社会主义教育（1921—2012）[M]. 北京：教育科学出版社，2015：53.
③ 林锦文. 广州农民运动讲习所资料选编[M]. 北京：人民出版社，1987：99.
④ 李玉琦. 中国共青团史稿[M]. 北京：中国青年出版社，2010：65.
⑤ 学生运动决议案[EB/OL].[2023-11-19]. http://www.gqt.org.cn/history/congress/documents/200612/t20061211_5494.htm.

1922年11月,北京政府任命无耻政客彭允彝为教育总长,北大校长蔡元培不愿同流合污,愤然辞职。李大钊通过北大学生会和学生干事会积极领导"挽蔡驱彭"这一斗争,要求"驱逐教育界败类彭允彝",但青年学生的两次请愿均以失败告终。此时,中共中央和共青团及时组织为学生指明方向。1923年1月底,邓中夏在《北大学生新闻》上发表文章,指出运动失败的原因"不单纯是一个校长问题,也不单纯是一个教育总长问题,乃是一个反动势力政治,即军阀政治压迫我们的问题"①。团中央刊物《先驱》也发表文章指出"去一人,留一人,于改造社会'澄清政治'是毫无意义的"②。这些观点一针见血地指出了学生运动失败的关键,通过青年学生的教育和宣传,从而将斗争的矛头指向整个封建军阀统治,使得学生运动的斗争目标进一步明确。在"打倒军阀""打倒国际帝国主义"的斗争方向下,1923年2月,青年学生对京汉铁路工人总罢工运动寄予了"充分的援助";针对二七惨案发动了大型示威游行,"打倒军阀""否认国会"等口号不绝于耳,成为五四运动后北京民众"最有精神的集会"。此外,北京、上海等地的青年学生还掀起了"收回旅大"和废除"二十一条"等示威运动,充分发挥了青年学生社会动员的革命斗争作用。

这一系列的学生运动体现了在党的领导下,青年学生教育逐渐引导青年学生运动和工人运动相结合,把反对本国封建军阀和反对国际帝国主义相联系,为学生运动指明了方向,提升了学生运动的水平,增强了学生运动的力量。

(二) 以妇女教育推动实现女性觉醒

1. 妇女教育的实践

中共一大召开后,中国共产党更加积极地为开展妇女运动做各方面的准备。1921年,一所新型的妇女学校——上海平民女校诞生。这是共产党开展妇女工作的第一个大胆实践。该校以培养妇女运动人才、开展妇女工作为目的,李达任校长。次年2月,上海平民女校正式开学。

---

① 邓中夏全集:上 [M]. 北京: 人民出版社, 2014: 213.
② 郭贵儒. 近代政治史系列—青年运动史话 [M]. 北京: 社会科学文献出版社, 2011: 38.

第二章　教育为阶级斗争与土地革命服务

它的学员大部分是受"五四"新思想影响、立志从事妇女解放运动的女青年，如丁玲、王一知、王剑虹等。一些共产党员将自己的妹妹、未婚妻送到平民女校学习。公开征求学员时，也有一些贫穷女子前来上学。学员除学习外，还从事成衣及制袜生产，劳动所得用以支付伙食费。同时，学员们还走出校门深入工厂，了解工人生活，组织工人学习。上海平民女校"是传播革命思想的场所"。通过办学校来培养妇女干部从此便成了中国共产党的一条经验，在以后的每个历史阶段中都得到了延续和发扬①。

在创办女校培养妇女运动人才的同时，中国共产党还积极通过创办刊物来扩大宣传。1921年12月，以上海中华女界联合会名义主办的《妇女声》就是在中国共产党直接推动下创刊发行的。该刊由李达、王会悟、王剑虹等人参加编辑工作。《妇女声》高举"妇女解放"的旗帜，庄严宣布："妇女解放即是劳动者的解放"，应当"打破一切掠夺和压迫，取得自由社会的生存权和劳动权"。《妇女声》与其他妇女刊物最根本的区别在于，它公开地宣传科学社会主义理论，为无产阶级妇女运动大造舆论②。

中国共产党一直重视女工问题。1923年，《妇女周报》结合1922年女工罢工反映出来的种种弱点发表文章，及时总结了经验教训，目的是向女工传播马克思主义观点，培养她们的阶级意识，提高她们的斗争水平。不可否认，女工运动兴起之初，情况十分复杂，一是女工尚没有完全接受无产阶级思想的教育，思想上比较落后。二是女工组织成分复杂。为此，中国共产党在相当长的时间内积极探索、研究"完善方法"。从办女工夜校、女工俱乐部入手，"先使她们能粗浅识字，然后思想自易开通，最后方能确定她的奋斗的标准"。中国共产党经过艰苦的努力，才使自己的思想主张慢慢渗透到女工中间，并开始对女工的行动产生影响③。

其他地区的党团组织也都有一些开展妇女运动的实践活动。天津觉悟社社员邓颖超、李峙山等人于1923年4月组织进步妇女团体"女星社"，公开声明以"实地拯救被压迫妇女；宣传妇女应有的革命精神；力求觉悟女子加入无产阶级革命运动"为宗旨。女星社所创刊物《女

---

①②③　尹美英. 中国共产党建党初期的妇女运动［J］. 中华女子学院学报，1999（1）.

星》登载的文章，揭露了妇女受到的种种迫害，抨击了旧的社会制度①。

2. 中国共产党女权主义领袖向警予

在中共二大会议上，中国共产党女权主义领袖向警予当选为第一位女中央委员，担任中共中央第一任妇女部部长，并撰写大量文件，用马克思主义理论阐述中国妇女问题，号召广大女性团结起来，为解放自身投入到革命运动中去。在中共三大会议上，向警予当选为中央委员，担任妇女运动委员会第一任书记，其起草的《妇女运动决议案》明确提出，"女子应有遗产承继权""男女社交自由""结婚离婚自由""男女工资平等""母性保护""赞助劳动女同胞""男女教育平等""男女职业平等"等有关男女平权、保护妇女权益的条例，并提出"全国妇女运动大联合"。1924年3月，国民党上海执行部妇女部成立，并在女党员中建立上海妇女运动委员会。该委员会有委员30人，由向警予主持日常工作，具体领导上海妇女运动，贯彻执行中国共产党的妇女运动方针政策，并建立了各妇女团体的联合组织。1925年，在中共四大会议上，向警予再次连任中共中央妇女部部长。1月1日，上海女界国民会议促成会成员分头四处向市民们宣传动员。同月，上海女界国民会议促成会再次发表宣言，提出13条代表妇女权益的具体要求：（1）男女社会地位平等；（2）女子应有财产权与继承权；（3）女子应有结婚自由权；（4）男女教育平等；（5）一切职业为女子开放；（6）女子应有参政权；（7）男女工资平等；（8）保护女性；（9）废除娼妓制度；（10）禁止蓄婢纳妾；（11）禁止溺女；（12）禁止缠足；（13）凡有碍女权之法律，一概废除，另订男女平权并助进女权发展之法律与宪法。

（三）以工农教育提升群众觉悟，动员群众力量

1. 工人教育实践

早在中国共产党成立之前，1919年3月，以党的早期重要领导人、工人运动的领袖邓中夏为首，发起组织了北京大学平民教育讲演团，成为共产主义知识分子进行工人教育活动的阵地，一直持续到1923年。

---

① 尹美英. 中国共产党建党初期的妇女运动[J]. 中华女子学院学报，1999（1）.

第二章　教育为阶级斗争与土地革命服务

1920年，北京共产主义小组决定在长辛店办劳动补习学校，以推动马克思主义和中国工人运动相结合。在邓中夏等人的主持下，长辛店劳动补习学校成立，成为中国教育史上第一所工人阶级自己的学校。补习学校分日夜两班，日班教工人子弟，夜班教工人。通过教学向工人讲解"劳工神圣"的道理，什么是剥削，什么是帝国主义侵略，工人的团结和工人阶级自己的组织、工会等，为早期北方铁路工人运动培养了第一批骨干①。

中共一大之后，各省共产主义小组相继成立，各省纷纷创办工人夜校或工人补习学校，毛泽东、刘少奇、李立三、恽代英、蒋先云等共产党人都曾在领导工人运动的同时积极开展工人教育实践活动，并且亲自在工人学校讲课。1921年和1922年，毛泽东、刘少奇先后来到安源，组织路矿工人补习学校，通过教育教学，为开展工人运动做好了思想上的准备，后成立了"安源路矿工人俱乐部"。1923年至1925年，刘少奇曾亲自担任安源路矿工人俱乐部的总主任，在他的主持下，俱乐部所办的工人补习学校扩大到7所，学生将近2 000人。随后，还办了3所国民学校，免费招收俱乐部部员的子女。基础较好的工人补习学校的课程设置有国语、算术、常识、政治等，有的为适应部分工人的要求还设有珠算、习字等课。补习学校没有统一的学习期限，一般是几个月一期。有的不规定期限，工人各自根据需要和自己的具体情况来参加学习②。

工人教育是提升工人思想的关键活动，是凝聚工人精神的重要环节，所以工人教育所讲授的内容更应该切合工人生活实际，从工人自身的实践出发。1924年1月，中共湖南地方党组织在总结各工人补习学校经验教训的基础上，制定了《关于工人补习教育进行计划书》以指导工人补教育，提出"每一阶段之中，只学一种学科，学了一种，再学一种，譬如第一月只学国文，第二月就学算术，不宜使国文、算学同时并学。而所设学科，尤其是要合乎他们所需的"。各地工人补习教育多半是根据工人教育的基本任务自编教材，或利用现在的工人报刊对工人进

---

①② 顾明远，刘复兴. 从新民主主义教育到社会主义教育（1921—2012）[M]. 北京：教育科学出版社，2015.

行具体教育。例如，毛泽东、刘少奇组织成立的安源路矿工人补习学校，在建校之初就编有《工人读本》，以通俗的语言着重宣传资本家剥削工人，工人应当团体斗争的道理。例如，"独屋不能防屋倒，片瓦不能把屋造，个人人力很有限，团结起来力量好。有事大家帮忙做，有害大家相劝告。万人一条心，仇人都打倒"。在毛泽东的指导下，中国劳动组合书记部湖南分部李六如编写了《平民读本》，共 4 册。通过这一教材，可以对工人群众进行识字教育和思想教育，它以与日常生活有关的问题、社会文化、科学知识和国内国际大事为内容，介绍了马克思主义的初浅知识和革命道理①。

2. 农民教育实践

中国共产党成立初期，大批党员干部深入工人和农民群众中去，办劳动补习学校、工人夜校和农民夜校，并将其作为党和工农群众联系的纽带，带动中国广大工农群众觉醒，推动工农运动的发展。从这时起，毛泽东和他周围的共产党人所提倡的平民教育，已演变为向工农群众开门，依靠工农群众办学的无产阶级大众教育，成为革命事业的重要组成部分②。农民自己团结起来，才能从特殊阶级那里实现减租减息及废除苛捐杂税之目的，才能有余力自己办教育，才能开始接受文化；同时，必须由农民自己办教育，这种教育才是真正适合农民的。

中国共产党领导的农民运动最早开始于浙江省萧山县衙前村，农民教育实践也是从这里起步的。1921 年 4 月，上海共产主义小组的发起人之一沈定一回到家乡衙前村专门组织农民运动。沈定一认为："中国机器工人不多，农民在国民中占最大多数，中国底社会革命，应该特别注意农民运动。"他首先从办教育着手，从自己家里空出数十间房屋，筹办衙前农村小学。他邀请原浙江第一师范的进步教师刘大白和"一师风潮"中的著名学生领袖宣中华、徐白民、唐公宪及杨之华等来到衙前村，一面筹办学校，一面开展农民运动。沈定一等人通过访贫问苦和社会调查，动员穷苦农民将子女送来读书，并向农民宣传革命道理。经过

---

① 顾明远，刘复兴. 从新民主主义教育到社会主义教育（1921—2012）[M]. 北京：教育科学出版社，2015.
② 卢国琪. 中国早期马克思主义群体教育思想研究 [M]. 北京：人民出版社，2020.

第二章　教育为阶级斗争与土地革命服务

4个多月的思想动员和紧张筹备，9月26日，衙前农村小学正式开学，次日，衙前农民协会也宣告成立。在小学开学典礼上，他们宣讲了《衙前农村小学校宣言》。该宣言明确提出衙前农村小学将为穷人的子女提供受教育的机会，学校将坚持无产阶级的性质，摆脱和摒弃"为有产阶级训练爪牙的教育"。由沈定一独资创办的衙前农村小学，只免费招收农民子弟入学。开学时有学生100余名，分设5个班，一边学习文化，一边学习革命道理。在筹办农村小学前，沈定一还办起了龙泉阅书报社，让农民借阅革命和进步书刊。在小学里，沈定一经常与教员们学习研究《共产党宣言》等马克思主义理论著作，共同探讨社会变革问题和农民革命问题；与教员先后在衙前、坎山、航坞山北、塘头等村进行革命演讲，以唤醒农民的斗争意识；还领导衙前农民进行抗租减租的斗争。因此，衙前农村小学成为衙前村农民运动的活动中心。衙前农民协会成立后，萧绍地区的农民听闻组织农民协会可以少交租，纷纷奔走相告，仿照衙前筹建自己村的农民协会，在短短的一两个月时间里，萧绍地区先后有82个村建立了同样性质的农民协会，分属萧山、绍兴、上虞等3个县。在此基础上，1921年11月24日，衙前农民协会联合会成立[①]。

广东海丰是最早开展农民运动的地区之一。彭湃自1921年5月开始在海丰一带设法教育农民、组织农民。在他的领导下，海丰农民进行了减租减息的斗争，1922年7月成立了赤山农会，1923年1月组织成立了海丰县总农会。农会中设有教育部，主办农民教育，教农民记数、写信、办农会，创办了受到农民拥护的农民学校。"所以农会对于教育，打出一个新口号，叫做'农民教育'，即是办农民学校。农民教育，是与新学不同，是专教农民会记数，不为地主所骗，会写信，会珠算，会写食料及农具的名字，会出来办农会，便够了。农民很赞成。而且替他请便宜教员，指定校舍，规定学生，读书不用钱。他们多加喜欢。"这种方法实行不到一个月，就在海丰当地办起了10多所农民学校，数所农民夜校，一律由农会教育部监督。"自是与教育绝缘的农村儿童，有

---

① 顾明远，刘复兴. 从新民主主义教育到社会主义教育（1921—2012）[M]. 北京：教育科学出版社，2015.

五百余人得入学校读书了。"① 1926年,广东第二次全省农民代表大会通过的《农村教育决议案》提出:成年农民补习学校以国文、信札、卫生、帝国主义侵略中国简史、政治常识、国民党史及三民主义为课程或讲演材料;农民小学除普通课程外,应增设三民主义浅说、国耻小史及农业常识②。

湖南也是中国共产党领导的农民教育和农民运动开展得比较早的地区。1922—1923年,有不少共产党人和进步人士,在湖南各地创办农民补习学校。如成立于长沙的"农民补习教育社",曾在长沙附近农村办有17所农村补习学校,编印一些适合农民阅读的教科书。1924年毛泽东在家乡韶山领导农民运动时,在20多个乡建立了农民协会,并办起了农民夜校。1926年12月召开的湖南农民第一次全省代表大会通过的《农村教育决议案》,也提出了一个农民教育具体方案,包括农民教育内容、方式、方法等。

工农教育还要注重教育内容与农民和工人相结合,不能再拿着四书五经作教本,要在教育教学上采取"讲习结合"的方式,一方面传播马克思主义理论,一方面注重研究中国革命实际,培养实干精神和实际工作能力。中国共产党的农民教育之所以能够动员起来大批农民,其根本在于,私塾能投合农民的要求,私塾教师亦能为农民书写应用文字,这些都合农村的需要,所以现在的私塾尚能得农民的拥护③,甚至成为"农民革命的大本营"。

---

① 彭湃文集[M]. 北京:人民出版社,1981:124,125.
② 顾明远,刘复兴. 从新民主主义教育到社会主义教育(1921—2012)[M]. 北京:教育科学出版社,2015.
③ 卢国琪. 中国早期马克思主义群体教育思想研究[M]. 北京:人民出版社,2020.

第三章 教育唤醒有战斗力的各阶级

一、以教育传播马克思主义思想，建立马克思主义信仰

通过教育能够更大范围地传播马克思主义思想。毛泽东曾说过，"马克思主义产生于欧洲，开始在欧洲走路，走得比较慢。那时我们中国除极少数留学生以外，一般人就不知道，我也不知道世界上有马克思其人，……以前有人如梁启超、朱执信，也曾提过一下马克思主义。……不过以前在中国并没有人真正知道马克思主义的共产主义"[①]。从中国共产党筹建到诞生，以李大钊、陈独秀为首的党的领导人积极以教育为手段传播马克思主义思想，使马克思主义的传播与新文化运动的发展相互促进，大大启发了人们的思想觉悟，促进了人们的思想解放和爱国运动的开展。中国共产党成立初期，中共一大提到，"把工农劳动者和士兵组织起来，宣传共产主义"，"党应在工会里灌输阶级斗争的精神"，工人"学校的基本方针是提高工人的觉悟"，这一系列举措都是通过教育将马克思主义思想广泛传播，并通过教育让马克思主义思想深入人心。也正是通过教育让很多小资产阶级、工人阶级、农民阶级以及学生群体中的先进分子在接受马克思主义思想的洗礼之后，积极向大众传播马克思主义思想，从一个被教育者转化为马克思主义思想的传播者，不断扩大着马克思主义的影响力。

通过教育能够更高程度地建立起马克思主义信仰。马克思主义信仰是对马克思主义的信奉与相信，表现为思想上对马克思主义理论的科学把握、行动上对共产主义理想的践行、情感上对马克思主义理论和共产主义社会的坚信和无限忠诚[②]。在中国共产党成立初期，由于资产阶级思想体系的控制，共产主义只能"从有产阶级的有教养的人即知识分子

---

① 中共中央文献研究室. 毛泽东文集：第 3 卷 [M]. 北京：人民出版社，1996：290.
② 李英，杨超. 建党初期的马克思主义信仰教育 [J]. 云梦学刊，2019，40 (6).

创造的哲学理论、历史理论和经济理论中发展起来"①。我国的无产阶级不可能自发地产生社会主义意识，这就突出了通过教育使党员和人民群众建立马克思主义信仰的重要性。教育使我党能够在成立之初，在党外恶劣和复杂的斗争环境中，在党内各种非马克思主义思想和马克思主义政党的指导思想、宗旨与信念之间的矛盾和冲突中②，坚定党员的信念，提升群众的意识，形成精神的合力。教育作为传播马克思主义的重要手段，使一批先进知识分子从革命民主主义者转变为共产主义者，为中国共产党成立初期的成长提供了思想和组织基础。

通过教育树立党对马克思主义教育的领导权。教育是影响人民群众观念、塑造人民群众思想、凝聚人民群众精神、引领人民群众斗争的重要活动，坚持党对教育、宣传等工作的全面领导，保证党对教育工作的支配和建设至关重要。中共一大通过的《中国共产党第一个决议》明确规定："一切书籍、日报、标语和传单的出版工作，均应受中央执行委员会或临时中央执行委员会的监督。……不论中央或地方出版的一切出版物，其出版工作均应受党员的领导。"中共二大制定的《关于共产党的组织章程决议案》也提出："离开党的支配而做共产主义的活动这完全是个人的活动，不是党的活动，这完全是安那其的共产主义。"在中国共产党成立初期，通过对教育工作的开展和指导，加强党对教育事业的领导，能够进一步树立党对马克思主义教育的领导权，从而在党的领导下，通过教育大大增强工人阶级斗争的信心，推动马克思主义与中国革命具体实际的结合，加快中国工人阶级登上政治舞台的脚步，加快解放全国的进程。同时，在党的领导下，也促进了马克思主义的中国化，使得马克思主义思想不断与中国的国情实际相结合，加速了毛泽东思想的诞生，不断摸索出一条适合中国国情的解放之路。

二、以教育团结民主革命的统一战线

马克思主义自诞生以来就富有强烈的革命性。马克思将革命称为

---

① 列宁. 列宁全集：第6卷［M］. 2版增订版. 北京：人民出版社，2013：29.
② 李英，杨超. 建党初期的马克思主义信仰教育［J］. 云梦学刊，2019，40（6）.

"历史的火车头",认为人的异化和片面性发展根源于资本主义生产关系的本质,生产资料的私有牢牢控制着无产者的劳动权利甚至生存权利,成为人自由、全面发展的桎梏[①]。"共产主义者同盟的目的是以宣传和政治斗争的一切手段达到破坏旧社会——推翻资产阶级,在精神上、政治上和经济上解放无产阶级和实现共产主义革命。"[②] 要使人获得自由和解放,就要激起人们的批判意识和革命意识。马克思指出,教育能够让群众"尽可能明确地意识到资产阶级和无产阶级的敌对的对立",以便工人"能够立刻利用资产阶级统治所必然带来的社会的和政治的条件作为反对资产阶级的武器",从而"反对资产阶级本身的斗争"[③]。

中国共产党的成立开启了一个全新的时代,自此中国人民走上了民族解放的道路。在党的成立初期,阶级斗争和土地革命是党这一阶段的主要任务,但是工人阶级受限于观念能力的人微言轻,削弱了中国革命的领袖力量;农民群体受限于思想意识的落后顽固,削弱了中国革命的主要力量;学生群体受限于实践经验的缺乏,削弱了中国革命的先锋队力量;妇女群体也受限于思想观念的保守胆怯,削弱了中国革命的支撑力量。而教育就是解决以上问题的重要武器。"没有教育是不能改造社会的,只有革命的教育才是改造社会的有力工具。"[④] 教育是将党的理论、方针、行动目标传递、传播到广大人民群众中的有力手段,通过教育能够将无产阶级中最有革命精神的群众组织起来为无产阶级之利益而奋斗,团结所有无产阶级的力量做革命运动的急先锋[⑤];通过教育能够将马克思主义与中国革命的实际状况相结合,激发起工人阶级、农民群体、学生群体、妇女群体的革命热情,团结起全社会各阶层。

中共一大到四大时期,在封建势力统治和欺压之下,中国共产党通过教育清除了封建社会"一人得道,鸡犬升天"的极端利己主义、功利

---

① 潘小芳. 不忘初心 方得始终:中国共产党建党初期教育理想的本质特征[J]. 当代教师教育,2018,11(1).

② 马克思,恩格斯. 马克思恩格斯全集:第7卷[M]. 北京:人民出版社,1959:626.

③ 马克思,恩格斯. 马克思恩格斯选集:第1卷[M]. 2版. 北京:人民出版社,1995:306.

④ 李良明. 恽代英思想研究[M]. 北京:人民出版社,2011:427,161,430.

⑤ 关于共产党的组织章程决议案[EB/OL]. [2023-11-19]. http://fuwu.12371.cn/2012/09/17/ARTI1347854460501406.shtml.

主义教育的毒瘤,将社会革命和教育革命相结合,一方面实现了工人、农民思想上的觉醒,号召他们加入革命斗争,让广大无产阶级团结起来,形成民主革命的统一战线,成为"使工人、农民到权力之路的第一步"①。另一方面通过革命的教育促进社会的革命,通过社会的革命推进现代化教育的发展,为社会主义革命和建设培养了合格的革命者、建设者和接班人②。正是在党的这种政治观念和教育思想的指引下,革命斗争的目标日趋明确。在党的教育的带动和鼓舞下,越来越多的群众积极参与到党所领导的各种人民群众的示威活动之中,努力争取一切被压迫的无产阶级的利益,努力扶植和壮大无产阶级的势力,成为唤醒社会、开展斗争的伟大力量。

三、以教育提升广大人民群众素质,推动现代化发展

教育对于人的精神、思想具有引领和启发作用,同时对于人的文化水平的提升和综合素质的发展也有着推动作用。在中国共产党成立初期,大部分群众文化水平较低、小农意识浓厚、思想封闭落后。毛泽东认识到中国封建社会只有地主可以接受教育,而"中国有百分之九十未受文化教育的人民,这个里面,最大多数是农民"③。恽代英认为,"现在的教育界,除了使读书人尊敬了解民众外,还要教他们愿为民众利益努力"④。他的教育理想是培养把为民众服务作为应尽义务的"健全的公民"。中共二大提出,女子在教育上享受平等权利和"改良教育制度,实行教育普及"⑤,要实现民族的解放不仅仅需要精神的指引,更需要思想的现代化。需要从传统教育的教化民众到"开民智"、做"新民"⑥,让

---

① 关于"民主的联合战线"的议决案 [EB/OL]. [2023-11-19]. http://fuwu.12371.cn/2012/09/17/ARTI1347855566667326.shtml.

② 潘小芳. 不忘初心 方得始终:中国共产党建党初期教育理想的本质特征 [J]. 当代教师教育, 2018, 11 (1).

③ 毛泽东选集:第1卷 [M]. 2版. 北京:人民出版社, 1991:39.

④ 恽代英文集:上卷 [M]. 北京:人民出版社, 1984:581.

⑤ 中国共产党第二次全国代表大会宣言 [EB/OL]. [2023-11-19]. http://cpc.people.com.cn/GB/64162/64168/64554/4428164.html.

⑥ 吴康宁. 教育究竟是什么:教育与社会的关系再审思 [J]. 教育研究, 2016 (8).

更多群众拥有科学的知识和思考的能力，实现面向现代化的教育，培养面向现代化的人民群众，从而推动国家的现代化发展，启迪人民群众成为封建制度的"掘墓人"，用革命的理想和行动终结旧教育①。

"共产党与工会的分别是，共产党是所有阶级觉悟的无产阶级分子的组合，是无产阶级的先锋军，有一定的党纲，是一个以打倒资产阶级和资本主义为目的的无产阶级的政党；工会是所有工人的组合（不管政治见解怎样），工人们在工会里，去接受'怎样用社会主义和共产主义精神去奋斗'的教育，与共产党向同一目的进行，但是较缓的全阶级的组合。如战争一样，军队中有一个先锋，所有这大量的军队都跟着这个先锋前进。共产党也可说是一个人的头脑，全体工人便是人的身体。所以共产党无论在哪种劳动运动中，他都要是'先锋'和'头脑'，决不可不注意任何工会活动，并要能适当的诚实的和勇敢的率领工会运动。"② 通过充分发挥教育在革命中的先锋作用，让社会各阶级接受"怎样用社会主义和共产主义精神去奋斗"的教育，将工人力量、农民力量、学生力量和妇女力量团结起来，用马克思主义理论武装群众头脑，认清中国革命面临的核心矛盾，才能进一步找到解放被压迫群众、夺取革命胜利的正确道路。中国共产党充分利用工会的教育功能，积极发展教育，通过通俗易懂的语言、喜闻乐见的方式传播马克思主义思想，同时教人民群众认字写字，提升他们的文化水平，实现人民群众教育与自我教育相结合。例如，陈独秀、李大钊、毛泽东、恽代英等就积极组织知识分子去了解农民、工人的现状，进行民众教育，倡导教育普及和教育平等。陈独秀提出"惟民主义"教育方针，这种"新教育对于一切学校底观念，都是为社会设立的，不是仅仅为一部〔分〕学生设立的"，"使社会上人人都能够享用"③。李大钊指出，民主（Democracy）的精神，"不但在政治上要求普通选举，在经济上要求分配平均，在教

---

① 潘小芳. 不忘初心　方得始终：中国共产党建党初期教育理想的本质特征[J]. 当代教师教育，2018，11（1）.
② 中共中央文献研究室，中央档案馆. 建党以来重要文献选编（1921—1949）：第1册[M]. 北京：中央文献出版社，2011：154.
③ 陈独秀. 陈独秀文集：第2卷[M]. 北京：人民出版社，2013：110，111.

育上、文学上也要求一个人人均等的机会，去应一般人知识的要求"①等。中国共产党通过在建党初期进行的一系列平民教育活动，培养了大批优秀人才作为革命的后备力量，为我国革命的最终胜利提供了可靠的人才保障，为我国推翻封建主义，实现现代化发展，提供了坚实的思想力量与能力基础。

---

① 李大钊文集：上 [M]. 北京：人民出版社，1984：633.

附录一　中共一大到中共四大时期全国代表大会报告有关教育内容的节选及其他重要政策文献

● **中国共产党第一个决议（一九二一年七月）**

成立这种机构的主要目的，是教育工人，使他们在实践中去实现共产党的思想。应特别注意组织工人工会，援助其他部门的工人运动，研究工人工会以及其他无产阶级组织的情况。

● **中国共产党第一次代表大会（一九二一年七月）**

因为党员少，组织农民和军队的问题成了悬案，决定集中我们的全部精力组织工厂工人。为了把好的可靠的同志吸收进来，决定接受党员要特别谨慎，严格审查。鉴于我们的党至今几乎完全由知识分子组成，所以代表大会决定要特别注意组织工人，以共产主义精神教育他们。委托党中央局起草党章。选举三位同志组成书记处，并选出组织部和宣传委员会，代表大会在闭会时高呼："共产党万岁、第三国际万岁、共产主义——人类的解放者万岁！"等口号。

● **北京共产主义组织的报告（一九二一年七月）**

学生作了很大的努力，想唤起群众对政治事件的兴趣，可是，这种努力一直没有效果。得不到群众的支持，学生运动就逐渐削弱了。

　　…………

知识界的人士认为，改造社会时必定会运用他们的知识，科学事业会使他们获得有影响的地位，因而往往渴望受到广泛的教育。他们把无产阶级看作是很无知的、贫穷而又软弱的阶级，因而可以利用他们来达到自己的目的。知识分子认为自己非常重要，而无产阶级则微不足道，他们的这种倾向极为明显，结果就成了工人革命运动的极大的障碍。

同志们，综上所述，我们面临着需要立即着手解决的两个重要问题：第一，怎样使工人和贫民阶级对政治感兴趣，怎样用暴动精神教育他们，怎样组织他们和促使群众从事革命工作；第二，怎样打消他们想成为学者并进入知识界的念头，促使他们参加无产阶级的革命运动，怎样使他们成为工人阶级的一员。

············

自然，开办劳动学校时，我们不能幻想马上提高工人的一般知识水平，因为我们的工作人员能力差，经费少，不可能做到这一点。我们建立学校，力求达到的不过是上述的前两个目的。学校的任务主要是教育工人，并使他们习惯于亲自从他们当中选出有觉悟而又积极的人来管理学校和工会的事情。学生会议能够给你们提供许多合适的宣传机会，而特别重要的是培养这种召开公开群众大会的习惯，这种大会最能使到会者养成共同利益感和严守纪律。

我们教工人什么呢？我们经常不断地向他们说，他们遭受他们的厂主资本家的掠夺，不得不过着牛马般的生活；其次，向他们介绍外国工人运动史。我们不断地向他们指出组织起来的意义和方法，时常给他们讲课，教他们识字，同时，还教他们习惯于用文字来表述自己的思想，让他们写出关于家庭生活和日常生活情况以及工厂里发生的一切不公平事件的书面报告。起初，他们感到有些为难，但后来从他们中间培养出了一些优秀的鼓动员。不过，要找到导师，找到工人阶级的真正领袖，那是极其困难的。

我认为，没有必要开办所有行业的工人学校，作为第一步，只在那些既没有工人组织又没有工人领袖的地方，才需要建立这样的学校。经验表明，我们不能建立一般的工人学校，应当只开办专门学校，如纺织工人学校和铁路工人学校等等；这种学校是建立产业工会的必要准备阶段。

············

近几年来，公共的普通教育学校在北京显著地增加了。从前，它们对学生进行了爱国主义教育，我们尽力促使这些学校进行共产主义的宣传，并且在这方面获得了部分成绩。

我的报告就要完了，我还有几句话要说一说。虽然我们现在把精力都用在组织和教育群众的工作上，但同时还应当注意对知识分子的宣传工作。同志们，黑暗的政治局势和包围着我们的腐败的社会，许多令人难以容忍的社会不公平以及悲惨的经济生活状况，所有这一切都是易于引起革命爆发的因素。我们能否利用易于激发起来的无产阶级的革命精神，能否把民主主义的政治革命引上工人阶级社会革命的轨道，所有这一切都将取决于我们高举红旗进行斗争的努力程度。

● **广州共产党的报告（一九二一年七月）**

目前，我们的宣传机关报是《社会主义者》日报，该报每月需要七百元，很难维持下去。此外，我们还有一个马克思主义研究会，共有八十余人，其中百分之二十是法律系的学生，百分之二十是高等、中等院校的学生，其余的人是各种政治小组和编辑小组的成员。这些小组里没有工人，因为我们很难与他们建立联系。而与士兵群众建立联系，就更加困难。每月从党员的收入中抽出百分之十来维持《共产党》月刊和负担工人夜校的费用。

在上海，我们成立了机械工人学校，我们在该校七个校务委员的帮助下，宣传了我们的原则，并且希望增加学校的数量。此外，成立了由宣传委员会直接领导的宣传员养成所，并委派我为该所所长。这个养成所是广东省进行社会教育的主要机构，该校很多教员都是我们的好同志。我们希望养成所附设工人夜校和工人组织工作学校。但是这个养成所的存在取决于政治关系，我们只能暂时利用这种关系。

● **和区声白讨论无政府主义（一九二一年八月）**

先生不赞成个人绝对的自由，我很佩服你的见解比别的无政府党好得多（我在《广州晨报》上见过几篇文章，一面说他们是共产的无政府主义，不是个人的无政府主义，个人无政府主义他们曾反对过；一面却口口声声说："我们主张极端自由，不是多得少得"；"我们既赞成安那其，而要求绝对自由。"），但是先生所主张对于这种个人主义的顽固派之办法，我却有点怀疑：一，你说施以"善良教育，达到无政府共产实现的时候，一定很少很少。"我请问照你的说法，善良教育未普遍以前，无政府主义是不能实现的了，那末，在私产政府之下，有何法、何人施行普遍的善良教育呢？这才真叫做走途无路了！

....

我的意思是：在私产制度之下的教育，无论倚靠政府不倚靠政府，全体，至少也是百分之九十九有意或无意维持资产阶级底势力及习惯，想在这种社会状况之下实现善良教育而且是普遍的，我想无人能够相信。蔡元培、陈独秀、胡适之在北京所办的教育即或假定是善良的，然要靠这一点星星之火，慢慢地达到你所说"这种个人主义的顽固派，施之以善良教育，达到无政府共产实现的时候，一定很少很少"的状况，真是河清难俟了。

据你的话，可见善良教育未曾普遍以前，这种个人主义的顽固派一定很多很多，试问你如何处置他，这便未免是实行无政府主义的大障碍了。如此看来，请你还是快去努力施行善良教育，且慢谈无政府主义。你说"假使善良教育还没有普遍，我们对于不良的分子，就要请他去受善良的教育。因为用教育来训练他，使他悔改，使他觉悟，总比用法律惩治好得多。"你这种说话和孔子"道之以政，齐之以刑，民免而无耻"的意思相近，但孔子还不过是说政刑之效不及德礼，并不曾主张绝对废止政刑，因为维持社会底方法不限于一端，政刑教化用各有当，不可偏废。我们也相信教育的功效好过法律，我们且相信教育是改良社会底最后最好的工具，但不能迷信教育万能，更不能妄说教育的力量还未灭尽恶人以前即可以教育代替法律，因为若有许多许多个人主义的顽固派一定不肯去受善良教育，请问你又如何办？我想你们无政府党又要说我："是以现世的头脑去考虑进化的无政府社会，以现世的眼光去观察无政府社会。他所预防的弊病——不可能的证据，完全是被现世的景象骇昏了所致。"这几句话正是你们无政府主义者致命的病根底病根所在。我只简单请问：你们所说进化的无政府社会，是用人力从这现世的万恶社会渐渐改造出来的，还是用符咒把现世的社会沉到海底，突然另外出现一个崭新的无政府社会和现世的景象没有连续的关系呢？办教育不必依靠政府，现时资本家私立学校都做得到，这并不待无政府党底指教。你所谓"人民的责任"，请问这人民若兼指资本阶级，他们的教育可会有真是善良的一日？这人民若单指无政府党社会党，善良的教育一时又何能普遍？

- **中国劳动组合书记部宣言（一九二一年八月）**

他们把劳动力卖给资本剥夺者，换到极少的工钱。他们血汗换来的工钱，多半不能维持自己生活，受饥受冻的劳工，随处都可以发现。还有千万的小孩子们，不分日夜，到纺织等工厂里去作工，工作时间多半是每天十二个钟头起码。他们的健康是牺牲在这剥夺制度之下，他们定不能得受教育的机会。他们从极年幼的时候，就变成了本国或外国资本家的富源开发者并变成了资本家的新式奴隶。这种痛苦的工作状况，加在这班男女工人和童工的身上，一定会迫着他们自己团结起来，向着他们的东家——剥夺者——为有力的奋斗，这是我们敢断言的。

● 第一次全国劳动大会宣言（一九二二年五月）

还有数十万的小孩子们，在这种制度下面，牺牲他们的康健，他们永不能得到受教育的机会。他们从极年幼的时候起，就变成资本家的新式奴隶。这些都是我们工人身受的痛苦。我们受了这些痛苦的经验，实在不得不使我们团结起来，共同向着东家奋斗；而且我们从此觉悟，这是救济我们的唯一道路。

....

全国劳动大会告诉我们说：我们组织工会并不是无意义的，也不仅仅是娱乐、教育或抚恤的机关，我们组织工会的目的，是要用我们这个阶级的组织力，做奋斗的工作，谋达到改良我们的状况。这次大会又告诉我们说：无论哪种或哪个地方的工人们对资本家的奋斗，都是我们这个阶级对资产阶级的奋斗；我们必定要互相援助，才能得到胜利。

● 中国社会主义青年团纲领（一九二二年五月）

（一）关于社会教育 社会主义的青年，应为所在地方的青年无产阶级组织俱乐部、学校、讲演会，以发展他们的知识和社会觉悟，并发刊通俗的日报、月报、小册子。对于青年农人亦应特别注意。又应使年长失学的青年受普通教育。

（二）关于政治教育 社会主义的青年应宣传社会主义于大多数青年无产阶级。其方法或集会讲演，或刊行出版物和小册子，并特别讲述中国政治情形及其他种种情形，以启发并养成青年无产阶级的政治觉悟及批评力。

（三）关于学校教育 社会主义的青年应运动改革学校制度，使一般贫苦青年得受初步的科学教育，并极力运动建设普遍的义务教育和学生参加一切学务管理。取消宗教关系、地方关系及一切不平等的待遇。

中国社会主义青年团对于各种运动，当协同中国各种青年团体共同工作。协同各种青年团体反抗各种迷惑青年阻损青年思想进步之政治或宗教运动。

中国社会主义青年团承认对于解放无产阶级和被压迫民族的问题为世界问题，要达到社会主义的目的，非全世界无产阶级和被压迫民族共同起来革命不可。

● **关于教育运动的议决案（一九二二年五月）**

一、青年工人和农人特殊教育的运动

现在中国大多数青年工人类皆陷于无知的状态之中，而成为简单的劳动机械。工人愈无知识，资本家便愈容易加以掠夺和压迫。我们务必将这样可怕的情形，唤起青年工人为争得教育权利而奋斗，并努力从事于识字教育和阶级争斗的教育运动，普遍的启发一般青年工人的阶级觉悟和争斗能力。

至于乡村青年农人的知识状态，比较城市青年工人更为落后。所以更容易成为城市资本家廉价收买和容易驯服的劳动后备队。故我们对于青年农人，尤应努力作特殊的教育运动，并使一般稍有助产的农人子弟，明了他们现在所处的经济地位——被资本主义压迫、崩坏的经济地位——之危险，非完全实现共产主义的社会不能解决。

二、普遍的义务教育和免除学费的运动

在私有财产制之下，普遍一般无产者的子女，都被排除于教育之外，所以我们在教育运动上最要努力的就是要为他们争得普遍的义务教育。我们务宜常常在各大城市指导贫穷不得受教育的儿童组织示威运动，以暴露现社会的野蛮和弱点，俾人人知道这样少数人专利的社会，非革命不可。

现在中国中等和高等的教育只有初级师范和高等师范不收学膳费。除这两种学校外，贫穷子女绝无升学机会。我们为代表贫穷学生的利益计，应为他们努力作免除学费的运动，常常与资本家的教育机关争斗。无论成功与否，至少也可引起全国贫穷学生对于现社会的愤恨和觉悟。

三、男女教育平等运动

在现制度下，女子在经济地位上完全没有立脚地，所以女子的教育权利，几乎全被剥夺。近十余年以来，虽有最少数女子渐渐得受初中级教育，但最大多数的女子还是处于昏天黑地之中，没有机会接迎智识的光明。所以我们务必努力为这样最大多数未受教育的女青年奋斗，以求达到男女教育在同一的水平上面。我们虽明知这样男女教育平等的原则为私有财产制的社会所不能实现，但我们应不停的标揭这种目标去运动、去奋斗，以表现几万万女青年的教育问题非社会革命不能解决。

四、学生参加校务运动

现在中国的学校都是为学校而办学校，并不是为学生而办学校。所以把学生当作机械看待，绝不容许学生参预校务。故校内一切设施和课程，都由校长、教职员自身的志愿和利害来支配，一点也不合于学生的需要和愿望。我们为代表全国青年学生的利益起见，应努力为他们打破这种官僚式或牢狱式的学校制度，纠合各地方和全国学生作种种要求参加校务的运动。

五、非基督教学生在基督教学校内的平等待遇运动

现在中国教育界到处布满了基督教的势力，以锢蔽青年的思想。而非基督教的青年学生在教会学校里面，常受种种不平等的待遇和压迫。我们为非基督青年学生的利益计，应努力帮助他们在教会学校里面作平等待遇的运动，务使教会学校威胁利诱的假面具尽情毕露而排除其势力于教育范围之外。

六、统一国语和推行注音字母的运动

中国语言文字之庞杂，无非令人感着隔阂不便的痛苦。这样庞杂的语文实是我们宣传运动的最大障碍。我们为排除这样重大的障碍起见，必须努力促进国语统一和推行注音字母的运动。至于促进方法，或加入国语读音统一会和注音字母传习所，或在各地方鼓吹广设这类传习机关，及在各学校中增加这门功课。

● **中国社会主义青年团与中国各团体的关系之议决案（一九二二年五月）**

（六）工人团体——青年团团员须帮助各种工人团体教育工人，并努力援助一切加薪减时等运动，并在工人团体中极力吸收青年工人加入青年团。

● **中国共产党对于时局的主张（一九二二年六月）**

中国共产党是无产阶级的先锋军，为无产阶级奋斗，和为无产阶级革命的党。但是在无产阶级未能获得政权以前，依中国政治经济的现

状，依历史进化的过程，无产阶级在目前最切要的工作，还应该联络民主派共同对封建式的军阀革命，以达到军阀覆灭能够建设民主政治为止。我们目前奋斗的目标，并非单指财政公开，澄清选举等行政问题，乃以左列各项为准则：

……

（七）实行强迫义务教育。

……

（十一）承认妇女在法律上与男子有同等的权利。

上列各项原则，决不是在封建式的军阀势力之下可以用妥协的方法请求得来的；中国共产党的方法，是要邀请国民党等革命的民主派及革命的社会主义各团体开一个联席会议，在上列原则的基础上共同建立一个民主主义的联合战线，向封建式的军阀继续战争；因为这种联合战争，是解放我们中国人受列强和军阀两重压迫的战争，是中国目前必要的不可免的战争。

● 中国共产党第二次全国代表大会宣言（一九二二年七月）

中国共产党是中国无产阶级政党。他的目的是要组织无产阶级，用阶级斗争的手段，建立劳农专政的政治，铲除私有财产制度，渐次达到一个共产主义的社会。

中国共产党为工人和贫农的目前利益计，引导工人们帮助民主主义的革命运动，使工人和贫农与小资产阶级建立民主主义的联合战线。中国共产党为工人和贫农的利益在这个联合战线里奋斗的目标是：

……

七、制定关于工人和农人以及妇女的法律：

……

E. 废除一切束缚女子的法律，女子在政治上、经济上、社会上、教育上一律享受平等权利；

F. 改良教育制度，实行教育普及。

上面的七条，是对于工人、农民和小资产阶级都有利益的，是解放他们脱出现下压迫的必要条件。我们一定要为解放我们自己共同来奋斗！工人和贫农必定要环绕中国共产党旗帜之下再和小资产阶级联合着来奋斗呀!

● **关于"工会运动与共产党"的议决案（一九二二年七月）**

按照中国劳动运动的现状和我们过去活动的经验，以及证以近代欧洲运动的教训，我们在工会运动中，应以下列各项原则为根本方针。

…………

（十一）工会自身一定要是一个很好的学校，他应当花许多时候努力去教育工会会员，用工会运动的实际经验做课程，为的是要发展工人们的阶级自觉。

…………

（十六）共产党与工会的分别是，共产党是所有阶级觉悟的无产阶级分子的组合，是无产阶级的先锋军，有一定的党纲，是一个以打倒资产阶级和资本主义为目的的无产阶级的政党；工会是所有工人的组合（不管政治见解怎样），工人们在工会里，去接受"怎样用社会主义和共产主义精神去奋斗"的教育，与共产党向同一目的进行，但是较缓的全阶级的组合。如战争一样，军队中有一个先锋，所有这大量的军队都跟着这个先锋前进。共产党也可说是一个人的头脑，全体工人便是人的身体。所以共产党无论在哪种劳动运动中，他都要是"先锋"和"头脑"，决不可不注意任何工会活动，并要能适当的诚实的和勇敢的率领工会运动。

● **关于少年运动问题的决议案（一九二二年七月）**

将资本主义世界整身推入他已打就的坟墓，实有待于劳动者阶级认识的增加，革命的教育在无产阶级少年运动当中成了很紧急需要，这种教育的重要教材就在他们日常的奋斗当中。组织的本身就要是个训练的指导师，每种运动都要是训练少年劳动者成为阶级觉悟的革命分子的课程。

…………

关于中国社会主义青年团对中国共产党的关系，在青年劳动者一切经济和教育利益奋斗的方面，中国社会主义青年团应是个独立的团体；关于普通政治运动方面，中国社会主义青年团则应当约束他与中国共产党协定之下。

● **关于妇女运动的决议案（一九二二年七月）**

在中国现状之下不独女劳动者已陷在极残酷的地位，还有许多半无产阶级的妇女,也渐渐要被经济的压迫驱到工厂劳动队里面去,就是全国所有的妇女,都还拘囚在封建的礼教束缚之中,过娼妓似的生活,至于得不着政治上经济上教育上的权利,乃是全国各阶级妇女的普遍境遇。所以中国共产党除努力保护女劳动者的利益而奋斗——如争得平等工价,制定妇孺劳动法等之外并应为所有被压迫的妇女们的利益而奋斗。

● 宗教精神与共产主义（一九二二年八月）

而社会上受了宗教精神之毒的人,不一定是教徒,更要轻蔑排斥你到了万分,并且有生以来便无形中受了各方教育的限制与暗示。试问自由在哪里?自由思想更从何说起?旧制度旧思想既然把人心锢蔽得这样,一旦无产阶级为解放人类全体而夺得政权,在过渡期中为要肃清旧毒,扶植自由的新芽,对他如何能不加以限制?

● 中国劳动组合书记部拟定的劳动法案大纲（一九二二年八月）

（十九）国家须以法律保证男女工人有受补习教育的机会。

● 中国劳动组合书记部敬告国民书（一九二三年二月）

国家的财政被军阀们搜刮了,国家的自主与尊严被军阀们损坏极了,商界因他们的战乱,生意买卖不能做了,学界因为他们不发给教育费,教职员都纷纷辞职,学生不能求学了,现在他们又来残杀工人了。

京汉铁路工人大惨杀案,想国民都已知道。工人们天天替社会做劳苦的工,他们为改良生活起见,要求组织工人的团体,无论在国法在人情,都不能不认为是正当的要求。工人所要求的,学界商界都有先例,学界能有教育会、学生会,商界能有商会,何以工人不能有工会呢?

● 《新青年》之新宣言（一九二三年六月）

一切教会式的儒士阶级的思想,经院派的诵咒画符的教育,几乎丝毫没有受伤。如何能见什么自由平等!可是中国的大门上,却已挂着"民国"招牌呢。当时社会思想处于如此畸形的状态之中,独有《新青年》首先大声疾呼：反对孔教,反对伦常,反对男女尊卑的谬论,反对矫揉做作的文言,反对一切宗法社会的思想,才为"革命的中国"露出真面目,为中国的社会思想放出有史以来绝未曾有的奇彩。

● 在中国共产党第三次全国代表大会上的报告（一九二三年六月）

现在我想就我们最近一年的工作提出批评意见。首先我们忽略了党员的教育工作。我们遇到的许多困难，都可以归咎于这一点。许多知识分子抱着革命感情加入了我们党，但是对我们的原则没有认识。工人表现出脱离知识分子的倾向，常常缺乏求知的愿望。

宣传工作进行得不够紧张，我们很少注意农民运动和青年运动，也没有在士兵中做工作。要在妇女中进行工作，女党员的人数也还太少。在工会的宣传工作中，我们没有提出任何口号。现在我们在工人中只能提出成立中国总工会的口号，而不能提出无产阶级专政的口号。还应当在工人中进行拥护国民革命的宣传。

● 劳动运动议决案（一九二三年六月）

（六）为养成劳动运动人才起见，在适当地点设立劳动教育机关，以启发工人宣传及组织之智识。

● 青年运动决议案（一九二三年六月）

社会主义青年团应以组织及教育青年工人为其重要工作，在出版物上应注意于一般青年实际生活状况及其要求。

社会主义青年团对于青年学生应从普通的文化宣传进而为主义的宣传，应从一般的学生运动引导青年学生到反对军阀反对帝国主义的国民运动。

社会主义青年团应开始从事于农民运动的宣传及调查。

● 妇女运动决议案（一九二三年六月）

（二）一般的妇女运动　一般的妇女运动如女权运动、参政运动、废娼运动等，亦甚重要。此等运动年来在各处皆已发生，但是既不统一，又不活动。本党女党员应随时随地指导并联合这种种运动，口号应是"全国妇女运动的大联合"、"打破奴隶女子的旧礼教"、"男女教育平等"、"男女职业平等"、"女子应有遗产承继权"、"男女社交自由"、"结婚离婚自由"、"男女工资平等"、"母性保护"、"赞助劳动女同胞"。

● 中国农民问题（一九二三年七月）

欲解除此等痛苦，且引导其加入国民运动，应依各地情状采用下列方法：

（一）教育及宣传　教育以农暇时授以文字（应注意注音字母的传布）及世界大势。宣传以"排斥外力"、"打倒军阀"、"限田"、"限租"、

"推翻贪官劣绅"口号（最好是携带影灯的巡回讲演）。

- **对俱乐部工作的回顾（一九二三年八月）**

以过去奋斗的经验切实教育工人，使工人明了自己阶级在现在及将来社会上的地位，工团终极的目的与达到这个目的的方法，养成极健全的奋斗者，成功无产阶级有方法的支配社会的潜伏势力的大组合。

- **《中国青年》发刊词（一九二三年十月）**

政治太黑暗了，教育太腐败了，衰老沉寂的中国像是不可救药了。

但是我们常听见青年界的呼喊，常看见青年界的活动。

许多人都相信中国的唯一希望，便要靠这些还勃勃有生气的青年。

- **中共三届一次中央执行委员会各委员报告（一九二三年十一月）**

（A）国民运动　武汉近来突起的爱国运动，忽然沉寂下去，外交协会已为官厅封禁，官厅对于外交委员会虽尚未封禁，而明示以勿许工人团体参加，该会虽未遵行，而态度转为消极了。国民党有成立支部的可能，但多为工学界的新分子，旧党员可靠者极少。

（B）劳动运动　武汉工联虽解散，近来暗中尚极团结，惟缺乏负责之人出头组织，党中现设一劳动运动委员会，即为从事此项工作。武汉失业工人多无大希望，今后须向工厂去寻勇敢分子以教育训练之。

（C）青年运动　学联毫无群众，近令各同志借各种机会向各学校活动。

（D）党务　负责者少，事多照顾不到，前时工作都是向外发展，对于内部教育训练工夫，太没有注意，故同志精神颇不振。学生好批评而不努力工作，工人思想过于幼稚，不能独立担任工作，区委拟今后向此方努力。

- **国民运动进行计划决议案（一九二三年十一月）**

（A）农民　农民在中国国民运动中是最大的动力，中国国民党的基础便应该建设在农民上面，各省支部应竭力推广其分部于乡村。运动之策略，以教育及自治入手，以"全农民利益"为号召，如水利、防匪、排洋货、抗苛税等，不宜开始即鼓吹佃农的经济争斗致招中农之反抗。

● **教育宣传问题议决案**（一九二三年十一月）

B. 教育方法

甲、

一、各地方之政治讨论（每次大会由教育委员选择《前锋》或《向导》论文作材料）。

二、各小组之政治讲演（除现时政治问题外，最好每组以党纲草案为根据逐段讨论研究——此于新加入之同志有大益处）。

三、各小组之组织原理讲演（以章程为材料）。

乙、

四、国内劳动运动及各地现实的劳动生活，每小组均当加以讨论（以《工人周刊》等为材料）。

以上各种材料及讲演员之分配当由各地方教育委员负责——每月报告中央教育委员会。

各地 C. P. 及 S. Y. 各推一教育委员合作——可以共同报告——（但 S. Y. 所用材料当注重青年方面，如《中国青年》、《青年工人》及 S. P. 之章程纲领；C. P. 党纲却亦为 S. Y. 所必须研究，此为两团体之政治的共同精神）。

丙、

五、各地有可能时，设社会科学的研究会（任取何名，如哈尔滨之青年学院），大致可如下法组织：（亦可利用其他学会，掺入自己材料）新青年、社会科学讲义，译著的关于主义之书籍为材料（党员的新译著随时报告中央）；每月召集会员几次，预指材料及问题，或请人讲演或共同问答；结果若有疑问，可寄到名义上的"社会科学会"（即中央教育委员会）令答复。再则可令会员从事实际调查各种中国现实问题如劳动状况等。

● **国民党改造与中国革命运动**（一九二三年十二月）

商人、农民、工人、学生、教育界，凡是平民都应当为我们的将来——真正独立自由的中国而奋斗。

● **中国妇女宣传运动的新纪元**（一九二三年十二月）

现在中国一般的教育本也糟得不堪，至于女子教育更是下而又下。

一班聪明有志的女子,又往往卷入文学、美术、哲学、新诗、恋爱的范围去了,而于本身实际密切有关的妇女问题,社会问题,国家问题反漠不关心,这是环境使然,也是没有得着良好指导的缘故。我很希望《妇女日报》成为全国妇女思想改造的养成所!

● **中国工人状况及我们运动之方针(一九二三年十二月)**

(二)工人受了这两年新式的教育与训练,知识与技能已经增高,现在并秘密的不断的买看出版物和社会主义者往还交谈,通讯质疑。由此看来,所以我们对于中国的工人运动,应是极抱乐观,认为工人群众终归是中国革命运动最伟大的一种势力。

● **中共中央局、青年团中央局对于国民党全国大会的意见(一九二四年一月)**

国民党现在提出下列几条具体的计划,作为根据,以联合认国家利益高出于他一党一人的私利的一切人:

…………

(三)召集各省职业团体(如银行界、商会……)及社会团体、教育机关等之会议以筹募集款项偿清外债之方法。

…………

(四)实行征兵制,严定军官资格,改革任免军官的方法;改善兵士及下级军官之经济状况并增进其法律地位;军队中之农业的及职业的教育;军官学校的毕业生都应当分别任用。

…………

(九)教育。

● **革命中学生应持的态度(一九二四年六月)**

我们倘若每个人——每个做革命的酵母的青年,都集注精神于这个态度上,切切实实一步一步地做去——一面为学校中的青年运动,以吸合更多的同此见解之同志;一面为农工运动,去使一般民众肯定他们底命运与革命的必然关系,则中国的革命,实在只是个有把握的十年八年便可成功的事。

● **我们的力量(一九二四年十一月)**

由此说来,资产阶级和小资产阶级的力量有限是可知了。所以只有无产阶级有伟大集中的群众，有革命到底的精神，只有他配做国民革命的领袖。只有无产阶级一方面更增进强大他们自己的力量，一方面又督促团结各阶级微弱的散漫的力量——联合成一个革命的力量，方能成就目前国民革命以及将来社会革命的两种伟大事业。

● **中国革命运动和中国的学生**（一九二五年一月）

证之各国先例，在无产阶级运动刚开始的时候，青年学生常常在其中占重要的地位。他们到无产阶级和农民中间去呼醒他们起来奋斗和组织，在无产阶级革命运动中是一件很重大的事。中国无产阶级运动正在起头，并且中国农民的觉悟还很少，所以能够得到一班中国智识阶级来做"往民间去"的运动，如俄国智识阶级以前做的一样，对于中国将来的无产阶级革命一定大有裨益。

············

有一班青年他能脱离中国的旧思想，但是因为他们没有能扫除他们固有的个人主义的根性，仍旧不能走到革命的一方面来，虽然他们有革命的热忱，然事与愿违，常常做的是反革命的事业。我们应当指出社会的改革和人类的进化，是靠人们集合的努力，个人的行动，非但是于事无济，并且往往有相反的结果，以免青年脱离了旧思想又走入了个人主义的无政府主义。脱离旧思想的学生，更容易走到资产阶级的自由主义。我们应当说明这种自由主义的虚伪和现时他在欧美各国的破产，而在中国更没有立足的可能。基督教的宣传，在中国青年学生中是最危险的东西。虽然在中国以前革命的青年做过了一些反基督教宣传工夫而给他一种打击，中国青年学生仍旧多受他的影响。只有继续的有系统的宣传，指出教会帝国主义侵掠的背景和基督教现在在欧美的破产，才能打破彼在中国青年中的势力。

只有把青年的一切旧思想和迷信都打破了，才能把我们的革命主义灌输给他们，使他们到革命的旗子下面来。我们在每一种攻击之中，我们须给青年学生明白我们所主张的革命主义是什么，使不致无所适从。只有以各种他们能见得到的事实，来证明我们的主义，才能使他们明白我们的主义。

第二部分 土地革命战争、抗日战争与解放战争时期

第四章 新民主主义教育理论

一、新民主主义的思想

新民主主义思想起源于"五四"新文化运动,历经两次国内革命战争和抗日战争,不断发展和成熟。1940年1月9日,在陕甘宁边区文化协会第一次代表大会上,毛泽东发表了题为《新民主主义的政治与新民主主义的文化》的演讲,回答了"中国向何处去"的问题。同年2月20日,在延安《解放》周刊第98、99期合刊上登载时,这篇演讲稿的题目改为《新民主主义论》[①]。

《新民主主义论》指出,新民主主义革命是无产阶级领导的人民大众的反帝反封建的革命;规定了新民主主义革命的政治、经济和文化纲领;总结出了统一战线、武装斗争和党的建设是战胜敌人的三个主要法宝,进一步阐明了农村包围城市、武装夺取政权的革命道路。在《新民主主义论》中,毛泽东指出:"我们共产党人,多年以来,不但为中国的政治革命和经济革命而奋斗,而且为中国的文化革命而奋斗;一切这些的目的,在于建设一个中华民族的新社会和新国家。在这个新社会和新国家中,不但有新政治、新经济,而且有新文化。这就是说,我们不但要把一个政治上受压迫、经济上受剥削的中国,变为一个政治上自由和经济上繁荣的中国,而且要把一个被旧文化统治因而愚昧落后的中国,变为一个被新文化统治因而文明先进的中国。一句话,我们要建立一个新中国。"[②] 这里的"新",主要表现在政治、经济、文化三个方面。文化问题在《新民主主义论》中有着特殊地位,而新民主主义教育是新民主主义文化的有机组成部分。

在《论联合政府》中,毛泽东将新民主主义文化概括为民族的、科

---

① 顾明远,刘复兴. 从新民主主义教育到社会主义教育(1921—2012)[M]. 北京:教育科学出版社,2015:96.

② 毛泽东选集:第2卷[M]. 2版. 北京:人民出版社,1991:663.

学的、大众的文化，这是新民主主义文化的纲领，同时也是新民主主义教育的方针。至此，新民主主义革命的基本理论、基本路线和基本纲领形成，新民主主义理论体系得以确立，新民主主义教育思想也因此最终形成，并成为新民主主义理论体系的有机组成部分。

（一）反对帝国主义压迫，主张中华民族的尊严和独立

坚决反对帝国主义的文化压迫，维护中华民族的尊严和独立，是近代以来中国人民的长期任务之一。新民主主义教育的目的就在于唤起民众，增强中华民族的凝聚力和向心力，增强人民反帝斗争的坚定性和自觉性，反对帝国主义的思想奴役和精神控制，树立中国人民的自尊心和自信心，动员人民大众投身于民族解放运动[①]。

近代以来，帝国主义、封建主义、官僚资本主义犹如三座大山，压在中国人民的头上，革命的任务急迫而繁重，中国共产党领导的新民主主义革命，是无产阶级领导的，人民大众的，反对帝国主义、封建主义、官僚资本主义的民主革命。它的目标是推翻三座大山，实现无产阶级通过中国共产党掌握政权。在经历了旧民主主义革命的当时中国社会，封建主义文化表现为半殖民地半封建的文化[②]。"帝国主义文化和半封建文化是非常亲热的两兄弟，它们结成文化上的反动同盟，反对中国的新文化。"[③] 它们是新民主主义文化的共同敌人。反对帝国主义文化，必须反对其在中国的代表封建买办阶级的文化；而反对封建买办阶级的文化，也必须反对帝国主义文化。只反对一面而不及另外一面，都是不彻底的，都不能完成新民主主义革命在文化战线上的任务。

新民主主义文化既是中国人民反对帝国主义和封建主义斗争实践的产物，也是中国人民反对帝国主义文化侵略的思想武器。伴随着帝国主义对中国的军事、政治和经济侵略而来的，还有帝国主义的文化侵略和教育侵略。比如，日本帝国主义于 1938 年 7 月制定的《从内部指导中国政权的大纲》中就有如下策略："尊重汉民族固有的文化，特别尊重

---

① 顾明远，刘复兴. 从新民主主义教育到社会主义教育（1921—2012）[M]. 北京：教育科学出版社，2015：102.

② 同①101.

③ 毛泽东选集：第 2 卷 [M]. 2 版. 北京：人民出版社，1991：695.

日华共通的文化,恢复东方精神文明,彻底禁止抗日言论,促进日华合作。"① 日本侵略者在被其占领的中国土地上实行奴化教育,其实质是通过对占领区人民进行"洗脑",消除他们对侵略者的仇恨,甚至是对侵略者的防范,在所谓"尊重日华共通的文化"的旗帜下,潜移默化地把日本帝国主义的思想强加给他们,并使他们的子孙后代认识不到事实的真相。奴化教育侵蚀着中华民族固有的文化,瓦解着中华民族固有的传统,它力图从思想上奴役中国人民,从精神上控制中国人民,因而给中国人民的文化和教育造成了极大的灾难。"特别是具有进步意义的文化事业和教育事业,进步的文化人和教育家,所受灾难,更为深重。"②

新民主主义文化虽然"新",但并不是向壁虚构的产物,而是植根于民族文化的沃土。毛泽东指出:"我们信奉马克思主义是正确的思想方法,这并不意味着我们忽视中国文化遗产和非马克思主义的外国思想的价值。"③ 正确的态度应该是:正视现实和历史的联系,承认历史是现实的基础,绝不武断地割断历史;同时,也绝不抱残守缺、故步自封。正如毛泽东所言,"清理古代文化的发展过程,剔除其封建性的糟粕,吸收其民主性的精华,是发展民族新文化提高民族自信心的必要条件"④。

新民主主义教育从我们民族历史中生长出来,它是中华民族源远流长的教育长河中的一段,是我们生生不息的民族传统的一部分。实际上,马克思主义本身也吸取整个人类文明中的优秀成果,是在继承前人文明成果基础上的创造。继承以往人类文明的优秀成果,首先是继承本民族的优秀文化成果。正因为如此,毛泽东一再强调,要继承中华民族传统文化的优秀遗产。"从孔夫子到孙中山,我们应当给以总结,承继这一份珍贵的遗产。这对于指导当前的伟大的运动,是有重要的帮助的。"⑤ 新民主主义教育是我们这个民族的,带有我们民族的性格和

---

① 复旦大学历史系日本史组. 日本帝国主义对外侵略史料选编:1931—1945 [M]. 上海:上海人民出版社,1975:270-271.
② 毛泽东选集:第3卷 [M]. 2版. 北京:人民出版社,1991:1082.
③ 中共中央文献研究室. 毛泽东文集:第3卷 [M]. 北京:人民出版社,1996:191.
④ 毛泽东选集:第2卷 [M]. 2版. 北京:人民出版社,1991:707-708.
⑤ 同④534.

气质。"民族的形式，新民主主义的内容——这就是我们今天的新文化。"① 作为民族文化遗产的一部分，作为民族教育历史的一环，它植根于民族文化的沃土，从中吸取养分，并丰富这一遗产，与生俱来地具有民族性。正因为植根于民族传统，得益于民族文化的滋养，新民主主义教育才得以具有民族教育的特色和风貌。一个民族文化的发展，除了继承本民族的文化成果之外，还有赖于吸收和借鉴其他民族的优秀文化。但对其他民族文化的借鉴，不能不顾变化了的实情，不能无条件地照抄照搬，而必须与本民族的实际相结合，通过与之相适应的民族形式表现出来。

毛泽东思想就是马克思主义具体化、中国化、民族化的成果。只有适合中华民族实际的教育，才能在中华大地上生根；只有具有中华民族特点的教育，才能在中国有效实施；也只有符合民族特色的教育内容和教育形式，才能为中国人民所理解和接受。新民主主义文化是一种"正确把握民族的实际与特点的文化"，而新民主主义教育也是正确把握民族的实际与特点的教育②。

（二）反对封建迷信，主张科学教育

在传统中国，地主阶级的封建迷信思想禁锢着国人的头脑，阻碍着中国人民在政治、经济、文化上的解放。要彻底解放中国的劳苦大众，需要大力宣传科学思想，以民主和科学为武器，向封建迷信发起进攻。新民主主义文化教育是反对一切迷信的科学的文化教育③。"它是反对一切封建思想和迷信思想，主张实事求是，主张客观真理，主张理论和实践一致的。"④ 它坚持马克思主义唯物辩证法，用科学的知识教育学生。毛泽东指出，虽然发展民族新文化是提高民族自信心的重要条件，但决不能无批判地兼收并蓄，中国现时的新政治、新经济、新文化是从古代的旧政治、旧经济、旧文化发展而来的，必须尊重自己的历史，承

---

① 毛泽东选集：第2卷［M］. 2版. 北京：人民出版社，1991：707.
② 顾明远，刘复兴. 从新民主主义教育到社会主义教育（1921—2012）［M］. 北京：教育科学出版社，2015：101.
③ 同②103.
④ 同①.

认历史和现实的联系，决不能割断历史。他强调，这种尊重是给予历史一定的科学的地位，实事求是地叙述和评价，弄清实情，说明真相，而不是颂古非今，更不是赞扬任何封建的毒素。毛泽东指出，不只封建迷信是科学的敌人，而且不顾变化了的实际，教条化地、一成不变地运用特定的理论，也是违反科学原则和科学精神的。毛泽东所倡导的实事求是、理论与实践一致，代表的就是中国无产阶级的科学思想。

在新民主主义革命中，文化教育的统一战线是统一战线的重要部分。在科学的基础上建立文化的统一战线，凡是拥护科学真理、提倡科学态度和科学方法的文化，都可以成为文化统一战线的一部分。这条统一战线所要反对的，不仅有封建迷信和愚昧无知，还有食古不化、食洋不化的教条主义[①]。

中国社会的近代化，是由西方世界的冲击所引发的。如何对待外国文化，在中国近代文化的发展中一直是一个非常突出并存在争论的问题。在世界走近中国、中国融入世界的历史进程已走过近一个世纪之时，固守传统、毫不变通已经不可能，而"全盘西化论"和"本位文化说"则颇有市场。对此，张闻天明确指出，中华民族的新文化，决不是完全抄袭外国文化的所谓"全盘西化"，也不是固守传统、因循守旧地坚持"本位文化"。"决不像'中学为体、西学为用'的'中国本位文化'论者那样，只吸收外国的自然科学的技术，来发展中国的物质文明，它要吸收外国文化中的一切优良成果，不论是自然科学的、社会科学的、哲学的、文艺的。"[②] 中华民族新文化的建设，要吸收全人类的全部文明成果，就是要有一种开阔的眼界、高迈的胸怀、主动的态势，广采博收，再经过一番选择、改造的工夫，使传统文化现代化、外国文化中国化。要"使外国文化中一切优良的成果，服从于中华民族抗战建国的需要，服从于建设中华民族新文化的需要。这即是以世界最先进的科学理论与科学方法来研究中国的实际，帮助解决中国的各种实际问题。这不但能够将中华民族的新文化提到更高的阶段，而且也将使它给

[①] 顾明远，刘复兴. 从新民主主义教育到社会主义教育（1921—2012）[M]. 北京：教育科学出版社，2015：104.

[②] 张闻天选集编辑组. 张闻天文集：第3卷 [M]. 北京：中共党史出版社，1994：43.

世界文化以极大的贡献"①。

（三）教育为大众服务，是大众革命的有力武器

人民大众是新民主主义革命的主体，是新民主主义革命这一历史活动的动力和依靠力量。历史的主体性原则决定了新民主主义文化既要依靠人民大众，植根人民大众，又要面向人民大众，服务于人民大众，一切来自人民大众，一切为了人民大众。"它应为全民族中百分之九十以上的工农劳苦民众服务，并逐渐成为他们的文化。"② 在抗日战争时期特定的历史条件下，中国共产党的工作重心仍然在农村，因此，人民大众实际上指的就是农民。毛泽东强调指出，新民主主义的文化教育工作者必须懂得，"大众文化，实质上就是提高农民文化。抗日战争，实质上就是农民战争"③。农民是抗日战争的重要力量，也是整个新民主主义革命的主体。因此，新民主主义教育必须面向农民，服务农民。"现在是'上山主义'的时候，大家开会、办事、上课、出报、著书、演剧，都在山头上，实质上都是为的农民。"④ 新民主主义教育的重要目的，就是发动农民，唤醒农民投身革命，提高农民的素质，武装农民，以完成新民主主义革命的任务。

新民主主义文化植根于人民大众的生活实践，来源于人民大众的生活实践，濡染所及，也要成为人民大众的生活方式。也只有植根于人民大众之中，体现在人民大众的日常生活方式里，新民主主义文化才会立体和丰满，也才会有巨大的实践功效和旺盛的生命力。

新民主主义革命是无产阶级领导的人民大众的反帝反封建的革命，新民主主义文化是无产阶级领导的人民大众的反帝反封建的文化。新民主主义教育作为新民主主义文化的一部分同样依循新民主主义文化的原则：既依靠人民大众，又要面向人民大众，服务于人民大众；既来源于人民大众的生活实践，又要成为人民大众的生活方式⑤。

---

① 张闻天选集编辑组．张闻天文集：第3卷［M］．北京：中共党史出版社，1994：43．
② 毛泽东选集：第2卷［M］．2版．北京：人民出版社，1991：708．
③④ 同②692．
⑤ 顾明远，刘复兴．从新民主主义教育到社会主义教育（1921—2012）［M］．北京：教育科学出版社，2015：105．

教育不仅是一种动员人民大众组织自己力量的工具,更是一种团结人民、教育人民的有力武器,而人民大众就是反对帝国主义在政治、经济和文化教育上侵略的"军队","革命的文化人而不接近民众,就是'无兵司令',他的火力就打不倒敌人"①。文化教育只有面向人民大众、以人民大众为依靠和服务对象,才是有意义的。

教育为大众服务体现在言语要更加接近民众,理论与实践相结合,教育要贴近群众的需要,尊重他们的意愿以及工农干部知识分子化,知识分子工农群众化。

教育为大众服务需要言语接近民众。"文字必须在一定条件下加以改革,言语必须接近民众,须知民众就是革命文化的无限丰富的源泉。"②

教育为大众服务需要理论与实践相结合。"'没有革命的理论,就不会有革命的运动',可见革命的文化运动对于革命的实践运动具有何等的重要性。而这种文化运动和实践运动,都是群众的。"③ 革命的理论固然重要,但只有用这种理论武装群众,使理论为广大群众所理解、所信服、所遵奉,在实践运动中为群众所施行、所坚持、所恪守,这样的实践才有方向,理论才有威力,人民群众才能真正战无不胜。

教育为大众服务需要贴近群众的需要,尊重群众的意愿。毛泽东曾对文化教育工作者提出这样的要求:"我们的文化是人民的文化,文化工作者必须有为人民服务的高度的热忱,必须联系群众,而不要脱离群众。要联系群众,就要按照群众的需要和自愿。一切为群众的工作都要从群众的需要出发,而不是从任何良好的个人愿望出发。有许多时候,群众在客观上虽然有了某种改革的需要,但在他们的主观上还没有这种觉悟,群众还没有决心,还不愿实行改革,我们就要耐心地等待;直到经过我们的工作,群众的多数有了觉悟,有了决心,自愿实行改革,才去实行这种改革,否则就会脱离群众。凡是需要群众参加的工作,如果没有群众的自觉和自愿,就会流于徒有形式而失败。……在一切工作中都是如此;在改造群众思想的文化教育工作中尤其是如此。"④

教育为大众服务需要工农干部的知识分子化和知识分子的工农群众

---

①②③ 毛泽东选集:第2卷[M]. 2版. 北京:人民出版社,1991:708.
④ 毛泽东选集:第3卷[M]. 2版. 北京:人民出版社,1991:1012-1013.

化有机地结合,双向互动,同步发展。为此,一方面,对于干部特别是广大的工农干部,要给他们以学习的机会,给他们以成长的空间,通过多种途径、各种方式教育他们,使他们无论是在理论上还是在实际工作能力上都有较大的提高和进步。另一方面,要大量吸收知识分子"加入我们的学校",对于尽可能多的、多少有用的知识分子,特别是那些同情革命、同情大众的"比较忠实的"知识分子,应该给他们分配适当的工作,提供适宜的舞台,同时在工作中好好地教育他们,逐渐使他们克服弱点,"使他们革命化和群众化"。知识分子的"革命化和群众化",不仅扩大了群众队伍,使新民主主义文化教育的大众性更加典型,而且使知识分子能够有效地为人民大众服务,提升新民主主义文化教育大众性的品质和层次[①]。

二、新民主主义教育思想对中国共产党的影响

(一)教育需坚持马克思主义的指导思想

中国共产党始终坚持以马克思主义、毛泽东思想为指导发展教育事业,反对帝国主义和封建主义教育、国民党的"党化教育","取消一切麻醉人民的封建的、宗教的和国民党的三民主义的教育"[②]。强调要开展马克思主义教育,"中央政府最近已宣布以马克思共产主义为苏维埃文化教育的基本方针"[③],开展共产主义教育,"苏维埃政府教育的基本原则,是以共产主义的教育来教育群众"[④]。毛泽东强调,"指导我们思想的理论基础是马克思列宁主义"[⑤]。毛泽东关于干部教育的思想指导我党培育了"一代又一代的领导者和大批干部"[⑥]。

---

① 顾明远,刘复兴. 从新民主主义教育到社会主义教育(1921—2012)[M]. 北京:教育科学出版社,2015:108.
② 陈元晖,璩鑫圭,邹光威. 老解放区教育资料[M]. 北京:教育科学出版社,1981:27.
③ 中共中央文献研究室,中央档案馆. 建党以来重要文件选编(1921—1949):第10册[M]. 北京:中央文献出版社,2011:571.
④ 顾明远,刘复兴. 从新民主主义教育到社会主义教育(1921—2012)[M]. 北京:教育科学出版社,2015:64.
⑤ 中共中央文献研究室. 毛泽东文集:第6卷[M]. 北京:人民出版社,1999:350.
⑥ 胡耀邦. 在庆祝中国共产党成立六十周年大会上的讲话[M]. 北京:人民出版社,1981:7.

在马克思主义、毛泽东思想的指导下，中国共产党非常重视对教育的领导权。《中共中央关于统一抗日根据地党的领导及调整各组织间关系的决定》强调党是无产阶级的先锋队和无产阶级组织的最高形式，应该领导一切其他组织，党对教育也应具有领导权，"教育事业之权归苏维埃"①，"教育部必须取得共产党及共产青年团方面政治上的领导和协助"，而"培养干部是文化教育工作对于国家建设所应当负担的最重大的任务"②。《中共中央书记处关于干部学习的指示》明确规定"各级党委和政治部的宣传部下应设立干部教育科，负责管理干部教育的工作"③。坚持党对教育事业的领导是新民主主义革命时期发展教育的宝贵经验之一，在党的领导下，新民主主义革命时期的教育培养了一大批为革命战争和根据地建设服务的干部人才。

（二）教育事业必须服务于党的中心任务

经济基础决定上层建筑，随着生产力和生产关系变革，社会的上层建筑也或缓或急地发生变革④。教育属于社会的上层建筑，受经济基础和政治制度制约，毛泽东在《新民主主义论》中指出，"一定形态的政治和经济是首先决定那一定形态的文化的；然后，那一定形态的文化又才给予影响和作用于一定形态的政治和经济"。列宁强调"所谓学校可以脱离生活，可以脱离政治，这是撒谎骗人"，强调教育是推翻资产阶级斗争的重要组成部分，"知识是他们争取解放的武器；他们遭到挫折就是因为没有受教育"⑤。在土地革命战争到解放战争期间，中国共产党对"教育救国论"和"教育独立论"进行了批判，进一步明确了教育的地位和作用，提出"革命的性质决定革命教育的性质"，明确了教育为革命战争、阶级斗争和革命根据地建设服务，为党的中心任务服务的作用。

---

① 陈元晖，璩鑫圭，邹光威. 老解放区教育资料［M］. 北京：教育科学出版社，1981：27.
② 郭沫若. 关于文化教育工作的报告［M］. 北京：人民出版社，1951：9.
③ 中共中央文献研究室，中央档案馆. 建党以来重要文献选编（1921—1949）：第17册［M］. 北京：中央文献出版社，2011：2.
④ 朱智贤. 论新民主主义教育［M］. 北京：文光书店，1949.
⑤ 列宁. 列宁全集：第35卷［M］. 2版. 北京：人民出版社，1985：77，78.

第四章　新民主主义教育理论

教育为党的中心任务服务，在干部教育中表现为"对于在职干部的教育和干部学校的教育，应确立以研究中国革命实际问题为中心"[①]。在土地革命战争时期，教育的首要任务是培养革命战争和阶级斗争所需的干部人才；在抗日战争时期，强调"在一切为着战争的原则下，一切文化教育事业均应使之适应战争的需要"，"抗日政府的教育政策，以培养抗日战争中急需的干部，提高人民的民族觉悟与文化水平为原则"[②]；在解放战争时期表现为"配合军事、政治、经济、群运等工作，争取人民自卫战争的胜利"[③]。面对百年未有之大变局，新时代的教育更要始终坚持为党的中心任务服务，为党育人为国育才，培养党和人民所需要的好干部。

（三）教育要坚持把思想政治工作放在首位

中国共产党始终将坚定正确的政治方向作为重要的教育方针，革命战争期间为了提高广大干部思想觉悟，树立革命理想信念，培养艰苦奋斗的革命精神，加强组织纪律以及消除错误思想，必须将思想政治教育放在第一位。

开展马克思主义教育是思想政治教育的重要方面，"注意马克思列宁主义基本理论教育工作：在这些教育工作和思想斗争中，必须要很灵活的联系到马克思列宁主义的基本理论和党的政纲及目前任务，以达到提高党员政治理论水平的效果"[④]。"中央直属机关干部要进行理论、思想教育，读马、恩、列、斯的四十本书。干部各种教育中主要是整风教育与思想教育，在各种干部中主要是高级干部的教育"[⑤]，"过去我们党无论怎样弱小，无论遇到什么困难，一直有强大的战斗力，因为我们有马克思主义和共产主义的信念"[⑥]。干部教育要让干部掌握马克思列宁

[①] 毛泽东. 改造我们的学习［M］. 北京：人民出版社，1964：11.
[②] 中共中央文献研究室刘少奇研究组，中央教育科学研究所. 刘少奇论教育［M］. 北京：教育科学出版社，1998：6.
[③] 徐酒翔，张占国. 新编中国民国史：下册［M］. 北京：人民出版社，1995：186.
[④] 中共中央文献研究室，中央档案馆. 建党以来重要文献选编（1921—1949）：第 8 册［M］. 北京：中央文献出版社，2011：634.
[⑤] 中共中央文献研究室. 毛泽东文集：第 3 卷［M］. 北京：人民出版社，1996：11.
[⑥] 邓小平. 邓小平文选：第 3 卷［M］. 北京：人民出版社，1993：144.

主义，教他们用共产主义的方法和观点分析现实问题，克服非无产阶级思想，坚定正确的政治方向，在革命战争中担当重任。

（四）教育要坚持理论联系实际

在革命根据地和解放区开展的干部教育始终坚持理论与实践并重，在重视马克思主义理论教育的同时，强调将马克思主义理论与中国革命具体实际相结合，创新干部教育形式，切实解决干部队伍中的实际问题。在干部教育中，强调要"以马克思列宁主义基本原则为指导的方针，废除静止地孤立地研究马克思列宁主义的方法"[①]，确立了"以研究中国革命实际问题为中心"的教育原则。

在具体的教育实践中，围绕不同时期干部队伍中迫切需要解决的问题，中国共产党开展了有针对性的干部教育。在土地革命战争时期，针对非无产阶级思想，广泛开展无产阶级革命思想教育、革命理想信念教育与政治教育，培养德才兼备、肯为革命无私奉献的干部；在抗日战争时期，为了克服两种错误倾向，教育更加注重政治教育和策略教育；在解放战争时期，针对出现的享乐主义和腐败现象开展整风运动，并且需要承担的城市任务越来越多，因此在强调思想教育的同时，还重视业务教育。在教育内容上，强调"教育与生产取得联系"，"学校教育、设备都要与战斗、生产相结合"；提出教育与生产劳动相结合。

---

① 毛泽东选集：第 3 卷 [M]. 2 版. 北京：人民出版社，1991：802.

第五章
教育为革命战争与革命根据地的建设服务

一、从中共五大到中共七大：党的时代任务与教育方针

（一）党的时代任务

1927年4月27日至5月9日中国共产党第五次全国代表大会在武汉召开，会议通过了《中国共产党第三次修正章程决案》、《中国共产党第五次全国代表大会宣言》和《政治形势与党的任务议决案》。中共五大是在1927年蒋介石发动四一二反革命政变，大肆屠杀共产党人和革命群众，大革命遭到了局部的严重失败的非常状态下召开的。全体党员期望这次大会能正确判断当前局势，回答大家最为关注的如何从危急中挽救革命的问题。陈独秀代表第四届中央执行委员会向大会做了《政治与组织的报告》，报告既没有正确总结经验教训，又没有提出挽救时局的方针政策，反而为过去的错误进行辩护，继续提出一些错误主张。针对陈独秀所做报告中关于统一战线的错误，蔡和森在发言中指出：中国小资产阶级政党（国民党）过去之弱点及现在动摇，说明能领导革命到底并取得胜利的只有无产阶级政党。我们应以坚决的无产阶级的领导去制胜小资产阶级的动摇与犹疑。毛泽东批评了陈独秀在对待农民问题上的错误，主张把农民组织武装起来，迅速加强农民的斗争。

中共五大虽然批评了陈独秀的错误，但对无产阶级如何争取领导权，如何领导农民进行土地革命，如何对待武汉国民政府和国民党，特别是如何建立党的革命武装等迫在眉睫的重大问题，都未能作出切实可行的回答，因此，难以承担在生死存亡的危急关头挽救大革命的重任。而真正结束中央所犯的右倾机会主义错误，制定正确的土地革命和武装起义方针，是在3个月后的八七会议上完成的①。

---

① 中国共产党第五次全国代表大会简介［EB/OL］.［2023-11-19］. http：//cpc. people. com. cn/GB/64162/64168/64557/4428291. html.

第五章　教育为革命战争与革命根据地的建设服务

1928年6月18日至7月11日，中国共产党第六次全国代表大会在莫斯科秘密召开。大会通过了关于政治、军事、组织、苏维埃政权、农民、土地、职工、宣传、民族、妇女、青年团等问题的决议，以及经过修改的《中国共产党党章》。

中共六大通过的政治决议案提出了中国革命的十大政纲：一、推翻帝国主义的统治。二、没收外国资本的企业和银行。三、统一中国，承认民族自决权。四、推翻军阀国民党的政府。五、建立工农兵代表（苏维埃）政府。六、实行八小时工作制，增加工资、失业救济与社会保险等。七、没收一切地主阶级的土地，耕地归农民。八、改善兵士生活，发给兵士土地和工作。九、取消一切政府军阀地方的捐税，实行统一的累进税。十、联合世界无产阶级和苏联。六大认为，这十大政纲，就是中国共产党现在争取群众，准备武装暴动，以推翻豪绅资产阶级政权的主要口号①。

中共六大是在特定历史时期和历史条件下召开的具有重大历史意义的会议。六大认真地总结了大革命失败以来的经验教训，对有关中国革命的一系列存在严重争论的根本问题，作出了基本正确的回答。它集中解决了当时困扰党的两大问题：一是在中国社会性质和革命性质问题上，指出现阶段的中国仍是半殖民地半封建社会，引起中国革命的基本矛盾一个也没有解决，现阶段的中国革命依然是资产阶级性质的民主主义革命。二是在革命形势和党的任务问题上，明确了革命处于低潮，党的总路线是争取群众，党的中心工作不是千方百计地组织暴动，而是做艰苦的群众工作，积蓄力量。这两个重要问题的解决，基本上统一了全党思想，对克服党内存在的"左"倾情绪，实现工作的转变，起了积极作用。

1945年4月23日至6月11日，中国共产党第七次全国代表大会在延安召开。大会通过了新的党章，确定以马克思列宁主义的理论与中国革命实践相统一的毛泽东思想作为全党一切工作的指针。

毛泽东致七大开幕词为《两个中国之命运》，他指出：在中国人民

---

① 中共六大制定中国革命现阶段的十大政纲[EB/OL].[2023-11-19]. http://cpc.people.com.cn/GB/64162/64168/64558/4428364.html.

面前摆着两条路，光明的路和黑暗的路；有两种中国之命运，光明的中国之命运和黑暗的中国之命运。我们的任务不是别的，就是放手发动群众，壮大人民力量，团结全国一切可能团结的力量，在我们党领导之下，为着打败日本侵略者，建设一个光明的新中国，建设一个独立的、自由的、民主的、统一的、富强的新中国而奋斗。我们应当用全力去争取光明的前途和光明的命运①。

毛泽东在中共七大政治报告《论联合政府》中指出：中国人民在其对于日本侵略者作了将近八年的坚决的英勇的不屈不挠的奋斗，经历了无数的艰难困苦和自我牺牲之后，出现了这样的新局面——整个世界上反对法西斯侵略者的神圣的正义的战争，已经取得了有决定意义的胜利，中国人民配合同盟国打败日本侵略者的时机，已经迫近了。但是中国现在仍然不团结，中国仍然存在着严重的危机。在这种情况下，我们应该怎样做呢？毫无疑义，中国急需把各党各派和无党无派的代表人物团结在一起，成立民主的临时的联合政府，以便实行民主的改革，克服目前的危机，动员和统一全中国的抗日力量，有力地和同盟国配合作战，打败日本侵略者，使中国人民从日本侵略者手中解放出来。然后，需要在广泛的民主基础之上，召开国民代表大会，成立包括更广大范围的各党各派和无党无派代表人物在内的同样是联合性质的民主的正式的政府，领导解放后的全国人民，将中国建设成为一个独立、自由、民主、统一和富强的新国家。一句话，走团结和民主的路线，打败侵略者，建设新中国②。

中共七大确定了党的政治路线，即"放手发动群众，壮大人民力量，在党的领导下，打败日本侵略者，解放全国人民，建立一个新民主主义的中国"。这条政治路线阐明了全党全国人民的奋斗目标是打败日本侵略者，建立一个新民主主义的中国；阐明了为实现这一奋斗目标，就要放手发动群众，壮大人民力量；阐明了加强党的领导是革命取得胜利的关键。

---

① 毛泽东致七大开幕词：《两个中国之命运》[EB/OL]. [2023 - 11 - 19]. http://cpc.people.com.cn/GB/64162/64168/64559/4442096.html.
② 毛泽东作七大政治报告：《论联合政府》[EB/OL]. [2023 - 11 - 19]. http://cpc.people.com.cn/GB/64162/64168/64559/4526988.html.

第五章　教育为革命战争与革命根据地的建设服务

中共七大总结了中国新民主主义革命20多年曲折发展的历史经验，制定了正确的路线、纲领和策略，克服了党内的错误思想，使全党特别是党的高级干部对于中国民主革命的发展规律有了比较明确的认识，从而使全党在马克思列宁主义、毛泽东思想的基础上达到了空前的团结。

中共七大将毛泽东思想写在了党的旗帜上，确立毛泽东思想为党的指导思想并写入党章。七大通过的新党章规定：中国共产党，以马克思列宁主义的理论与中国革命的实践统一的思想——毛泽东思想，作为自己一切工作的指针，反对任何教条主义的或经验主义的偏向。

中共七大确立毛泽东思想为党的指导思想，是近代中国历史和人民革命斗争发展的必然选择。1945年4月，党的扩大的六届七中全会通过了《关于若干历史问题的决议》，充分肯定和高度评价了毛泽东的理论贡献，指出："中国共产党自一九二一年产生以来，就以马克思列宁主义的普遍真理和中国革命的具体实践相结合为自己一切工作的指针，毛泽东同志关于中国革命的理论和实践便是此种结合的代表。"毛泽东思想是马克思列宁主义在中国的运用和发展，是被实践证明了的关于中国革命的正确的理论原则和经验总结，是中国共产党集体智慧的结晶。毛泽东是毛泽东思想的主要创立者，党的许多卓越领导人对它的形成和发展做出了重要贡献，毛泽东的科学著作是它的集中概括。七大之后，全党同志在毛泽东思想的指引下，团结一致，为推进中国革命努力奋斗，终于在1949年取得了新民主主义革命的伟大历史胜利。

（二）党的干部教育方针政策

1. 为革命战争和阶级斗争服务

1927年，中国共产党第五次全国代表大会在武汉召开，大会提出随着党组织的迅速发展，"党的干部人才缺乏而幼稚"问题日益突出，这一问题隐藏着很大的危险①，工会运动"无论是上层领袖或下层的干部人材，都极缺乏"②。1928年，中国共产党第六次全国代表大会再次

---

① 对于组织问题议决案[EB/OL].[2023-11-19]. http://cpc.people.com.cn/GB/64162/64168/64557/4428300.html.
② 对于职工运动议决案[EB/OL].[2023-11-19]. http://cpc.people.com.cn/GB/64162/64168/64557/4428302.html.

提出"干部人才的问题,须特别注意"①。

随着土地革命、武装斗争、根据地建设的深入开展,革命战争的各项工作需要大量干部去完成。毛泽东指出,"我们的革命依靠干部"②,"只有依靠成千成万的好干部,革命的方针与办法才能执行,全面的全民族的革命战争才能出现于中国,才能最后战胜敌人"③,"要作为一种任务,在全党和全国发现许多新的干部和领袖"④。在残酷的革命战争中,"最好的干部遭受屠杀,工农的先锋遭受很大的损伤"⑤,"教育与训练的缺乏,党的干部人材更显不足"⑥,干部素质不高问题突出,极易引发干部恐慌现象⑦,严重影响到中国共产党的发展。

毛泽东提出,"干部问题是一个有决定作用的问题"⑧,"正像斯大林所说的话:'干部决定一切'",培养为革命战争与阶级斗争服务的干部人才是土地革命战争时期教育的核心目标。干部教育不仅要培养经济建设所需要的干部,"经济建设运动的开展,需要有很大数量的工作干部"⑨,还需要培养军事干部,"教育首先是干部教育,只有提高了干部的军事政治程度,才能使战斗员的军事政治程度真正提高。提高老干部的程度,创造许多的新干部"⑩,要着力解决现有干部"理论的和政治的水平线太低,太幼稚,不能及时的正确的了解环境与策略的转变,不能及时的改进其领导力量的本质以及在群众中的指导工作方法"的根本缺点,"首先就要求提高全党的理论程度和政治水平"⑪,培养革命所需要

---

① 职工运动决议案[EB/OL]. [2023-11-19]. http://cpc.people.com.cn/GB/64162/64168/64558/4428427.html.
② 毛泽东选集:第1卷[M]. 2版. 北京:人民出版社,1991:277.
③ 中共中央文献研究室. 毛泽东文集:第2卷[M]. 北京:人民出版社,1993:63-64.
④ 同②.
⑤ 政治决议案[EB/OL]. [2023-11-19]. http://cpc.people.com.cn/GB/64162/64558/4527130.html.
⑥ 组织问题决议案提纲[EB/OL]. [2023-11-19]. http://cpc.people.com.cn/GB/64162/64168/64558/4428368.html.
⑦ 中共中央文献研究室,中央档案馆. 建党以来重要文献选编(1921—1949):第8册[M]. 北京:中央文献出版社,2011:531.
⑧ 毛泽东军事文集:第1卷[M]. 北京:人民出版社,1993:436.
⑨ 同②125.
⑩ 中共中央文献研究室. 毛泽东文集:第1卷[M]. 北京:人民出版社,1993:369.
⑪ 中共中央文献研究室,中央档案馆. 建党以来重要文献选编(1921—1949):第5册[M]. 北京:中央文献出版社,2011:602-603,603.

第五章　教育为革命战争与革命根据地的建设服务

的干部人才。

2. 干部教育第一

1937年，抗日战争全面爆发，抗日前线和革命根据地建设需要大批能带领军队作战、领导群众工作的革命干部，干部短缺问题更加突出。一方面，大批干部在革命战争中牺牲，"中国共产党在过去十年斗争中，干部损失了十几万"①；另一方面，"干部依然不够，特别是新开辟的根据地。这是因为：革命事业发展很快，工作范围扩大了，工作性质又是空前的复杂。党员增加了很多，但干部不能与党员按同比例增加"②，出现了"干部恐慌"，"最迫切而且最困难的问题就是干部的贫乏"，"要干部的呼声遍于各地"③。

"干部是群众中的先进分子"，争取抗日战争胜利和革命根据地建设需要优秀的干部来领导，"任何工作，于政策之外，就决定于干部的好坏"④，"中国共产党是在一个几万万人的大民族中领导伟大革命斗争的党，没有多数才德兼备的领导干部，是不能完成其历史任务的"⑤。毛泽东强调，指导伟大的革命，要有伟大的党，要有许多最好的干部，"政治路线确定之后，干部就是决定的因素"⑥，要"最迅速最有效地创造出大批的领导干部"⑦，把培养新干部作为"战斗任务"。另外，要"创设并扩大增强各种干部学校，培养大批的抗日干部"⑧，鼓励每个根据地都要尽可能地开办干部学校，强调"越大越多越好"⑨。

干部教育重于国民教育，要实行"干部教育第一，国民教育第二"的教育政策，"创造大量新干部，加强干部教育应是政治工作人员中心任务之一"⑩。这一方面是因为干部是革命斗争的先锋，抗日战争的政

---

① 陈云. 陈云文选：第1卷 [M]. 北京：人民出版社，1995：109.
② 同①212.
③ 张耀灿. 中国共产党思想政治工作史论 [M]. 北京：高等教育出版社，1999：12.
④ 中共中央文献研究室. 毛泽东著作专题摘编：下 [M]. 北京：中央文献出版社，2003：2043.
⑤⑥ 毛泽东选集：第2卷 [M]. 2版. 北京：人民出版社，1991：526.
⑦ 同⑤553.
⑧ 中共中央文献研究室，中央档案馆. 建党以来重要文献选编（1921—1949）：第15册 [M]. 北京：中央文献出版社，2011：619.
⑨ 同⑤769.
⑩ 中共中央文献研究室，中央档案馆. 建党以来重要文献选编（1921—1949）：第16册 [M]. 北京：中央文献出版社，2011：115.

治动员要"靠干部人员"①,"为干部,也完全是为群众,因为只有经过干部才能去教育群众、指导群众","如果我们给予干部的并不能帮助干部去教育群众、指导群众,那末,我们的提高工作就是无的放矢,就是离开了为人民大众的根本原则"②。另一方面,随着抗日根据地的不断扩大,干部教育任务日益艰巨,大批干部需要理论知识武装头脑,提高工作能力,以更好地为武装斗争、政治经济文化建设服务。此外,还有大批有志于抗日的爱国青年和知识分子来到抗日根据地,迫切需要接受理论学习指导。为了满足干部教育需求,《中共中央关于在职干部教育的决定》进一步提出"在目前条件下,干部教育工作,在全部教育工作中的比重,应该是第一位的。而在职干部教育工作,在全部干部教育工作中的比重,又应该是第一位的"③ 的政策方针。在"干部教育第一,国民教育第二"的方针政策指导下,干部教育为抗日战争培养了大批急需的干部人才。

3. 为管理城市和经济文化建设服务

全面内战爆发后,为了鼓励广大农民参加解放战争,中国共产党在革命根据地开展了土地改革运动。同时,随着解放战争走向胜利的步伐不断加快,解放区的规模也在不断发展扩大,解放战争、土地改革以及解放区建设对党的干部提出了新的要求,快速培养合格的干部成为党迫切需要解决的问题。

《中共中央关于九月会议的通知》指出"革命战争发展甚快,而我们的干部供应甚感不足,这是一个很大的困难","战争的第三年内,必须准备好三万至四万下级、中级和高级干部"④,《中共中央关于准备五万三千个干部的决议》估算出"以上所需中央局、区党委、地委、县委、区委等五级及大城市的各项干部,共约五万三千人左右"⑤。邓小平在向中央汇报工作中提到"我们总感到干部补充甚不及时,影响工作

---

① 毛泽东选集:第 2 卷 [M]. 2 版. 北京:人民出版社,1991:481.
② 毛泽东选集:第 3 卷 [M]. 2 版. 北京:人民出版社,1991:863.
③ 中共中央党校党史教研室. 中共党史参考资料(五):抗日战争时期(下) [M]. 北京:人民出版社,1979:28.
④ 毛泽东选集:第 4 卷 [M]. 2 版. 北京:人民出版社,1991:1347.
⑤ 中共中央文献研究室,中央档案馆. 建党以来重要文献选编(1921—1949):第 25 册 [M]. 北京:中央文献出版社,2011:598.

第五章　教育为革命战争与革命根据地的建设服务

甚巨，特别是财经干部太少，更感苦恼"，并根据中原干部缺口，提出要提前准备江南区域所需的干部，"按中原区需用干部的标准，如在江南开辟一万万人口的区域，所需合格干部当在三四万之间，应请中央预为准备"①。

一方面，随着解放战争即将取得全国胜利，中国共产党接管的城市逐渐增多，更是迫切需要大批能够管理城市、为经济文化建设服务、具有科学文化知识的干部。另一方面，随着干部规模的日益壮大，干部结构逐渐复杂，干部队伍开始出现思想混乱的现象，迫切需要进行思想改造。毛泽东提出"夺取全国政权的任务，要求我党迅速地有计划地训练大批的能够管理军事、政治、经济、党务、文化教育等项工作的干部"②。《中共中央关于准备夺取全国政权所需要的全部干部的决议》再次强调各区各级党委当前最重要的任务是有计划地大量培养训练和提拔干部。1949 年初，毛泽东提出"把军队变为工作队"，军队必须学会接收和管理城市，包括善于动员和组织青年，强调要迅速训练大批能管理城市包括城市文化教育事业的干部③。解放战争时期的干部教育，为解放战争的胜利、新中国的成立与建设培养了大批干部和各类人才，也为新中国成立后的干部教育实践与改革积累了宝贵的经验。

（三）党的社会教育方针政策

注重工农群众的教育，坚持群众路线，坚决保障工农群众的受教育权是毛泽东的重要思想，是党的基本教育方针。

1928 年 1 月，毛泽东组织湘赣边界各乡农民协会成立农民夜校，吸收农民学习政治、学习文化④。1928 年 10 月，毛泽东在中共湘赣边界第二次代表大会上，要求提高党员、工农同志的文化程度，开展识字运动，提高读写能力。这充分体现了毛泽东注重工农群众教育的思想，为创建和发展广泛的工农劳苦群众自己的苏维埃教育奠定了初步基础。

---

① 邓小平. 邓小平文选：第 1 卷 [M]. 2 版. 北京：人民出版社，1994：129.
② 毛泽东选集：第 4 卷 [M]. 2 版. 北京：人民出版社，1991：1347.
③ 同②1405.
④ 顾明远，刘复兴. 从新民主主义教育到社会主义教育（1921—2012）[M]. 北京：教育科学出版社，2015：125.

"中国历来只是地主有文化，农民没有文化。"① 毛泽东注重工农群众的教育，从根本上改变了旧教育的不合理之处，这关涉受教育权等重大问题，具有重要的指导意义。1933年11月，毛泽东率领中央政府检查团到江西省兴国县长冈乡进行为期7天的考察，随后又到福建省上杭县才溪乡进行调查，写下了著名的《长冈乡调查》和《才溪乡调查》。在这两个报告中，他提出要依靠群众办教育，解决办学中的实际问题。人民需要文化教育事业，文化教育事业也需要人民。开展文化教育活动，需要一定的人、财、物的投入，这些人、财、物从何而来？长冈和才溪两个模范乡政府是依靠农民群众来解决的。办夜学需要教员，解决的办法是由小学教师、乡政府领导成员兼任夜学教员，或能者为师，识字的教不识字的，识字多的教识字少的。小学教师因白天上课，会影响家里的农活，乡政府就用派人代耕的办法，使之安心任教。书纸笔墨等学习用具，学生自备。夜学的照明费用由学生平均分摊。长冈乡政府与才溪乡政府，在不用农民掏腰包、不增加乡财政负担的情况下，依靠全乡人民加强组织和管理，就办好了文化教育事业。在办学中，毛泽东提出"按照群众的需要与自愿"的原则，并根据苏区人口分散的特点，结合斗争和生产的需要，因时因地制宜，创造出多种办学形式。不仅有集中的正规的小学、职业技术学校、师范学校、干部学校，也有分散的不正规的夜校、半日学校，以及遍及城乡的识字班、识字组、识字牌、问字所等。学校类型、入学条件、学制年限并不要求整齐划一，一所学校内的各个班级也因学员情况和培养目标而异。至于工农业余教育、群众文化活动等，更是灵活多样，目的是最大限度地满足群众求学的愿望，形成群众办学的热潮②。

坚决保障工农群众的受教育权是党的基本教育方针。1931年，中华工农兵苏维埃第一次全国代表大会宣布：工农劳苦群众，不论男子和女子，在社会、经济、政治和教育上，完全享有同等的权利和义务。一切工农劳苦群众及其子弟，有享受国家免费教育之权。1934年，中华

---

① 毛泽东同志论教育工作 [M]. 北京：人民教育出版社，1958：10.
② 顾明远，刘复兴. 从新民主主义教育到社会主义教育（1921—2012）[M]. 北京：教育科学出版社，2015：91.

第五章　教育为革命战争与革命根据地的建设服务

工农兵苏维埃第二次全国代表大会通过的《中华苏维埃共和国宪法大纲》对此做出了更明确的规定：中华苏维埃政权以保证工农劳苦民众有受教育的权利为目的，在进行革命战争许可的范围内，应开始施行完全免费的普及教育，首先应在青年劳动群众中施行。应该保障青年劳动群众的一切权利，积极引导他们参加政治的和文化的革命生活以发展新的社会力量。

特别需要注意的是妇女的受教育权也是群众受教育权的重要部分。革命根据地形成以后，由于建立了人民民主政权，实行了土地制度的改革，使包括妇女在内的广大人民群众当家作主，提高了政治地位和经济地位，从而为发展妇女教育、实现男女教育平等创造了有利的条件和环境。在苏区，党根据革命战争和根据地建设的需要，在红军大学、苏维埃大学、马克思共产主义大学等干部学校中都招收了许多女学员。中央列宁师范学校和各苏区的师范学校为了照顾妇女入学，还降低了对她们在文化程度方面的入学要求。此外，各苏区党政军机关和妇女团体开办了数量众多的妇女训练班。鄂豫皖苏区创办了"妇女职业改进社"，湘赣苏区开办了妇女职业学校，赣南苏区开办了专招女子入学的看护学校。这些训练班和学校都培养出了一批女干部，妇女教育取得了在当时条件下难得的、开创性的成就[①]。

（四）党的学校教育方针政策

教育与生产劳动相结合是马克思主义教育理论的一个重要原则[②]。马克思主义经典作家认为，教育与生产劳动相结合"不仅是提高社会生产的一种方法，而且是造就全面发展的人的唯一方法"[③]。以毛泽东同志为代表的中国共产党人，根据我国新民主主义教育的实际情况，将马克思主义经典作家设想的未来社会的"人的全面发展"，加以灵活贯彻，坚持教育与生产劳动相结合，致力于人的全面素质培养，继承和发展了马克思主义关于人的全面发展学说。

---

①　宋荐戈. 荐戈文存：上卷 [M]. 北京：中国国际文艺出版社，2006：27.

②　顾明远，刘复兴. 从新民主主义教育到社会主义教育（1921—2012）[M]. 北京：教育科学出版社，2015：69.

③　马克思，恩格斯. 马克思恩格斯全集：第23卷 [M]. 北京：人民出版社，1972：530.

教育与生产劳动相结合是新民主主义教育方针的内在要求，也是中国共产党一以贯之的教育主张。1934年1月，毛泽东在中华工农兵苏维埃第二次全国代表大会上提出的苏维埃文化教育总方针中就包括"使教育与劳动联系起来"① 这条马克思主义的教育原则。1934年2月，中华苏维埃共和国临时中央政府颁布的《中华苏维埃共和国小学校制度暂行条例》规定："要消灭离开生产劳动的寄生阶级的教育，同时要用教育来提高生产劳动的知识和技术，使教育与劳动统一起来。"1934年4月，中央教育人民委员部颁布的《小学课程教则大纲》具体地阐述了劳动在教育中的意义和坚持教育与劳动相联系的目的："要教育广大的劳动群众的子弟，使他们成为有能思想的头脑，有能劳作的双手，有对于劳动的坚强意志的完全的新人物。"② 尽管在当时的战争条件下，教育与生产劳动的联系只能是初步的，还只是与农业、手工业的生产劳动相联系，没有条件与近代的工业生产相结合，但其意义不可低估。正是这种初步的结合，对于发展根据地的经济，改善办学条件，减轻政府和家长的负担，陶冶师生之间的思想感情，使学校真正成为劳动人民的教育机构，都具有变革性意义③。

抗日战争时期，中国共产党继承和发展了苏区教育与生产劳动相结合的优良传统。毛泽东在1939年纪念五四运动20周年大会上赞赏了延安青年"和工农群众相结合"，不仅"学习革命的理论，研究抗日救国的道理和方法"，而且"实行生产运动"。各抗日根据地的学校，在当时的历史条件下，组织师生"一面学习，一面生产"，在从事复杂的脑力劳动的同时，从事必要的体力劳动。例如，1937年，陕甘宁边区政府要求文化教育与劳动打成一片，教育与生产取得联系。1943年，晋察冀边区教育处要求加强儿童的生产教育。1943年，晋冀鲁豫的太岳四专区要求，学校教育、设备都要与战斗、生产相结合。1944年，山东抗日根据地提出了"教育与生产劳动相结合"的方针。解放战争时期，各解放区在对原有学校进行整顿改造的基础上，较好地体现了教育与生

---

① 毛泽东同志论教育工作[M]. 北京：人民教育出版社，1958：15.
② 董纯才. 中国革命根据地教育史：第1卷[M]. 北京：教育科学出版社，1991：60.
③ 顾明远，刘复兴. 从新民主主义教育到社会主义教育（1921—2012）[M]. 北京：教育科学出版社，2015：141.

第五章　教育为革命战争与革命根据地的建设服务

产劳动相结合的原则。实践证明，坚持教育与生产劳动相结合的原则，既增加了必要的社会财富，又使脑力劳动和体力劳动相得益彰，发挥了教育人的重要作用，也为在新中国人才培养中更好地实施教育与生产劳动相结合，提供了有益经验[①]。

解放战争时期，伴随人民解放军的战略反攻，大量的新解放区出现，扫除旧有的文化和教育，进行文化和教育改革成了主要任务。毛泽东在中国共产党第七次全国代表大会的政治报告中明确指出："一切奴化的、封建主义的和法西斯主义的文化和教育，应当采取适当的坚决的步骤，加以扫除。"[②]

"先维持，后改良"的方针就是先将旧的文化和教育资源接管下来，采取维持的政策，在维持的同时，逐步改良，使之成为新民主主义的教育，这样做成本较低，不会引起大的社会动荡，符合教育发展的逻辑和规律，有利于迅速形成新民主主义的教育格局。

1948年6月，中共中央宣传部发出了《关于对中原新解放区知识分子方针的指示》，其中明确要求："对于当地学校教育，应采取严格的保护政策。""在敌我往来的不巩固的地区，对于原有学校，一概维持原状。在较巩固的地区，应帮助一切原有的学校使之开学，在原有学校的基础之上，加以必要与可能的改良。"[③]

1948年7月，中共中央向各解放区提出："对于原有学校要维持其存在，逐步地加以必要的与可能的改良。""先维持，后改良"的方针政策表述得非常明确。至于怎么维持、如何改良，也指示得非常具体：所谓要维持其存在，就是每到一处，要保护学校和各种文化设备，不要损坏。保持校舍完好，保持教学设备不受损毁，是"先维持"的基础工作。所谓逐步地加以必要的和可能的改良，就是在开始时只做可以做到的事，例如取消反动的政治课、公民读本及国民党的训导制度。其余一概仍旧。教员中只去掉极少数分子，其余一概争取继续工作[④]。

---

① 顾明远，刘复兴. 从新民主主义教育到社会主义教育（1921—2012）[M]. 北京：教育科学出版社，2015：141.
② 毛泽东选集：第3卷[M]. 2版. 北京：人民出版社，1991：1083.
③ 中共中央文献研究室，中央档案馆. 建党以来重要文献选编（1921—1949）：第25册[M]. 北京：中央文献出版社，2011：347，347-348.
④ 中共中央政策研究室. 政策汇编[M]. [出版地不详]：中共中央华北局，1949：245.

在这一方针的指导下,大量的学校被平稳接管。例如,在北平,1949年2月党开始接管全市各类学校和教育机构,先后接管公立中学20所,私立中学7所,公立小学和幼稚园50所。在课程设置方面,取消了党义、公民、童子军训练等课程和训导制度。在上海,1949年3月党开始接管旧有的学校,到6月底共接管了470多个教育单位①。

二、从中共五大到中共七大:党的教育实践

(一)以干部教育培养革命斗争、经济建设的干部人才

在革命战争和革命根据地建设时期,党的教育政策是干部教育第一,国民教育第二。在抗日战争时期,在职干部教育又处在干部教育的第一位,体现了干部教育是核心、干部教育为抗日战争服务的特点。

从中共五大到新中国成立,党的干部教育大致经历了三个阶段,确立阶段(1927—1937)、成熟阶段(1937—1945)和新发展阶段(1945—1949)(见表5-1)。

表5-1　　　中共五大到新中国成立干部教育的基本历程

	确立阶段 1927—1937	成熟阶段 1937—1945	新发展阶段 1945—1949
中国共产党代表大会	五大、六大	六大(六届六中全会)	七大
革命任务	土地革命,武装斗争,革命根据地建设	抗日战争	解放战争
革命根据地	土地革命根据地(苏区)	抗日民主根据地	解放战争时期解放区
革命中心	农村	农村	城市
干部教育形势	根据地的迅速发展需要大批干部去开展工作;干部队伍的理论修养和政治水平亟待提高	干部数量严重不足;干部队伍的整体素质不高	解放区的壮大对干部需求很大;新解放区干部结构复杂,干部队伍需要进行思想改造

---

① 卓晴君,李仲汉.中小学教育史[M].海口:海南出版社,2000:20-21.

第五章　教育为革命战争与革命根据地的建设服务

续表

	确立阶段 1927—1937	成熟阶段 1937—1945	新发展阶段 1945—1949
干部教育任务	培养一大批德才兼备、肯为革命无私奉献的干部	培养抗日救国的人才	培养能够管理城市，管理军事、政治、经济、党务、文化教育等工作的干部
干部教育形式	在职干部教育、干部学校教育、干部训练班教育	在职干部教育、干部学校教育、干部训练班教育	在职干部教育、干部学校教育、干部训练班教育
干部教育内容	马克思主义理论教育、无产阶级革命思想教育、革命理想信念教育、政治教育、文化教育	在继承苏区干部教育的基础上，更加注重政治教育和策略教育	马克思主义理论教育、专门业务教育
重要文件	《为争取千百万群众进入抗日民族统一战线而斗争》	《论新阶段》《中共中央关于延安干部学校的决定》《中共中央关于在职干部教育的决定》《改造我们的学习》	《中共中央关于九月会议的通知》《中共中央关于准备五万三千个干部的决议》

1. 土地革命战争时期的干部教育：培养从事革命工作的各种干部人才

1927年大革命失败后，中国共产党的工作重心由城市转向农村，在农村建立革命根据地以积蓄和发展革命力量。1931年11月，中国共产党以中央苏区为中心建立起了以瑞金为首都的中华苏维埃共和国。随着"工农武装割据"的展开和革命根据地的建立，党对干部的需求日益迫切，革命的形势要求党必须加快干部教育培养的步伐。

土地革命战争时期的干部教育是干部教育的确立阶段，党的干部教育初见雏形，是党独立领导教育的开始，这一时期的干部教育旨在培养、锻炼各种革命干部人才。在复杂的环境中，中国共产党对党的干部教育进行了艰难的探索，形成了以在职干部教育和干部学校教育为主要教育形式，以思想教育、政治教育、文化教育和业务知识教育为主要内容的分级分类干部教育体系。

教育理论与政策

(1) 干部教育的组织形式

在职干部教育是土地革命战争时期干部教育的重要形式。党和苏维埃政府为解决干部短缺的问题,在积极发展干部学校教育的同时,抓紧发展在职干部教育,学习形式主要有五种:一是在革命运动中学习。革命运动本身就是一所"学校",干部通过在革命运动中进行锻炼,可以提升自己的政治文化水平和业务能力,迅速成长起来。二是在文化识字活动中学习。当时的干部很多是工农分子,认字不多,十分影响日常工作。读书班和识字班可以提高他们的文化水平,增强办事效率。三是在报纸、杂志等学习材料中学习。报纸、杂志等学习材料对于干部的学习和提高发挥了重要作用。据1934年1月统计,苏区办有《红色中华》《青年实话》《斗争》《红星报》等各种报刊34种,还编辑出版了《土地问题》《苏维埃政权》《党员须知》等小册子。四是在马克思主义研究会中学习。马克思主义研究会成立于1933年4月,是干部学习革命理论的重要形式。在中央部门和各省、县都有分会,每个月四次课,通过自学、讨论、问答等形式学习政治理论。五是在训练班中学习。训练班是根据工作需要随时举办的,学习时间短,学习方式主要是教员讲课和学员讨论,学习内容一般围绕与工作有关的政策法令和文件,重点在于理论和实践相结合,帮助干部将学习成果有效运用于实际工作中。这些学习形式对于干部的文化业务素质和政治理论素质提高有很大帮助,在革命工作的开展中发挥了巨大作用[1]。

干部学校教育是土地革命战争时期干部教育的另外一种重要形式。中央苏区的干部学校主要分为军队干部学校和党政干部学校两大类。军队干部学校主要有中央红军学校、中国工农红军学校、红军步兵学校及各专业军校等。党政干部学校主要有马克思共产主义学校、苏维埃大学、中央农业学校、高尔基戏剧学校。其中,中国工农红军大学和苏维埃大学最具有代表性[2]。

中国工农红军大学是中国共产党培养高级军事政治干部的学校。刘

---

[1] 顾明远,刘复兴. 从新民主主义教育到社会主义教育(1921—2012)[M]. 北京:教育科学出版社,2015:82-83.

[2] 赵志宇. 新民主主义革命时期中国共产党干部教育研究[D]. 长春:吉林大学,2013:80.

第五章 教育为革命战争与革命根据地的建设服务

伯承和叶剑英先后担任该校校长兼政委,它的前身是 1931 年秋成立的苏区中央军事政治学校,1932 年改称中国工农红军学校,1933 年扩编为中国工农红军大学,简称"红大",校址在江西瑞金。学员都是干部,除上课外,还进行各种军事演习、代职参加前方部队的指挥工作和地方上的各项中心工作。

苏维埃大学是中华苏维埃共和国培养政权机关干部的高级干部学校,1933 年在江西瑞金成立。毛泽东、瞿秋白先后担任校长。该校设本科和预科两部。本科招生要求 16 岁以上、有工作经历且能看普通文件,分土地、国民经济、财政等十个专业班,学制半年。学习的课程有苏维埃工作的理论、实际问题和实习。预科招收文化程度较低的学生,进行文化补习教育。该校为中央苏区的各级政权机关培养了大批干部。

这些学校有一些共同特点:一是受到各级组织高度重视;二是学习时间通常只有几个月,学习内容是精炼过且能联系实际工作的;三是实行教育与生产劳动相结合;四是都要学习军事知识,接受军事训练,实行军事编制;五是条件简陋,学习方式灵活[①]。

(2) 干部教育的主要内容

苏区干部教育的内容除了基础的文化教育还包括思想政治教育、理论教育。其中,思想政治教育是革命战争的首要任务。土地革命战争时期,党通过多种途径对广大干部进行思想政治教育,以纠正党内的各种非无产阶级思想。毛泽东曾指出,通过教育让这些干部"懂得马克思列宁主义,有政治远见,有工作能力,富于牺牲精神,能独立解决问题,在困难中不动摇,忠心耿耿地为民族、为阶级、为党而工作","这些人不要自私自利,不要个人英雄主义和风头主义,不要懒惰和消极性,不要自高自大的宗派主义"[②]。

1936 年 12 月,毛泽东在陕北的红军大学的演讲中指出,中国共产党曾经在革命中也犯了很多错误,但"我们的党和我们的红军是从这些

---

① 顾明远,刘复兴. 从新民主主义教育到社会主义教育 (1921—2012) [M]. 北京:教育科学出版社,2015:85-86.
② 毛泽东选集:第 1 卷 [M]. 2 版. 北京:人民出版社,1991:277.

错误的克服中锻炼得更加坚强了","中国共产党领导了、而且继续领导着轰轰烈烈的光荣的胜利的革命战争。这个战争不但是解放中国的旗帜，而且是具有国际的革命意义的。世界的革命人民的眼睛都望着我们。在新的抗日民族革命战争的阶段上，我们将引导中国革命走向完成"①。

2. 抗日战争时期的干部教育：培养抗日救国的干部人才

中国共产党的干部教育事业，经过建党初期、大革命时期的初步探索和土地革命战争时期的进一步发展，在抗日战争时期开始步入成熟阶段。这一时期的干部教育主要有在职干部教育和干部学校教育。

（1）干部教育的组织形式

在职干部教育是党培养抗日救国干部人才的重要方式，重视在职干部教育是这一时期党提高干部工作水平的一个显著特点。例如，1937年，陈云担任中共中央组织部部长后，在中组部成立了干部学习小组，办起"窑洞大学"，倡导读书运动。

干部学校教育也在这一时期取得了快速发展。这一时期，党的各类根据地干部学校达到了60多所。比较著名的有中国人民抗日军事政治大学、陕北公学、鲁迅艺术学院、中国女子大学、延安自然科学院等干部学校。

中国人民抗日军事政治大学于1937年年初在延安成立，简称"抗大"。"抗大"为中国革命培养了大批军事将领和高级政治工作干部。中华人民共和国成立后，以这所学校的总校和分校为基础，组建了中国人民解放军军事学院和许多高级军事院校，为我国的国防现代化做出了巨大贡献。

陕北公学成立于1937年7月。"七七"事变以后，陕北公学为造就成千上万的革命干部，满足革命战争的需要而成立，成仿吾任首任校长，是中国人民大学、北京理工大学、西北政法大学、延安大学等高等院校的前身。

鲁迅艺术学院是一所综合性文学艺术学校，1938年4月在延安成立，为了贯彻执行党中央提出的抗日民族统一战线的方针政策和文艺方针，把学习与创作实践结合起来，成为学习、研究、实践马克思主义文

---

① 毛泽东著作选读：上册 [M]. 北京：人民出版社，1986：105.

第五章　教育为革命战争与革命根据地的建设服务

艺思想和贯彻中国共产党文艺方针的一个重要基地，培养了一大批党的抗战文艺干部和文艺工作者。

（2）干部教育的主要内容

由于抗日战争的形势复杂，在继承苏区干部教育的基础上，这一时期干部教育的内容有以下特点：一是更加重视思想教育，二是注重策略教育，三是依照学员特点进行分类教育，四是在干部学校的办学宗旨、培养目标、课程设置等方面有明确规定。

第一，更加重视思想教育。这与当时的形势是分不开的。抗战时期，党的干部队伍不断壮大，到1945年初已经拥有了121万党员。但是，其中绝大多数党员是在抗战时期入党的，他们身上存在着各种非无产阶级思想。针对干部中存在的这些问题，党的主要领导人都反复强调要重视并加强对干部的思想教育。1945年4月，毛泽东在《论联合政府》中便指出，"今后应当继续这种工作，以'惩前毖后、治病救人'的精神，更大地展开党内的思想教育"[①]。

第二，注重策略教育。为了防止"左"倾主义或右倾主义的错误思想，国共第二次合作后，中国共产党干部教育的内容特别注重策略教育，使干部真正理解党的政策和策略，理解抗日民族统一战线对共产党发展的重要作用[②]。

第三，依照学员特点进行分类教育。对于有一定文化基础、革命经验的干部，教育内容更侧重理论和革命形势教育，而对于知识青年，教育内容更加侧重马克思主义基本理论教育，以帮助他们建立唯物主义世界观。

第四，在干部学校的办学宗旨、培养目标、课程设置等方面有明确规定。毛泽东多次到中国人民抗日军事政治大学和陕北公学演讲，对学校的办学宗旨、培养目标、教育与革命的关系做出了重要指示。1938年4月9日，毛泽东在中国人民抗日军事政治大学第四期第三大队开学典礼上指出："你们在这里学习……就是学一个宗旨，这个宗旨也就是

---

① 毛泽东选集：第3卷 [M]．2版．北京：人民出版社，1991：1094．
② 赵志宇．新民主主义革命时期中国共产党干部教育研究 [D]．长春：吉林大学，2013：46．

全国的全中华民族的宗旨——抗日救国。这是我们学校的总的方针,也是全国人民的要求。"① 1939年夏,陕北公学、鲁迅艺术学院、延安工人学校、安吴堡战时青年训练班等四校合并组成华北联合大学,其教育目标就是为实际斗争需要培养革命干部。围绕抗日组织教学,这一时期的各种干部学校的课程设置、组织形式等,都贯穿着教育为抗日战争服务的精神。比如,陕北公学教学课程包括经常性的政治、军事教育,设置社会科学、政治经济学、中国问题、战略战术、炮兵、测绘、地形、修筑阵地、射击、救护、群众工作等课程。在组织形式上,它既是一所学校,又是一个民运工作队和一支武装战斗队。这是一种军事组织与教育组织合而为一的体制②。

3. 解放战争时期的干部教育:培养能管理城市的干部,逐步正规化、制度化

解放战争时期革命斗争的总目标是"打倒蒋介石,建设新中国",这是中国命运的关键时期。革命目标的变化对党的干部教育提出了新的要求。这一时期,越来越多的城市解放出来成为新的解放区,党的革命中心也开始由农村转向城市,对干部的需求越来越大,在党中央继续强调"干部教育第一"和"干部教育重于群众教育"的方针下,干部教育工作的重点转向培养能管理城市的干部,为接管政权、接管城市做准备。解放战争时期是干部教育的新发展时期,干部教育逐步开始正规化、制度化。

(1) 干部教育的组织形式

为了培养德才兼备的干部人才,满足大量的干部需求,干部学校教育主要围绕革命战争的需要,通过扩大抗战时期的干部学校规模,开办新的干部学校,新办人民革命大学以及接管改造中等学校教育来发展。这一时期的干部教育在继承抗战时期干部教育的基础上,规模迅速扩大,办学形式更加丰富。

1948年10月,中共中央通过的《关于准备夺取全国政权所需要的

---

① 中共中央文献研究室. 毛泽东文集:第2卷[M]. 北京:人民出版社,1993:116.
② 刘葆观. 血与火的洗礼:从陕北公学到华北大学回忆录:1937—1949[M]. 北京:中国人民大学出版社,2007:6,18.

全部干部的决议》重点提出通过五种类型学校有计划地培养大批干部（见表 5-2）。

表 5-2　　　　　　　　　干部教育的组织形式

学校类型	教育对象	代表性学校
军政学校	军事及政治工作干部	华东军政大学、东北军政大学、华北军政大学等
中等学校	中等文化程度的人才，补充各级干部	普通中学（初级中学）、高级中学等
正规大学	政治、经济、文化各方面工作所需要的较高级的人才	华北联合大学、华北大学等
专门学校	专门人才	东北鲁迅文艺学院、哈尔滨外国语专门学校等
训练班	知识青年	西北解放区党校举办的地方干部训练班、中医训练班等

表 5-2 中所列的这些干部学校招收了大批的知识青年，成为培养为工农服务的知识分子的革命熔炉，为迎接全国解放做出了巨大贡献。整个新、老解放区都开展了学政治、学文化、学业务的学习运动，使党的干部队伍素质迅速得到了提高，有力地配合了全国解放战争形势发展的需要。

（2）干部教育的主要内容

1948 年 11 月，中共中央华北局发布《关于在职干部教育的决定》（以下简称《决定》），要求所有党员和干部都必须努力地、迅速地提高自己的理论水平、政治水平、政策与策略思想水平。《决定》在教学目标、教员团队、课程内容以及学习教材方面都对干部学习做了具体规定（见表 5-3），并建立了考试制度，和与之对应的干部提拔制度[①]。

表 5-3　　《关于在职干部教育的决定》对干部教育的要求

教学目标	提高干部的理论文化水平，使他们可以使用马克思主义的基本观点来看待问题、分析问题和解决问题
教员团队	专业的教员、各级党委委员

---

① 顾明远，刘复兴. 从新民主主义教育到社会主义教育（1921—2012）[M]. 北京：教育科学出版社，2015：27.

续表

课程内容		马克思主义和列宁主义概论、辩证唯物论与历史唯物论、政治经济学、社会发展史、新民主主义、党的建设、党的历史、人民战争、党的政策等
学习教材	七大	《共产党宣言》《社会主义从空想到科学的发展》《社会民主党在民主革命中的两种策略》《共产主义运动中的"左派"幼稚病》《联共（布）党史简明教程》
	七届二中全会	《社会发展史》《政治经济学》《共产党宣言》《社会主义从空想到科学的发展》《帝国主义是资本主义的最高阶段》《国家与革命》《共产主义运动中的"左派"幼稚病》《论列宁主义基础》《联共（布）党史简明教程》《列宁斯大林论社会主义建设》《列宁斯大林论中国》《马恩列斯思想方法论》

（二）以社会教育提高工农群众文化知识水平和政治觉悟

在革命战争和革命根据地建设时期，以识字扫盲运动为中心，以政治思想教育和科学文化教育为基础，以识字班、冬学、各类学校为主要形式，面向工人、农民、妇女、儿童等广大人民群众开展的社会教育为革命战争和革命根据地建设打下了坚实的基础，做出了巨大贡献。

在中共五大到七大时期，农民群众是中国人口的主要组成部分，其中大部分群众是文盲，这是普及教育中面临的主要困难，是革命战争的动员和开展中必须解决的根本问题。毛泽东指出："中国有百分之八十的人口是农民，这是小学生的常识。因此农民问题，就成了中国革命的基本问题，农民的力量，是中国革命的主要力量。""中国的革命实质上是农民革命，现在的抗日，实质上是农民的抗日。新民主主义的政治，实质上就是授权给农民。"[①] 在旧社会，农民在政治上受压迫，在经济上受剥削，在文化上被剥夺了入学读书的权利。当时，"每百人中不识字的有八十到九十人之多，每千人中能够进学校读书的不过十五人到二十人。极大部分的工人和农民都是文盲。尤其是劳动妇女可以说整个的

---

① 毛泽东选集：第2卷 [M]．2版．北京：人民出版社，1991：692．

第五章　教育为革命战争与革命根据地的建设服务

都是文盲"①。所以，社会教育的核心是以开展识字扫盲运动为中心，结合识字进行政治教育和科学技术教育，旨在提高工农群众的文化知识水平和政治思想觉悟，使其积极投身革命战争和巩固根据地、建设根据地的斗争。以扫盲为中心的社会教育形式主要有夜校、半日校和业余补习学校，识字组，问字所、识字牌和读报组，俱乐部，冬学，民众教育馆等。

1. 夜校、半日校和业余补习学校

夜校面向白天从事生产劳动工作的工农群众，在晚上开课，一般选在人口集中、交通方便的地点，有固定的学员和教员。半日校主要针对白天方便上课的群众，主要为妇女。业余补习学校一般设在大的工厂里，主要面向工人和工人家属，也面向附近的群众，学习内容主要包括政治文化和技术，按照学员的实际情况、职业分班授课②。

2. 识字组

识字组是识字扫盲运动的重要学习形式之一，人们可以随时随地地聚在一起学习，主要面向上夜校或半日校有困难的群众。1933年，徐特立十分肯定这种形式，后来将其总结为"老公教老婆，儿子教父亲，秘书教主席，识字的教不识字的，识字多的教识字少的"这样一种"以民教民"的群众路线的教学方法。这种教学方法在革命根据地曾被广泛采用③。

3. 问字所、识字牌和读报组

在闽西苏区和江西瑞金等地，群众每十户设立一个问字所。在这十户中，选择较有文化的人做先生，群众遇到不认识的字，就向他请教。许多问字所并不是消极地等待群众上门，而是积极引导群众识字，为群众识字创造良好的环境。

识字牌在苏区十分普遍，它是一块悬挂在公共场所中或交通要道上的木板，隔几天换一次生字，让群众学认。这种识字牌是识字班（组）教学的辅助办法，毛泽东认为"此法效大"④。所以后来革命根据地普

---

① 陈元晖，璩鑫圭，邹光威. 老解放区教育资料 [M]. 北京：教育科学出版社，1981：40-41.
② 顾明远，刘复兴. 从新民主主义教育到社会主义教育（1921—2012）[M]. 北京：教育科学出版社，2015：78.
③ 同②79.
④ 毛泽东农村调查文集 [M]. 北京：人民出版社，1982：320.

遍采用了这种办法。

读报组在苏区的农村、工厂、机关、部队普遍设立。报刊是对工农进行文化教育的好材料。

4. 俱乐部

俱乐部是通过宣传和娱乐的形式,提高群众的政治思想觉悟和文化水平的社会教育机关,是一种群众自我教育的学习方式。据1934年1月统计,仅中央苏区的江西、福建、粤赣三省就有俱乐部1 656个,工作人员49 668人[1]。它对于提高群众的政治思想觉悟和文化知识水平,活跃苏区的文化生活,满足群众的文化娱乐要求是起着重要作用的。俱乐部所采用的形式概括起来可以分为两个方面:一方面是批判各种封建思想和揭露敌人的阴谋,另一方面是正面的宣传和教育,包含识字和马列著作等。这两个方面是互相结合、互相促进的。据徐特立讲,当1934年红军撤出中央苏区时,赣南兴国县的"文盲已减到不足百分之二十"[2]。与此同时,苏区通过社会教育也提高了工农群众的政治思想觉悟和阶级意识,这对苏区的建设与巩固是起了重要作用的[3]。

5. 冬学

冬学是利用冬天农民没有农活的空闲时间,在人口密集的区域设立学校开展识字教育。一般由乡级单位组织,学员住校学习。这种方式有利于学校开展各种社会活动,促进学员建立友谊,增强学员的凝聚力。学员可以自由组合,成立各种识字班、识字组、宣讲组、读报组等。课程以政治和识字为主,学习的时间大都为四个月左右,一般从每年的11月开始,持续到下一年的2月或3月。

冬学的目标主要有四个:第一,扫除文盲,提高劳动群众的文化水平。第二,提高群众的民族觉悟,动员群众参加革命战争。第三,提高群众的民主思想,使群众学会运用民主,维护自己的权益,培养群众民主的习惯。第四,增进民众的战时生活知识和一般生活知识,通过创办

---

[1] 陈元晖,璩鑫圭,邹光威. 老解放区教育资料[M]. 北京:教育科学出版社,1981:18.
[2] 斯诺. 西行漫记[M]. 北京:生活·读书·新知三联书店,1979:221.
[3] 王炳照,周玉良,宋荐戈. 中华人民共和国教育历史传统与基础[M]. 海口:海南出版社,2000:362-368.

第五章　教育为革命战争与革命根据地的建设服务

各种识字班，把抗战和对底层民众的知识启蒙有机地结合起来①。

1937年10月，陕甘宁边区政府下发了《关于冬学的通令》。其中指出：冬学就是国防教育领域内总动员的具体任务，所以边区教育部特别决定冬学是经常的学制之一，是成年补习教育的一种，是给农民提供受教育的良好机会，是普及教育、消灭文盲的重要办法之一②。1937年冬季，陕甘宁边区教育厅印发《冬学须知》指出，在抗战动员中，应使冬学成为发展社会教育、消灭文盲、普及教育的有力工具。从1936年到1945年，陕甘宁边区各县每年都开办冬学，其中开办较好的冬学后来转成了小学。

1940年，国民党对延安做了一个文化教育方面的调查。这份报告对边区的教育成就给予了很高的评价。报告中说，在边区改制以前，也就是在中国共产党没来之前，全边区能读报的、能看懂政府文告的是凤毛麟角，文盲占人口总数的98%，女子几乎不识一字。而到1940年，陕甘宁边区的文盲已经减少到全部人口的90%，妇女识字者也逐渐增加③。

6. 民众教育馆

民众教育馆是各根据地常设的民众教育机构，兼有领导机关和实施机关的双重性质，是地方文化教育中心④。1940年公布的《陕甘宁边区民众教育馆组织规程》指出："民众教育馆为进行社教之机关，其任务为消灭文盲，宣传政治常识、科学常识，发展经济建设，提倡卫生，破除迷信，组织与提高群众文化娱乐工作。"民众教育馆一般采取流动的方式进行社会教育工作，通过文艺演出唤醒群众的抗战意识。各抗日根据地的文艺创作根据民众的日常生活，围绕支前、生产、识字、减租和打游击等发生在群众生活中的事情，写成戏剧、小说等，在群众中演出、宣讲和流传。"使农民意识到原来自己的行为也可以入戏，可以像古代英雄豪杰那样被人传唱，从而产生一种前所未有的自豪感。当然，

---

① 顾明远，刘复兴. 从新民主主义教育到社会主义教育（1921—2012）[M]. 北京：教育科学出版社，2015：110.
② 中央教育科学研究所. 老解放区教育资料（二）：下[M]. 北京：教育科学出版社，1986：2.
③ 同①112-113.
④ 周谷平. 马克思主义教育思想的中国化历程：选择·融合·发展[M]. 杭州：浙江大学出版社，2008：301.

农民因此也感觉到了自己抗日行为的意义所在,意识到原来打打鬼子冷枪,摸伪军的岗哨,支前抬伤员,生产交公粮对整个民族和国家有如此大的意义。"[1] 在抗日战争时期,各个抗日根据地的各种文化剧团、文工团及地方戏巡回演出,群众性的歌咏队、秧歌队及民间艺人说书等,都深受民众欢迎,有效地促进了敌后抗日根据地民众教育的开展。

(三) 以面向劳动群众的免费小学义务教育培养儿童的创造性

土地革命战争时期,面向劳动群众的义务教育主要是指小学教育。它主要有五个特点:从教育对象来看,它是面向全体人民群众特别是劳动群众的免费义务教育;从教育课程来看,它结合革命战争和根据地实际情况规定学制、设置课程、选编教材;从教育方式来看,它注重培养儿童的创造性;从教育评估来看,它以儿童自动能力和创造性的发展做标准,而非强调死记硬背;同时,它还强调教育要与政治斗争结合,要联系生产劳动。

1. 面向全体人民群众的免费义务教育

"要对一切儿童不分性别与成分差别,施以免费的义务教育,但在目前国内战争环境中,首先应该保证劳动工农的子弟得受免费的义务教育。"[2] 土地革命战争时期除了免收贫寒家庭儿童以及红军子女的学费外,还会为他们提供免费的文具、书本等学习用品。据 1934 年 1 月统计,在中央苏区的江西、福建、粤赣三省的 2 932 个乡中,办了 3 052 所小学[3]。通过开展入学运动,动员劳动群众子女入学,广大学龄儿童得以入学。例如,中央苏区的兴国县,学龄儿童入学的比例已经达到了 64%,而在国民党统治时期,这个县儿童入学的比例还不到 10%[4]。

2. 从实际出发规定学制、设置课程和编写教材

土地革命战争时期的小学教育旨在"训练参加苏维埃革命斗争的新

---

[1] 张鸣. 乡村社会权力和文化结构的变迁: 1903—1953 [M]. 南宁: 广西人民出版社, 2001: 2, 5.
[2] 陈元晖, 璩鑫圭, 邹光威. 老解放区教育资料 [M]. 北京: 教育科学出版社, 1981: 308.
[3] 同②18.
[4] 同②19.

第五章　教育为革命战争与革命根据地的建设服务

后代，并在苏维埃革命斗争中训练将来共产主义的建设者"①，要求学生政治水平要达到了解马克思列宁主义的基础；知识、技能、身体状况要达到满足目前斗争和一般生活的最低需要，同时要准备将来学习新知识、新技能最低限度的基础。按照这个要求，1934年4月，《小学课程教则大纲》颁布，规定小学的修业年限为5年，分为初级小学、高级小学两段（也称前后两期），其中初级小学3年，高级小学2年。初级小学设国语、算术、游艺（唱歌、图画、游戏、体育等），高级小学设国语、算术、社会常识、科学常识、游艺。这些课程都是根据苏区的实际需要和儿童的接受能力来设置的。1932年9月，以徐特立为主任的教材编审委员会编写了各类学校教材，小学部分编成《共产儿童读本》，一共有6册，其他还有《竞赛游戏》《儿童唱歌集》等教材。教材内容与革命斗争、群众的实际生活及儿童生活紧密联系，教材的形式符合儿童特点，吸收了自古以来儿童教材的韵文形式，课文的排列形式、生字的位置、插图等都很讲究，因而很受儿童的欢迎②。

3. 注重培养儿童的创造性

土地革命战争时期的小学教育注重培养儿童的创造性，倡导启发式教学，"充分发展儿童自动的能力和创造性，用实物显示，参观各种机关团体，观察自然界的物产现象，儿童自己练习选举、办事等等，用具体的问题，去引起儿童对于课目的兴趣，自动的思考、解答"，"用种种游艺，适合着儿童智力体力的发展，去引导他"③。

4. 进行全面评价，以儿童自动能力和创造性的发展为标准

评定小学生成绩要看"课外教学的社会工作、劳作实习、课内的平常成绩和考试的结果，再加上儿童团方面的与学生会中间的批评"④。考试的方法是"用革命竞赛的方法，组织儿童活泼的表演、演讲，自动的写作和口头的答问"。由此制定出学生学习成绩的"鉴定书"，经学生

---

① 陈元晖，璩鑫圭，邹光威.老解放区教育资料[M].北京：教育科学出版社，1981：308.
② 陈学恂.中国教育史研究：现代分卷[M].上海：华东师范大学出版社，1994：193-194.
③ 同①317.
④ 同①318-319.

讨论决定后,再将成绩通知学生家长和乡教育主任及区教育部。这种成绩就远远不仅是文化课的学习,而几乎要对学生做一全面的评价①。

5. 教育联系政治斗争与生产劳动

教育联系政治斗争与生产劳动主要通过教学和组织师生参加校内外的社会活动、生产劳动来培养学生的共产主义道德、阶级友爱和互助精神,坚定的革命意志,以及刻苦耐劳、勤快敏捷、热爱劳动的品格,使学生把"脑力的发展和劳动生产的技能联系起来",能"从简单的动作进到复杂的动作,从单纯的个人生产进到复杂的分工的互相配合的生产"②,掌握一些基础的生产知识和劳动技能。

教育联系政治斗争主要表现为提倡学校与社会沟通。教师与学生不仅从事教学活动,还承担了许多政治和文化教育工作。其中,政治方面的工作主要是进行宣传,也在适合于儿童能力的条件下,参加一些群众性的革命工作。例如,参加生产宣传,协助做慰劳红军和军烈属、站岗、查路条的工作。文化教育方面的工作主要是帮助当地开展社会教育工作,如出墙报、写标语,协助农村办俱乐部,在扫盲识字运动中当小先生、夜校教员、识字班教员,也参加卫生宣传活动,发动群众破除迷信、移风易俗、讲究卫生③。

教育联系生产劳动主要表现为在小学各年级中都开设了劳作实习课,把参加生产劳动列入了课程表,让学生通过课程学习各种工艺、农艺、园艺和其他劳动技术④。

(四) 以"先维持,后改良"为方针指导学校向正规化发展

解放战争时期,革命即将胜利,党的工作重心由农村转到了城市。这一时期,中国共产党领导的新民主主义教育为了解放战争进行了一系列改革,其中在面向人民群众的教育改革上主要体现为以"先维持,后

---

① 陈学恂. 中国教育史研究:现代分卷 [M]. 上海:华东师范大学出版社,1994:196.
② 陈元晖,璩鑫圭,邹光威. 老解放区教育资料 [M]. 北京:教育科学出版社,1981:317.
③ 顾明远,刘复兴. 从新民主主义教育到社会主义教育(1921—2012)[M]. 北京:教育科学出版社,2015:73-74.
④ 同②316.

第五章 教育为革命战争与革命根据地的建设服务

改良"为方针对各级学校进行整顿与建设。

在1949年3月召开的党的七届二中全会上，毛泽东明确提出，随着中国革命即将迎来全国的胜利，党的工作重心开始由农村转到城市，文化教育工作的重心也需要着手进行由农村到城市的转变。在这一精神的指导下，各级学校开始整顿和建设，朝着正规化方向发展。新老解放区各级各类学校和教育机构通过进行整顿与建设，逐步向正规化发展，为新中国的建设打下了很好的基础[①]。

其中，高等教育的整顿和建设主要从以下两个方面展开：一方面是对原有解放区大学进行整顿，使其正规化。例如，1948年，华北联合大学与北方大学合并成立华北大学，吴玉章任校长，范文澜、成仿吾任副校长，下设政治训练班、教育学院、文艺学院、研究部四部以及农学院、工学院两院，成为当时各解放区中一所规模大、门类广、汇集众多知名学者的综合性大学，1949年上半年迁至北平，后改组为中国人民大学。另一方面，通过创立新大学，建立正规统一的高等教育制度，培养新中国建设人才。1949年8月，中共中央东北局、东北行政委员会联合发布《关于整顿高等教育的决定》，提出有必要建立统一的、正规的高等教育制度，由过去的训练班形式转变为正规的高等学校，以适应新民主主义经济建设和文化建设的需要。为此，中共中央东北局决定在对旧大学进行整顿的基础上，建设哈尔滨工业大学、东北大学、东北鲁迅文艺学院等培养各类建设人才的大学。《关于整顿高等教育的决定》还对各类高等院校的学制年限、招生办法、教师聘任与待遇、行政管理、教学制度、政治教育、课程标准、收费制度等做了具体规定。这为解放区的高等教育迈向正规化打下了坚实的基础[②]。

中小学的整顿和建设的重点是建立正规的教育制度。1948年7月，华北解放区、东北解放区和山东解放区分别召开关于中小学正规化的会议，会议分别制定了适应不同地区中小学教育特点的学制。东北解放区第三次教育会议指出，要建立正规教育制度，办正规学校，小学用四二

---

① 顾明远，刘复兴.从新民主主义教育到社会主义教育（1921—2012）[M].北京：教育科学出版社，2015：125.

② 同①129.

制，中学用三三制，并规定了始业、毕业、上课、放假、考试等制度。在课程设置方面，加重文化课的比例，要求中学文化课占 90%，政治课占 10%。在教育方法上，要求因材施教，深入浅出。1949 年 5 月底，在北平召开了华北小学教育会议，对小学教育的制度、师资、课本、经费、领导体制等问题进行了讨论，形成了《小学教育暂行实施办法》和《小学教师暂行服务规程》等文件[①]。

解放战争时期，各级学校经过整顿与建设，形成了正规化的制度，加强了文化和政治思想的教育，为人民群众提供了更公平的机会和更优质的教育，为解放战争培养了大批的人才，为新中国的建设打下了坚实的基础，为今后的教育改革积累了宝贵经验。

---

① 顾明远，刘复兴．从新民主主义教育到社会主义教育（1921—2012）[M]．北京：教育科学出版社，2015：130．

第六章
培养革命的干部

新民主主义革命是中国近现代历史上的伟大革命，新民主主义革命的胜利使中华民族实现了真正的独立，以毛泽东同志为代表的中国共产党人在革命斗争的各个阶段都将培养革命的干部队伍作为革命的伟大战略工程，高度重视干部教育工作，培养出一大批忠于党和人民的干部，不断战胜困难，取得了一个又一个胜利[1]。在这一时期，中国共产党一方面在复杂的革命环境中对干部教育进行了艰辛的探索，结合革命实践不断创新不断发展，逐步形成了较为完整的党的干部教育体系。党的干部教育为争取新民主主义革命的最终胜利、促进马克思主义在中国的广泛传播并使之与中国实际相结合以及推进新中国的建设做出了巨大的历史贡献。另一方面，在领导人民革命的过程中，锻造出克敌制胜的武器，即党的建设、武装斗争和统一战线。党在新民主主义革命时期的干部教育，有力地推动了党的建设、武装斗争和统一战线的发展，为革命的胜利奠定了重要的基础。

一、以干部教育传播马克思主义思想，加强党的建设

在土地革命战争时期、抗日战争时期以及解放战争时期，面对不同的形势和任务，中国共产党始终坚持对广大干部进行马克思主义理论教育，培养了大批坚定的马克思主义者和高水平的领导干部，党的干部教育极大地促进了马克思主义思想的传播，促进了马克思主义的大众化和中国化，在加强党的思想建设、组织建设和作风建设方面发挥了重要作用。

马克思主义大众化，就是把马克思主义的基本原理和观点通俗化和生活化，使之能够被大众更好地理解和运用。新民主主义革命时期的干部教育在马克思主义大众化过程中起到了关键作用。干部教育是马克思主义和广大党员干部之间的重要纽带，提升了广大党员干部的马克思主

---

[1] 赵志宇．新民主主义革命时期中国共产党干部教育研究［D］．长春：吉林大学，2013：90．

第六章　培养革命的干部

义理论水平。党曾多次强调要加强对干部的马克思主义理论教育，1934年2月22日，中共中央在给满洲省委的指示信中指出，"教育每个党员首先是每个新的干部以马克思列宁主义的理论和知识"①。同时，中共中央和各级党组织也积极通过干部学校教育、在职干部教育等各种途径推动马克思主义理论教育。土地革命战争时期，中央苏区在1933年创立了马克思共产主义学校，其宗旨之一就是要培养掌握马克思主义理论和忠诚于党的干部，"马列主义基本理论"是各班的主要课程之一。中央苏区在1933年4月成立马克思主义研究会，其目的是有组织地系统地研究马克思列宁主义，以提高干部的理论水平。8月，中央指示各省、县党委要在省县各党部和同级苏维埃政府、工会及其他革命团体内成立马克思主义研究分会。学校教育和在职教育的开展，一方面使广大干部接受了深刻的马克思主义理论教育，提升了他们的理论水平；另一方面，通过干部教育使马克思主义宣传教育对象的范围不断扩大，促进了马克思主义的大众化。抗战时期，中共中央先后创办了14所中央直属干部学校，加上隶属于各抗日根据地开办的各种党校训练班，全国这一时期的干部学校共有60多所，"各级党校的基本任务是以马列主义理论与实际来教育干部"②。

马克思主义中国化，就是将马克思主义的基本原理和中国革命与建设的具体实际相结合，从而找出适合中国国情的革命和建设道路。正如毛泽东在《反对本本主义》一文中指出的那样，"马克思主义的'本本'是要学习的，但是必须同我国的实际情况相结合"③。1938年10月，毛泽东在《论新阶段》中提出了"马克思主义中国化"这个命题，他指出："离开中国特点来谈马克思主义，只是抽象的空洞的马克思主义"，"马克思主义的中国化，使之在其每一表现中带着中国的特性，即是说，按照中国的特点去应用它，成为全党亟待了解并亟须解决的问题"④。

---

①　中共中央文献研究室，中央档案馆. 建党以来重要文献选编（1921—1949）：第11册[M]. 北京：中央文献出版社，2011：248.

②　赵志宇. 新民主主义革命时期中国共产党干部教育研究[D]. 长春：吉林大学，2013：90.

③　毛泽东选集：第1卷[M]. 2版. 北京：人民出版社，1991：111-112.

④　中共中央文献研究室，中央档案馆. 建党以来重要文献选编（1921—1949）：第15册[M]. 北京：中央文献出版社，2011：651.

教育理论与政策

1941年5月，毛泽东在《改造我们的学习》的报告中指出："对于在职干部的教育和干部学校的教育，应确立以研究中国革命实际问题为中心，以马克思列宁主义基本原则为指导的方针，废除静止地孤立地研究马克思列宁主义的方法。"① 1942年，中共中央颁布的《关于在职干部教育的决定》更是强调干部教育的学习方法要坚持理论与实际联系的基本原则，并明确规定："政治科学以马列主义论战略策略的著述为理论材料，以我党二十年奋斗史为实际材料；思想科学以马克思主义的思想方法论为理论材料，以近百年中国的思想发展史为实际材料；经济科学以马克思主义的政治经济学为理论材料，以近百年中国的经济发展史为实际材料；历史科学则研究外国革命史与中国革命史。"② 这种干部教育理念既为广大干部学习马克思主义理论提供了重要指导思想，又推动了马克思主义理论与中国革命实际相结合，并产生了马克思主义中国化的第一个重大理论成果——毛泽东思想③。

　　党的建设主要包括思想建设、组织建设、作风建设三个方面。党领导的干部教育工作，使广大干部充分掌握了党的路线、方针和政策并付诸实践，因而在加强党的建设方面起到了至关重要的作用④。第一，党通过各种途径对干部开展思想教育，使广大干部在错综复杂的革命环境中始终保持无产阶级本质，坚定了正确的政治立场和必胜的革命信念。第二，党的干部教育对加强党的组织建设起到了十分重要的作用：一是通过干部教育培养了一大批党务工作干部，这为党的队伍发展壮大奠定了基础。二是通过干部教育让广大干部深刻懂得民主集中制是党的根本组织原则，并在实际工作中坚决贯彻落实。三是通过干部教育使广大干部严守党的组织纪律。1941年，中共中央在《关于增强党性的决定》中强调："要在全党加强纪律的教育，因为统一纪律，是革命胜利的必要条件。要严格遵守个人服从组织，少数服从多数，下级服从上级，全

---

① 毛泽东选集：第3卷［M］. 2版. 北京：人民出版社，1991：802.
② 中共中央文献研究室，中央档案馆. 建党以来重要文献选编（1921—1949）：第19册［M］. 北京：中央文献出版社，2011：149-150.
③ 赵志宇. 新民主主义革命时期中国共产党干部教育研究［D］. 长春：吉林大学，2013：92-93.
④ 同③87-88.

党服从中央的基本原则。无论是普通党员和干部党员,都必须如此。"①党的组织纪律教育,使广大干部严格遵守党纪,使党成为有组织的无产阶级部队,从而保证了党的战斗力和执行力。第三,党的干部教育使广大干部能始终保持党的优良作风。一是通过党的思想路线教育,使广大干部坚持并贯彻理论联系实际的根本方针。1941年5月,毛泽东在延安干部会上发表讲话指出,"对于在职干部的教育和干部学校的教育,应确立以研究中国革命实际问题为中心,以马克思列宁主义基本原则为指导的方针,废除静止地孤立地研究马克思列宁主义的方法"②。二是对广大干部进行党的宗旨教育,使党员真正从思想上入党,解决为什么人服务这一根本问题,从而能做到密切联系群众、全心全意为人民服务。三是通过作风教育,使干部之间广泛开展批评和自我批评,不断改进和提高工作作风,因为"共产党员只有掌握批评和自我批评这个武器才可以不断前进"③。

二、以干部教育提升革命军队战斗力,推动武装斗争

新民主主义革命时期,党对广大干部的业务教育和政治教育,提高了干部的军事素质,极大地提升了革命军队战斗力,推动了武装革命斗争。

业务教育提高了军队干部的专业素质。1940年3月,中共中央书记处发布的《关于在职干部教育的指示》指出:"军事工作干部必须研究军事,地方工作干部必须学习必要的军事知识。"④ 1942年2月,中央军委、总政治部发布的《关于军队干部教育的指示(第五号)》指出:"业务教育是军队中各种干部教育的中心内容。军队中干部必须各有'专行',不懂得本行的知识,不整理本行的经验,而把干部的知识与教

---

① 中共中央文献研究室,中央档案馆. 建党以来重要文献选编(1921—1949):第18册[M]. 北京:中央文献出版社,2011:445.
② 毛泽东选集:第3卷[M]. 2版. 北京:人民出版社,1991:802.
③ 陈云. 陈云文选:第1卷[M]. 北京:人民出版社,1995:182.
④ 中共中央文献研究室,中央档案馆. 建党以来重要文献选编(1921—1949):第17册[M]. 北京:中央文献出版社,2011:223.

育局限在一般的政治教育上是不正确的,是容易使干部教育与干部工作脱节。"[1] 该指示还提出要根据工作特点把军事干部分成军事指挥员、参谋人员和军事教育工作者并分别开展专业教育。例如,军事指挥员应特别进行"敌人对付我们的战术(研究敌人文件)、抗日游击战术、本军的(本连、本营等)情况及本军各种条例"的研究;一般参谋人员如参谋长、参谋处长及作战参谋,应与指挥员同样研究上述问题外,并须熟悉参谋业务与有关参谋工作的各种条例;军事教育工作者则要学习我军在职在校之军人教育及干部教育之情况和总结军事教育之经验[2]。

政治教育提高了干部的政治觉悟。1929年12月,毛泽东在为红四军第九次党代会起草的决议中指出:"红军第四军的共产党内存在着各种非无产阶级的思想,这对于执行党的正确路线,妨碍极大。若不彻底纠正,则中国伟大革命斗争给予红军第四军的任务,是必然担负不起来的。"[3] 该决议强调要对党员干部进行政治教育,用马克思主义武装头脑,向红四军内一切非无产阶级思想进行"一致的坚决的斗争"。1942年2月,中央军委、总政治部发布的《关于军队干部教育的指示(第三号)》规定政治教育的内容包括"党的策略路线的教育,时事教育与马列主义的理论教育与军队中政治工作的教育"[4]。

新民主主义革命时期党对军队干部开展的教育,坚定了广大干部的无产阶级立场,提升了军队干部的综合素质,增强了军队的凝聚力和战斗力,极大地推进了武装斗争,为新民主主义革命的胜利奠定了坚实的军事基础。

三、以干部教育团结各革命阶级,巩固统一战线

新民主主义革命时期,党同其他革命阶级建立了广泛的统一战线,

---

[1] 中共中央文献研究室,中央档案馆.建党以来重要文献选编(1921—1949):第19册[M].北京:中央文献出版社,2011:140.
[2] 赵志宇.新民主主义革命时期中国共产党干部教育研究[D].长春:吉林大学,2013:88.
[3] 毛泽东选集:第1卷[M].2版.北京:人民出版社,1991:85.
[4] 同[1]95.

第六章 培养革命的干部

并通过策略教育使他们很好地理解并贯彻了党的这一政策,为新民主主义革命的胜利做出了重要贡献。

抗日战争时期,中共中央和党的一些重要领导人结合中国革命的发展进程,认识到中日民族矛盾已逐步上升为主要矛盾这一客观形势,教育全党干部顺应这一变化实行抗日民族统一战线的策略。毛泽东尖锐地批判了过去在党内盛行的"关门主义",认为"坚持关门主义策略的人们所主张的,就是一套幼稚病"。他力求让全党懂得,"像过去那样地老在狭小的圈子里打转,是干不出大事情来的"。相反,要以宏大的气魄和心胸接纳同盟者,他说:"日本帝国主义决定要变全中国为它的殖民地,和中国革命的现时力量还有严重的弱点,这两个基本事实就是党的新策略即广泛的统一战线的出发点。"① 尽管在当时,无论是从客观原因还是从主观条件出发,中国共产党如果想获得抗日战争的胜利,必须同包括大地主大资产阶级在内的社会各阶级组成最广泛的抗日民族统一战线,但对于很多干部来讲,理论上的认可并不等于心理上的接受,特别是同曾经作为敌人的国民党建立统一战线,抵触情绪非常大。在当时的历史条件下,中国共产党必须从狭隘的心理走出来,才能实现自己的宏伟目标,为此,1940 年 7 月 7 日,中共中央发出的《关于目前形势与党的政策的决定》指出:"对全党加强统一战线教育。"1940 年 8 月 15 日,中共中央发出的《关于开展统一战线工作的指示》指出:"很多干部对于当前抗日统一战线环境中的各党各派各界各军的真实情况如何及其在每一时期与每一事件中的意图政策方针作法如何,并无正确理解,有的根本是模模糊糊,不闻不问,有的则粗枝大叶,不求甚解。这些干部的头脑根本没有政治化与策略化,必须明白,这种态度是不能对付行将到来之国际与国内的重大事变的,因此必须改变这种状态,必须加强对于干部的策略教育。"② 加强策略教育要做到"在全党的在职干部教育中,党校和党的训练班中,及党领导的各种干部学校中,把党的策略教育列入正式教育计划之内,并作为成绩考查的重要标准"③。1940 年

---

① 毛泽东选集:第 1 卷 [M]. 2 版. 北京:人民出版社,1991:155.
② 中共中央文献研究室,中央档案馆. 建党以来重要文献选编(1921—1949):第 17 册 [M]. 北京:中央文献出版社,2011:471.
③ 同②464.

8月,朱德在《党是军队的绝对领导者》一文中指出:"从干部方面来说,他们需要的是马列主义的理论与实际政策教育,在今天,特别需要的是统一战线中的政策教育。"① 中国共产党在新民主主义革命实践中,对广大干部进行坚持不懈的教育,从而把自己锤炼成一个用马克思列宁主义理论武装的、采取自我批评方法和联系人民群众的无产阶级政党,成为掌握统一战线和武装斗争这两个武器以实行对敌冲锋陷阵的革命勇士,成为各革命阶级衷心拥戴的领导核心[②]。

---

① 中共中央文献研究室,中央档案馆. 建党以来重要文献选编(1921—1949):第17册[M]. 北京:中央文献出版社,2011:487.

② 赵志宇. 新民主主义革命时期中国共产党干部教育研究[D]. 长春:吉林大学,2013:89-90.

附录二　中共五大到中共七大时期全国代表大会报告有关教育内容的节选及其他重要政策文献

- **中国共产党第五次全国代表大会宣言（一九二七年五月）**

过去二年之间，中国的民族解放运动有伟大迅速的发展。近百年来，帝国主义在中国用压迫、剥削、抢掠、攻袭的手段以获得并巩固其势力，如今这些势力已经发生摇动了。当此革命胜利的斗争中，中国的无产阶级和农民群众确是主要的动力。因为劳动群众的拥护，国民革命运动曾在广东得到过巩固的基础；因有工农群众的帮助，国民革命军曾使革命的领域扩张至长江流域。当帝国主义者实行以武力侵占上海镇压革命军时，首先立身于帝国主义炮火之前者，就是英勇的无产阶级。促成武汉国民政府的建立，削弱帝国主义在长江流域之势力的，也是革命的民众势力。在过去，无产阶级和农民群众，已经为革命而战斗而牺牲了，革命的前途也要依他们的战斗意志而前进，以他们的决心而胜利！

- **中国共产党第六次全国代表大会（一九二八年六月）**

1. 告全体同志书

本党第六次大会，坚决反对一切不正确的政治倾向，坚决反对各种非无产阶级的意识，指出党在目前的主要路线是争取群众，很艰苦的有耐心的深入群众中去组织群众，领导群众的斗争，团结千百万群众于党的周围，这样去促进新的革命高潮，推翻反动的统治，完成打倒帝国主义与消灭封建势力的两大任务。

消灭封建势力的主要口号是土地革命，没收地主阶级的土地归农民。打倒帝国主义的主要口号是取消帝国主义一切特权，没收外国资本在华的企业和银行。因为必须将封建势力和帝国主义在中国的经济基础根本推翻，他们的统治才能完全打倒。这两大任务，一则肃清地主阶级封建的剥削，一则扫除帝国主义经济的压迫，开辟中国资本主义发展的道路，所以目前革命的阶段，完全是资产阶级民权革命的性质。

2. 中国革命的十大政纲

一、推翻帝国主义的统治。二、没收外国资本的企业和银行。三、统一中国，承认民族自决权。四、推翻军阀国民党的政府。五、建立工农兵代表（苏维埃）政府。六、实行八小时工作制，增加工资、失业救济与社会保险等。七、没收一切地主阶级的土地，耕地归农民。八、改善兵士生活，发给兵士土地和工作。九、取消一切政府军阀地方的捐税，实行统一的累进税。十、联合世界无产阶级和苏联。

- 反对本本主义（原篇名《调查工作》）（一九三〇年五月）
- 为争取千百万群众进入抗日民族统一战线而斗争（一九三七年五月）
- 论新阶段（一九三八年十月）
- 新民主主义论（一九四〇年一月）
- 中共中央书记处关于干部学习的指示（一九四〇年一月）
- 中共中央书记处关于在职干部教育的指示（一九四〇年三月）
- 中共中央关于开展统一战线工作的指示（一九四〇年八月）
- 党是军队的绝对领导者（一九四〇年八月）
- 改造我们的学习（一九四一年五月）
- 中共中央关于增强党性的决定（一九四一年七月）
- 中共中央关于延安干部学校的决定（一九四一年十二月）
- 中央军委、总政治部关于军队干部教育的指示（第五号）（一九四二年二月）
- 中共中央关于在职干部教育的决定（一九四二年二月）
- 中共中央关于统一抗日根据地党的领导及调整各组织间关系的决定（一九四二年九月）
- 两个中国之命运（一九四五年四月）
- 论联合政府（一九四五年四月）
- 中共中央关于准备夺取全国政权所需要的全部干部的决议（一九四八年十月）
- 中国人民政治协商会议共同纲领（一九四九年九月）
- 中央人民政府教育部关于加强对学校政治思想教育的领导的指示（一九五〇年十月）

附录二　中共五大到中共七大时期全国代表大会报告有关教育内容的节选及其他重要政策文献

● 中共中央关于克服目前学校教育工作中偏向的指示（一九五一年五月）

● 政务院关于整顿和发展中等技术教育的指示（一九五二年三月）

● 中共中央转发中央教育部党组《关于在高等学校试行政治工作制度的报告》（一九五二年九月）

● 中共中央批转中央教育部党组关于大中小学教育和扫盲运动等问题的报告（一九五二年十月）

● 中央人民政府政务院关于整顿和改进小学教育的指示（一九五三年十一月）

● 中央人民政府政务院关于改进和发展高等师范教育的指示（一九五三年十一月）

● 中央人民政府政务院关于改进和发展中学教育的指示（一九五四年四月）

● 中共中央转发中央教育部党组《关于解决高小和初中毕业生学习与从事生产劳动问题的请示报告》的批语（一九五四年五月）

● 中央人民政府政务院关于改进中等专业教育的决定（一九五四年九月）

● 中华人民共和国国务院关于加强农民业余文化教育的指示（一九五五年六月）

● 中共中央批发中央宣传部《关于学校教育工作座谈会的报告》给各地党委的指示（一九五五年八月）

第三部分 社会主义革命和建设时期

第七章 毛泽东教育思想

中华人民共和国的成立标志着中国共产党在历经28年的奋斗后取得了新民主主义革命的全国性胜利，中国结束了近代以来社会动荡的局面，进入和平建设时期。以毛泽东同志为代表的中国共产党人带领全国各族人民，在政治、经济、外交、文化、教育等各个方面开始了新的探索与实践。毛泽东教育思想是毛泽东思想的重要组成部分，自新文化运动时期萌发，在土地革命战争时期和抗日战争时期逐步形成。毛泽东将马克思主义思想同当时中国的社会实际相结合，深入思考关于中国教育发展的若干重大问题，探索符合中国国情的教育发展路径，形成了具有鲜明中国特色和时代特色的教育思想，并在实践中不断完善。新中国成立后，毛泽东教育思想进入成熟和发展阶段，在相当长的时期内指导了我国的教育理论与教育实践。

毛泽东教育思想具有继承性、实践性和人民性的特征[①]，包含了多方面内容：要培养又红又专、政治与业务能力兼具的人才，才能实现教育为民族服务、为无产阶级服务；教学内容上要注重理论联系实际，注重"古为今用、洋为中用"，反对注入式教学、提倡启发式教学等，实现"科学的"文化教育；教育工作中要走群众路线，"两条腿走路"等。它继承了中国古代文化传统中的优秀教育思想，并与中国国情和中国革命的主要任务结合起来；确立了为人民群众服务的方向，把教育与人民群众密切地联系起来；丰富和发展了马克思主义的教育思想，实现了马克思主义教育思想的中国化和具体化。毛泽东教育思想为中国教育性质向社会主义转变、中国特色社会主义教育制度的初步建立奠定了思想基础。

在经济社会转变时期，为消除旧的思想影响，确保工人阶级在思想上的领导地位，党提出系统地传播毛泽东思想的任务。1951年10月，《毛泽东选集》第一卷由人民出版社正式出版发行，在共产党员和各界人民群众中，形成了学习毛泽东著作的热潮。随后两年，《毛泽东选集》

---

① 邓小泉. 改革开放20年来毛泽东教育思想研究综述[J]. 河北师范大学学报（教育科学版），1999（4）.

第二、三卷分别出版发行，毛泽东思想作为中国革命和建设的指导思想在全国得到广泛的传播，对中国人民的思想变化和国家各项事业的发展产生了深远影响。

一、教育要与政治、经济相适应的思想

教育是传递和深化文化的手段，同时教育的实践者及教育实践本身又体现着文化的特质。教育与政治、经济的关系，在一定程度上也是文化与政治、经济的关系。在《新民主主义论》中，毛泽东指出了文化与政治、经济的关系："一定的文化……是一定社会的政治和经济的反映，又给予伟大影响和作用于一定社会的政治和经济；而经济是基础，政治则是经济的集中的表现。这是我们对于文化和政治、经济的关系及政治和经济的关系的基本观点。那末，一定形态的政治和经济是首先决定那一定形态的文化的；然后，那一定形态的文化又才给予影响和作用于一定形态的政治和经济。""我们要革除的那种中华民族旧文化中的反动成分，它是不能离开中华民族的旧政治和旧经济的；而我们要建立的这种中华民族的新文化，它也不能离开中华民族的新政治和新经济。中华民族的旧政治和旧经济，乃是中华民族的旧文化的根据；而中华民族的新政治和新经济，乃是中华民族的新文化的根据。"① 新中国成立后，毛泽东深刻阐述了社会主义文化建设在现代化建设中的重要地位，指出了文化建设是社会主义现代化建设的重要组成部分。他提出，"随着经济建设的高潮的到来，不可避免地将要出现一个文化建设的高潮，中国人被人认为不文明的时代已经过去了，我们将以一个具有高度文化的民族出现于世界"②。因此，教育必须要反映社会政治和经济发展的趋势，满足政治和经济发展的需求，为国家建设培养各方面的建设人才。

（一）教育必须为无产阶级政治服务

教育必须为政治服务，无产阶级教育必须为无产阶级政治服务，这是

---

① 毛泽东选集：第2卷 [M]．2版．北京：人民出版社，1991：663-664，664．
② 中共中央文献研究室．毛泽东文集：第5卷 [M]，北京：人民出版社，1996：345．

马克思主义教育理论的一个基本观点。在教育为谁服务、教育为什么服务的问题上，毛泽东鲜明地提出了教育必须为无产阶级政治服务的主张。

毛泽东在《在延安文艺座谈会上的讲话》中明确指出，"在现在世界上，一切文化或文学艺术都是属于一定的阶级，属于一定的政治路线的"，不存在超阶级的文学艺术或文化。在《打退资产阶级右派的进攻》中，毛泽东指出，"至少在帝国主义消灭以前，……学校教育，文学艺术，都是意识形态，都是上层建筑，都是有阶级性的"。在《论联合政府》一文中，毛泽东指出，"新民主主义的文化，同样应该是'为一般平民所共有'的，即是说，民族的、科学的、大众的文化，决不应该是'少数人所得而私'的文化"①。

从人类社会发展的历史来看，政治、经济等决定着教育的发展，教育的发展依赖于经济，而政治是经济的集中表现。经济发展对教育提出的要求，往往是通过政治对教育的控制而体现出来的，有什么样的政治制度就有什么样的教育。"一个阶级是社会上占统治地位的物质力量，同时也是社会上占统治地位的精神力量，支配着物质生产资料的阶级，同时也支配着精神生产资料。"② 教育属于上层建筑的范畴，历来为统治阶级所重视和支配。任何时代统治阶级的教育思想，毫无疑问就是那个时代占统治地位的教育思想。新中国成立初期，重建新的政治信仰和巩固新生政权成为社会主要的政治需求，党和国家自然十分重视发挥教育为政治服务的功能。教育为无产阶级政治服务，是通过培养社会主义建设需要的人才，并在教育过程中传播无产阶级的政治思想而实现的。

（二）教育应适应不同历史阶段的中心任务

在无产阶级夺取政权以前，革命的中心任务是武装夺取政权，是战争解决问题。这一时期的教育实践是为革命战争服务的。而在新中国成立以后，中国共产党的主要任务是把我国建成社会主义的现代化强国，教育的目标也随之发生转变。毛泽东在《在中国共产党第七届中央委员

---

① 毛泽东选集：第3卷［M］．2版．北京：人民出版社，1991：1058．
② 马克思，恩格斯．马克思恩格斯选集：第1卷［M］．2版．北京：人民出版社，1995：98．

会第二次全体会议上的报告》中指出，今后工作的重点将由乡村转移到城市，无产阶级的政治主要体现为巩固政权，而要巩固政权，必须恢复和发展城市的生产，所以，文化教育方面的工作以及其他各项工作都要围绕生产建设这一中心工作并为这个中心工作服务。在中共八大上，刘少奇在所做的政治报告中指出，中国共产党在当时的任务，就是要依靠已经获得解放和已经组织起来的几亿劳动人民，团结国内外一切可能团结的力量，充分利用一切对我们有利的条件，尽可能迅速地把我国建设成为一个伟大的社会主义国家。中共十大报告提出，要重视上层建筑包括各个文化领域的阶级斗争，改革一切不适应经济基础的上层建筑，要正确处理两类不同性质的矛盾，要继续认真落实毛主席的各项无产阶级政策，要继续搞好文艺革命、教育卫生革命，做好上山下乡知识青年的工作，办好五·七干校，支持社会主义的新生事物。中共十一大报告提出，坚持党的基本路线，坚持无产阶级专政下的继续革命，调动党内外、国内外一切积极因素，团结一切可以团结的力量，为实现抓纲治国的战略决策，为把我国建设成为伟大的社会主义的现代化强国而奋斗。

这表明，无产阶级政治的内容不是一成不变的，在不同历史时期有不同的内涵。教育为无产阶级政治服务，要主动适应这种变化。

（三）发挥教育在革命工作和人才培养中的积极作用

毛泽东对教育作用的认识经历了从教育救国到革命救国的转变。在《湘潭教育促进会宣言》中，毛泽东提出，"教育为促使社会进化之工具，教育者为运用此种工具之人。故教育学理及教育方法必日有进化，乃能促社会使之进化；教育者之思想必日有进化，乃能吸收运用此种进化之学理及方法而促社会使之进化"。在毛泽东成为共产主义者后，"他的教育思想由教育救国论发展到革命救国论，由把教育作为改造国民性、促使社会进化的工具发展到把教育作为阶级斗争的工具，成为无产阶级手中夺取革命胜利的武器，无疑是一次教育思想上质的飞跃。这是他接受马克思主义的阶级斗争学说，批判教育救国论后，所必然要得出的结论"[①]。

---

① 孟湘砥．毛泽东教育思想探源[M]．长沙：湖南教育出版社，1993：225-226．

教育是培养干部和知识分子的重要手段。无论革命还是建设,都离不开知识分子,也就离不开教育。毛泽东希望通过无产阶级思想教育全党和全国人民,他认为全党全军要加强思想教育,提高广大党员的思想觉悟和政治水平,克服因革命胜利而产生的骄傲自满的情绪,以及在新的条件下滋生的各种非无产阶级思想,保持党和革命队伍的纯洁性;他提出要加强对农民的教育,提高广大工农阶级的思想认识水平和受教育水平;他建议知识分子要进行自我教育和改造,不断克服自己的资产阶级思想和世界观,接受无产阶级的世界观,使自己成为无产阶级知识分子,成为一个有益于人民的人;他要求青年一代必须把自己培养成为又红又专的革命事业的接班人。毛泽东说:"所有的人都应该学习,都应该改造。我说所有的人,我们这些人也在内。情况是在不断地变化,要使自己的思想适应新的情况,就得学习。即使是对于马克思主义已经了解得比较多的人,无产阶级立场比较坚定的人,也还是要再学习,要接受新事物,要研究新问题。"[1]

二、毛泽东关于"培养什么人"的教育思想

毛泽东提出,"我们的教育方针,应该使受教育者在德育、智育、体育几方面都得到发展,成为有社会主义觉悟的有文化的劳动者"。这一教育目标包含了三个层次的内容:第一,我们的教育要培育健全的人,即德、智、体等全面发展;第二,我们的教育所培育的人,应当具有社会主义觉悟;第三,教育要培育的人是一个劳动者,他应当掌握科学文化知识,具备运用文化知识的能力。

(一)培养具有坚定政治方向的劳动者

毛泽东十分重视思想政治教育工作。在《为陕北公学成立与开学纪念题词》中,毛泽东提出要培养革命的先锋队,这些人应当具有政治的远见,胸怀坦白,不谋私利,不怕困难,脚踏实地[2]。在《抗大三周年

---

[1] 中共中央文献研究室.毛泽东文集:第7卷[M].北京:人民出版社,1999:271.
[2] 人民教育出版社教育室.毛泽东周恩来刘少奇邓小平论教育[M].北京:人民教育出版社,2000:26.

纪念》一文中，毛泽东指出坚定正确的政治方向、艰苦奋斗的作风和灵活机动的战略战术是造成一个抗日的革命的军人所不可缺一的，也是抗大职员、教员和学生的教育学习方向①。教育知识青年的原则是：教育他们掌握马克思列宁主义，克服资产阶级、小资产阶级的思想；教育他们有纪律性、组织性，反对组织上的无政府主义与自由主义；教育他们决心深入下层实际工作，反对轻视实际工作经验；教育他们接近工农，决心为工农服务，反对看不起工农的意识②。

从毛泽东提出我国教育方针的国内外背景来看，1956年2月，苏联共产党召开第二十次代表大会，会上赫鲁晓夫做了批判、揭露斯大林的错误的秘密报告。6月，波兰波兹南工人上街游行，政府动用武器，发生流血事件。10月，匈牙利也发生了骚乱，以至于苏联出动坦克才镇压下去。与此同时，1956年下半年开始，我国某些城市也开始出现了一些"闹事"的情况，国内外的局势引发了中共中央尤其是毛泽东对于所谓人民内部矛盾的重视。在这一背景下提出的教育方针，更多地指向了政治需要和政治目的。1957年，毛泽东在《关于正确处理人民内部矛盾的问题》中明确指出："现在需要加强思想政治工作。不论是知识分子，还是青年学生……在思想上要有所进步，政治上也要有所进步，这就需要学习马克思主义，学习时事政治。没有正确的政治观点，就等于没有灵魂。"③

1921年创办湖南自修大学时，毛泽东在《湖南自修大学创立宣言》中提出："学生不但修学，还要有向上的意思，养成健全的人格，煎涤不良的习惯，为革新社会做准备。"1937年10月，毛泽东在《为陕北公学成立与开学纪念题词》中提出，"要造就一大批人，这些人是革命的先锋队。这些人具有政治的远见，这些人充满着斗争精神和牺牲精神。这些人是胸怀坦白的，忠诚的，积极的，正直的。这些人不谋私利，唯一的为着民族和社会的解放。这些人不怕困难，在困难面前总是坚定的，勇敢向前的。这些人不是狂妄分子，也不是风头主

---

① 中共中央文献研究室. 毛泽东文集：第2卷 [M]. 北京：人民出版社，1993：188.
② 人民教育出版社教育室. 毛泽东周恩来刘少奇邓小平论教育 [M]. 北京：人民教育出版社，2000：79.
③ 中共中央文献研究室. 毛泽东文集：第7卷 [M]. 北京：人民出版社，1999：226.

义者，而是脚踏实地富于实际精神的人们，中国要有一大群这样的先锋分子，中国革命的任务就能够顺利的解决"①。因此，毛泽东要求学校尤其是高等院校要对学生进行马列主义教育，进行为人民服务的教育，进行坚持社会主义道路的教育，"思想政治工作，各个部门都要负责任。共产党应该管，青年团应该管，政府主管部门应该管，学校的校长教师更应该管"②。

（二）培养德、智、体全面发展的人才

"德育、智育、体育几方面都得到发展"的表述，来源于马克思主义的人的全面发展学说，表明新教育以马克思主义教育思想作为其教育目的的理论基础，而教育方针最重要的关键词是"有社会主义觉悟"和"劳动者"两个概念，它明确地标示出新中国教育的性质和培养目标，表明了新中国教育的无产阶级性质，同时也反映了共产党执政初期努力提高工农教育水平的强烈愿望。毛泽东认为，要实现人的全面发展，首先要做到脑力劳动和体力劳动相结合。他认为旧社会之所以摧残人才，扼杀人性，根本原因在于脑力劳动与体力劳动的对立，实质是地主与农民的对立。因此，毛泽东主张，党领导下的新民主主义教育和社会主义教育应当与社会的政治、经济相适应，全力培养脑力劳动与体力劳动相结合的、新型的革命者与建设者。在毛泽东看来，德育、智育、体育这三方面是相互联系、相互结合的，而不是相互对立或互不相关的。

毛泽东将德育放在首要地位，这里德育的根本任务是塑造青少年一代坚定的无产阶级世界观，具有鲜明的时代特色。这要求受教育者不仅仅是为了学文化而学文化，而是要明白站在何种立场，为了何种目标，以何种心态或精神来学习。方向不对，知识再多也无用。教育要培养的是真正为人民谋幸福、为最广大人民的利益而奋斗的人。毛泽东提出，教育要让受教育者树立为人民服务的道德观、价值观，始终明确地站在人民群众的立场上，站在无产阶级的立场上，并以此作为衡量一个人道德的标准。

---

① 毛泽东同志论教育工作［M］．北京：人民教育出版社，1992：41．
② 中共中央文献研究室．毛泽东文集：第 7 卷［M］．北京：人民出版社，1999：226．

第七章 毛泽东教育思想

在智育方面,毛泽东重视培养学生的思维能力和分析、解决问题的能力。他说:"不要把分数看重了,要把精力集中在培养分析问题和解决问题的能力上,不要只是跟在教员的后面跑,自己没有主动性。"① 站在国家民族发展的高度,毛泽东指出,落后就会挨打,就有被开除球籍的危险。为了建设社会主义、实现共产主义的宏伟目标,毛泽东指出,如果无产阶级没有自己庞大的技术队伍和理论队伍,社会主义是不能建成的。从科学技术是生产力的角度出发,毛泽东认为,不搞科学技术,生产力无法提高。无论从哪个角度讲,在培养年轻人的时候,都必须加强智育教育。毛泽东把学校的智育教育提高到了民族兴旺、国家现代化的战略高度,要求全党要高度重视智育教育的作用。毛泽东在给毛岸英、毛岸青的一封信中说:"惟有一事向你们建议,趁着年纪尚轻,多向自然科学学习,少谈些政治。政治是要谈的,但目前以潜心多习自然科学为宜,……总之注意科学,只有科学是真学问,将来用处无穷。"② 毛泽东认为,要掌握科学知识,继承前人的优秀成果,青年人必须以学为主,特别是要多学习自然科学。

在体育方面,毛泽东认为体育教育可以磨炼人的精神和意志,有利于身体健康。"体育之效,至于强筋骨,因而增知识,因而调感情,因而强意志。筋骨者,吾人之身;知识,感情,意志者,吾人之心。身心皆适,是谓俱泰。故夫体育非他,养乎吾生、乐乎吾心而已。"③ 新中国成立后,针对当时国内各校学生普遍学习压力过大,功课过多,普遍重德育、智育而轻体育的问题,毛泽东致信教育部部长马叙伦,强调"健康第一,学习第二"。1953 年 6 月 30 日,毛泽东在接见中国新民主主义青年团第二次全国代表大会主席团时强调:"十四岁到二十五岁的青年们,要学习,要工作,但青年时期是长身体的时期,如果对青年长身体不重视,那很危险。"④ 在 "身体好,学习好,工作好" 的

---

① 中共中央文献研究室. 毛泽东著作专题摘编:下 [M]. 北京:中央文献出版社,2003:1645.
② 毛泽东书信选集 [M]. 北京:人民出版社,1983:166.
③ 中共中央文献研究室,中共湖南省委《毛泽东早期文稿》编辑组. 毛泽东早期文稿(1912.6—1920.11) [M]. 长沙:湖南出版社,1990:72.
④ 毛泽东著作选读:下册 [M]. 北京:人民出版社,1986:699.

"三好"标准中,毛泽东坚定不移地将"身体好"摆在第一位,强调要发展体育运动,增强人民体质。

毛泽东关于德、智、体全面发展的思想,不仅在当时具有很强的指导意义,而且对今天的教育工作也有重要启发,对于推进中国特色社会主义教育事业的改革和发展具有重要意义。

三、毛泽东关于"怎样培养人"的教育思想

(一)坚持教育与生产劳动相结合

《中国人民政治协商会议共同纲领》中对教育方法的表述为"理论与实际一致",之后的政策文件逐步明确了"教育与生产劳动相结合"的教育思想。在《实践论》中,毛泽东指出,"人的认识,主要地依赖于物质的生产活动,逐渐地了解自然的现象、自然的性质、自然的规律性、人和自然的关系;而且经过生产活动,也在各种不同程度上逐渐地认识了人和人的一定的相互关系。一切这些知识,离开生产活动是不能得到的"。在《人的正确思想是从哪里来的?》一文中,毛泽东指出:"人的正确思想是从哪里来的?是从天上掉下来的吗?不是。是自己头脑里固有的吗?不是。人的正确思想,只能从社会实践中来,只能从社会的生产斗争、阶级斗争和科学实验这三项实践中来。"在这一点上,毛泽东反对本本主义、教条主义,倡导理论联系实际,解决实际问题,培养实际工作能力。

革命建设需要合理的知识结构,而形成合理的知识结构需要理论和实践的结合。新中国成立后,我国教育领域在向苏联学习的过程中,一定程度上出现了忽视劳动教育和政治思想教育的问题。毛泽东在《整顿党的作风》一文中提出,"有两种不完全的知识,一种是现成书本上的知识,一种是偏于感性和局部的知识,这二者都有片面性。只有使二者互相结合,才会产生好的比较完全的知识","我们反对主观主义,必须使上述两种人各向自己缺乏的方面发展,必须使两种人互相结合。有书本知识的人向实际方面发展,然后才可以不停止在书本上,才可以不犯教条主义的错误。有工作经验的人,要向理论方面学习,要认真读书,

然后才可以使经验带上条理性、综合性，上升成为理论，然后才可以不把局部经验误认为即是普遍真理，才可不犯经验主义的错误。教条主义、经验主义，两者都是主观主义，是从不同的两极发生的东西"①。"一个人从那样的小学一直读到那样的大学，毕业了，算有知识了。但是他有的只是书本上的知识，还没有参加任何实际活动，还没有把自己学得的知识应用到生活的任何部门里去。……他们接受这种知识是完全必要的，但是必须知道，就一定的情况说来，这种知识对于他们还是片面性的，这种知识是人家证明了，而在他们则还没有证明的。最重要的，是善于将这些知识应用到生活和实际中去。"② 毛泽东曾经说过："现在这种教育制度，我很怀疑。从小学到大学，一共十六七年，二十多年看不见稻、粱、菽、麦、黍、稷，看不见工人怎样做工，看不见农民怎样种田，看不见商品是怎样交换的，身体也搞坏了，真是害死人。"③ 1958年9月，毛泽东在一次讲话中说："几千年来，都是教育脱离劳动，现在要教育劳动相结合，这是一个基本原则。大体上有这样几条：一条是教育劳动相结合，一条是党的领导，还有一条是群众路线。群众路线大家懂得，没有问题了，党的领导现在可能问题也不多了，中心问题是教育劳动相结合。……我们社会主义国家，马克思讲了的，教育必须与劳动相结合。"④

按照马克思主义教育思想，教育与生产劳动相结合中的"生产劳动"的原意，应为以现代大工业为技术基础的大生产劳动，而非简单的、小农性质的体力劳动。而在新中国成立初期的教育实践中，教育与劳动相结合，更多地指向体力劳动。当时，生产劳动是最根本的社会实践，不参加体力劳动、生产劳动，就很难从根本上解决理论与实践、体力劳动与脑力劳动相结合的问题。提倡教育与生产劳动相结合，有让学生参与实践、理论联系实际的考虑，但这一时期的劳动教育主要指向体力劳动和简单劳动，目的是改造思想，更多地承载与指向了政治目的。

---

① 毛泽东选集：第3卷 [M]. 2版. 北京：人民出版社，1991：818，818-819.
② 同①816.
③ 中共中央文献研究室. 毛泽东著作专题摘编：下 [M]. 北京：中央文献出版社，2003：1645.
④ 同③1638.

在知识分子问题上，教育与劳动相结合的目标体现为改造知识分子，使其树立为工农群众服务的思想。在社会主义社会中，主要的社会成员是工人、农民、知识分子三部分人，知识分子是脑力劳动者，其工作是为人民大众，也就是工人农民服务的。在《中国革命和中国共产党》中，毛泽东指出，"知识分子在其未和群众的革命斗争打成一片，在其未下决心为群众利益服务并与群众相结合的时候，往往带有主观主义和个人主义的倾向，他们的思想往往是空虚的，他们的行动往往是动摇的"。因此，要改造知识分子，转变其基本立场，引导他们向生产者学习，向工人学习，向贫下中农学习，进行知识分子的再教育。1968年，《关于知识分子再教育问题》一文对"知识分子的再教育"做了这样的解释："为什么叫再教育？因为过去接受的是资产阶级的教育，现在接受的是无产阶级再一次的教育，这是一层意思。还有一层意思：过去是在中国赫鲁晓夫修正主义路线毒害下，受资产阶级知识分子教育，现在则是在毛主席无产阶级革命路线指引下，由工农兵给他们以再教育。"

在改造知识分子的方式上，毛泽东主张知识分子要到工厂、到农村、到群众中去。毛泽东在《在中国共产党全国宣传工作会议上的讲话》中指出，"知识分子既然要为工农群众服务，那就首先必须懂得工人农民，熟悉他们的生活、工作和思想。我们提倡知识分子到群众中去，到工厂去，到农村去。如果一辈子都不同工人农民见面，这就很不好。我们的国家机关工作人员、文学家、艺术家、教员和科学研究人员，都应该尽可能地利用各种机会去接近工人农民"。深入群众，和工人、农民交朋友，有助于知识分子将书上学来的马克思主义变成自己的东西，更好地服务于我国的社会主义实践。在"怎样培养人"方面，劳动教育和群众路线是始终贯穿于毛泽东教育思想的。

（二）"两条腿走路"，坚持多种形式办学

基于新中国成立初期的国情，为正确处理国民经济的各种关系，调动各方面的积极性以投身社会主义经济建设，我国在多个领域实行了一系列的"两条腿走路"方针政策，包括工业和农业同时并举，重工业和轻工业同时并举，中央工业和地方工业同时并举，大型企业和中小型企

第七章 毛泽东教育思想

业同时并举，洋法生产和土法生产同时并举，等等。在教育领域，1958年9月，中共中央、国务院在《关于教育工作的指示》中指出，"教育工作的专门的队伍必须与群众结合，办教育更必须依靠群众。把教育工作神秘化，以为只有专家才能办教育，'外行不能领导内行'，'党委不懂教育'，'群众不懂教育'……那就是错误的。这种迷信，只能妨碍教育成为人民群众的事业，……办教育应当在党委领导之下，把专业的教育工作者同群众结合起来，采取从群众中来，到群众中去的群众路线的方法，贯彻全党全民办学"。之后，群众办学或全民办学与国家办学被赋予同等地位，这种群众办学与国家办学同时并举的政策也被称为"两条腿走路"的办学。

1944年10月，毛泽东在陕甘宁边区文教工作者会议的讲演中指出，"在教育工作方面，不但要有集中的正规的小学、中学，而且要有分散的不正规的村学、读报组和识字组。不但要有新式学校，而且要利用旧的村塾加以改造"[①]。新中国成立初期，毛泽东提出不要过分要求正规化办学，农村教育应当便于农民子女上学。应允许私塾式、改良式、不正规的学校存在。1957年10月公布的《一九五六年到一九六七年全国农业发展纲要（修正草案）》明确指出，"农村办学应当采取多种形式，除了国家办学以外，必须大力提倡群众集体办学，允许私人办学，以便逐步普及小学教育"。"两条腿走路"的办学方针在1958年9月《关于教育工作的指示》中被详细阐述：为了多快好省地发展教育事业，必须动员一切积极因素，既要有中央的积极性，又要有地方的积极性和厂矿、企业、农业合作社、学校和广大群众的积极性，为此必须采取统一性与多样性相结合，普及与提高相结合，全面规划与地方分权相结合的原则。在统一性与多样性相结合的原则下，要求实现国家办学与厂矿、企业、农业合作社办学并举，普通教育与职业技术教育并举，成人教育与儿童教育并举，全日制学校与半工半读、业余学校并举，学校教育与自学并举，免费的教育与不免费的教育并举。

在教育问题上，政府虽然负有重要的责任，但难以包揽一切，这一时期普及和提高相结合、群众和专家相结合的"两条腿走路"办学

---

① 毛泽东选集：第3卷[M]．2版．北京：人民出版社，1991：1011-1012．

针,对中国教育事业的发展起到了巨大的促进作用。

(三) 加强党对教育工作的领导

教育工作是革命工作的组成部分,教育工作只有在无产阶级的领导下,才能保证其正确的政治方向,并推动革命事业的发展。1962年,毛泽东在扩大的中央工作会议上的讲话中提出,工、农、商、学、兵、政、党这七个方面,党是领导一切的。党要领导工业、农业、商业、文化教育、军队和政府。

早在1925年《中国社会各阶级的分析》一文中,毛泽东就指出,"一切勾结帝国主义的军阀、官僚、买办阶级、大地主阶级以及附属于他们的一部分反动知识界,是我们的敌人。工业无产阶级是我们革命的领导力量。一切半无产阶级、小资产阶级,是我们最接近的朋友。那动摇不定的中产阶级,其右翼可能是我们的敌人,其左翼可能是我们的朋友——但我们要时常提防他们,不要让他们扰乱了我们的阵线"。无产阶级是领导革命的力量,在社会主义建设过程中,由中国共产党领导的无产阶级当然具有领导教育工作的政治合法性。毛泽东指出,新民主主义的文化,"就是人民大众反帝反封建的文化;在今日,就是抗日统一战线的文化。这种文化,只能由无产阶级的文化思想即共产主义思想去领导,任何别的阶级的文化思想都是不能领导了的。所谓新民主主义的文化,一句话,就是无产阶级领导的人民大众的反帝反封建的文化"[①]。一方面,教育的阶级性决定了党必须领导教育工作,教育工作只有在党的领导下,才能给新民主主义的和社会主义的政治、经济以积极的反作用,才能体现无产阶级和广大人民群众的利益;另一方面,国际和国内在意识形态领域的斗争和国内文化教育领域的斗争都要求共产党牢牢把握对教育的领导权,要巩固无产阶级专政,就必须要加强党对教育工作的领导,避免资产阶级知识分子统治学校教育。

新中国成立以来,我国的学校领导体制随着政治经济的发展而变化,在不同的历史时期,实行过不同的体制。在中小学,1950年至

---

① 毛泽东选集:第2卷[M].2版.北京:人民出版社,1991:698.

1952年实行的是校务委员会制，1953年至1956年实行的是校长负责制。在高等学校，1950年至1956年实行的是校长负责制。1956年中共八大以后，党章规定基层党组织对于本单位起领导作用，高校的领导体制也逐步发生变化。随后，中共中央决定从各机关单位抽调大批干部到学校任职以加强对各级各类学校的领导，使党的领导在学校中牢固地建立起来。

（四）进行教育教学方法的改革

毛泽东就精简课程、教学内容、教学方法、减轻学生负担、培养学生能力等方面，提出了一系列主张。这些主张对于今天我们各级各类学校的深化教学改革仍具有借鉴意义。

第一，毛泽东提出要精简课程内容，做到"少而精"。1921年，毛泽东在《湖南自修大学创立宣言》中指出，旧学校存在"重点过多，课程过繁"的弊端。1964年3月，毛泽东在对《北京一个中学校长提出减轻中学生负担问题的意见》的批示中指出，"课程太多，对学生压力太大"，"不利于培养青年们在德智体诸方面生动活泼地主动地得到发展"。精简课程内容的目的是使学生生动活泼地学习，做到德智体诸方面和谐发展，要求学校和教师以"必须"和"适应"为原则设计教材和课程。

第二，毛泽东倡导启发式教学，希望引导学生主动性、创造性地学习。毛泽东曾明确提出学生要以"自己看书""自己思索""共同讨论"为主要学习方式。后来他又在多次讲话中提到，学生要自学，靠自己学，大胆主动地学，不要只是跟在教师后面，没有主动性和创造性。毛泽东要求教师在教学活动中要充分发挥主导作用，讲课要少而精，要把学习的方法教给学生，教会学生如何学习，要把立足点放在学生的自学上。

第三，毛泽东注重培养学生的动手能力和思考能力。课堂讲授不能采取满堂灌的方式，要将教学与创新结合起来，把精力集中在培养学生分析问题和解决问题的能力上。他提出，考试要尽量发挥学生的主动性和创造性，主张学生在考试中的答案如果有独特的创见，即使20道题中只答了 10 题，也可以给 100 分；如果答案平庸无创见，即使所有的题目都答了，也可以只给 60 分。毛泽东在 1964 年 2 月的《关于教育革命的谈话》中说："现在的考试，用对付敌人的方法，搞突然袭击，出一些怪题、偏题，整学生。这是一种考八股文的方法，我不赞成，要完全改变。我主张题目公开，由学生研究、看书去做。"

  毛泽东教育思想继承和发展了马克思、列宁的教育理论，对中国革命和建设起了很大的推动作用，特别是对我国的教育事业的发展具有重要的理论意义和现实意义。1981 年 6 月中共中央颁布的《关于建国以来党的若干历史问题的决议》指出，毛泽东思想是我们宝贵的精神财富，它将长期指导我们的行动。毛泽东所提出的教育方针，在今天依然具有根本的指导意义。处理当前教育存在的许多理论和实际问题，应对教育工作所面临的机遇和挑战，都可以从毛泽东教育思想中找到理论依据和思想启迪。虽然过分强调教育的政治性和群众性在教育实践中出现了一些问题，但总体来看，毛泽东对我国教育事业的伟大贡献是毋庸置疑的。

第八章 教育为无产阶级政治与社会主义建设服务

新中国的教育是民族的、科学的、大众的教育。为巩固人民民主政权，恢复和发展国民经济，党和政府大力发展人民教育事业，旗帜鲜明地面向工农、服务工农，致力于培养有社会主义觉悟的有文化的劳动者。从新中国成立到改革开放，中国社会主义建设经历了一段曲折的探索时期。在马克思主义和毛泽东思想的指导下，党和国家为探索社会主义教育的发展道路进行了种种努力与尝试。

总体来说，新中国教育事业在新中国成立后取得了巨大的成就，初步建立起中国社会主义的现代教育制度。在建设中国社会主义教育的过程中，党对旧有教育事业进行了接收和改革，并在实践中围绕教育规模与教育质量、经验移植与教育本土化、对待知识分子的态度等问题进行了一系列政策调整。这一时期我国的教育以培养德、智、体全面发展的社会主义建设人才为目标，坚持教育与生产劳动相结合，采用多种形式办学，具有为无产阶级革命与社会主义建设服务的鲜明特征，为无产阶级革命与社会主义建设培养了大批人才。

一、从新民主主义教育方针到社会主义教育方针

新中国成立后，中国的教育进入一个新的历史发展时期，党的教育方针也在继承和延续新民主主义教育方针的同时不断发展完善，反映出改革开放前的社会主义建设实践探索中国家对人才培养的要求。

（一）新中国的教育是民族的、科学的、大众的教育

1949年9月，《中国人民政治协商会议共同纲领》明确提出，新中国的教育是"民族的、科学的、大众的"教育，教育工作要以"提高人民文化水平、培养国家建设人才、肃清封建的、买办的、法西斯主义的思想、发展为人民服务的思想为主要任务"。根据毛泽东在《新民主主义论》一文中的阐释，"民族的"教育是"反对帝国主义压迫，主张中华民

第八章 教育为无产阶级政治与社会主义建设服务

族的尊严和独立的";"科学的"教育是"反对一切封建思想和迷信思想，主张实事求是，主张客观真理，主张理论和实践一致的";"大众的"教育"应为全民族中百分之九十以上的工农劳苦民众服务，并逐渐成为他们的文化"①。新中国成立初期延续了新民主主义文化教育的基本主张，随着社会主义改造的推进，新民主主义教育开始向社会主义教育过渡。

面向工农大众办教育，是新中国教育的鲜明特色和阶级定位。毛泽东在《在延安文艺座谈会上的讲话》中说得很明确："什么是人民大众呢？最广大的人民，占全人口百分之九十以上的人民，是工人、农民、兵士和城市小资产阶级。"旧中国的教育是被地主资产阶级垄断的，劳动人民很难获得受教育机会，教育是剥削阶级手中的工具。新中国是劳动人民当家作主的，"大众的"教育要为全民族中百分之九十以上的工农劳苦民众服务，所有教育设施都向工农劳动人民开放。工人阶级、贫下中农被认为在政治上是可靠的，具有接受优质教育和高等教育的优先权。毛泽东在中共七大报告中指出："农民——这是现阶段中国文化运动的主要对象。所谓扫除文盲，所谓普及教育，所谓大众文艺，所谓国民卫生，离开了三亿六千万农民，岂非大半成了空话？"党的领导人深刻认识到，必须使我们的工人、农民有文化，而且是有相当高的文化，我们这个国家的整个面貌才可以改变，才可以逐步消灭三大差别，将来才有希望进入共产主义②。

为使大多数工农群众受到教育，党和政府大力倡导并积极推动教育的普及工作。新中国成立后，普及与提高相结合成为教育工作的发展方针。一方面，国家对旧教育进行了改造，接管私立学校，确立起新型的社会主义教育制度，为城乡劳动者子女入学提供方针政策上的保障，培养出一批工农出身的知识分子；另一方面，广泛开展社会教育，通过举办各类学校，使数万名工农干部、劳动模范、产业工人及农民受到了不同程度的教育。在基础教育阶段，我国大力发展小学和中学，发动群众办学，并吸收工农子弟入学。同时，兴办多种多样的工农速成中学、工

---

① 毛泽东选集：第2卷 [M]．2版．北京：人民出版社，1991：706-708.
② 中共中央文献研究室刘少奇研究组，中央教育科学研究所．刘少奇论教育 [M]．北京：教育科学出版社，1998．

农干部文化补习学校（班）和技术专修班，培养一批工农干部、产业工人和解放军指战员，使他们达到中等文化程度，一些学习成绩好的还可直接进入大学或高等专科学校学习。在高等教育阶段，大量招收工农干部入学，培养工农出身的新型知识分子。冬学是当时工农业余教育的一种最主要的组织形式，在冬季农闲期间，广泛吸收青壮年，开展扫盲教育。课程内容有识字、政治常识、自然常识、算术、唱歌等。冬学一般分初、高两级。全文盲入初级班，略识一些字的入高级班。教师由政府分派或由小学老师担任。教育为人民服务，充分保障了工农大众受教育的权利。

（二）社会主义的教育要培养有社会主义觉悟的有文化的劳动者

新中国成立后，我国教育事业以毛泽东思想为指导，形成了"教育必须为无产阶级政治服务，教育必须同生产劳动相结合，使受教育者在德智体几方面都得到发展，成为有社会主义觉悟的、有文化的劳动者"的教育方针。教育为无产阶级的政治服务，就是要使受教育的人具有社会主义觉悟，愿意为社会主义服务。教育与生产劳动相结合，就是要使受教育的人经过生产劳动，锻炼成为一个既有社会主义觉悟又有文化的劳动者。德智体全面发展的教育方针，来源于马克思主义关于人的全面发展的学说，表明社会主义的教育是以马克思主义教育思想为理论基础的。"有社会主义觉悟"和"有文化"是政治与业务、红与专的统一；"有社会主义觉悟"和"劳动者"这两个概念，鲜明地标示出新中国教育的性质和培养目标，反映出教育的无产阶级性质和共产党执政初期努力提高工农教育水平的强烈愿望。

毛泽东对新中国建设者的要求是"又红又专"，在《工作方法六十条（草案）》中，有一条专讲"又红又专"。毛泽东提出："红与专、政治与业务的关系，是两个对立物的统一。一定要批判不问政治的倾向。一方面要反对空头政治家，另一方面要反对迷失方向的实际家。政治和经济的统一，政治和技术的统一，这是毫无疑义的，年年如此，永远如此。这就是又红又专。"从人才类型的构成看，培养各行各业的脑力劳动与体力劳动相结合的社会主义建设者，是对人才的业务要求，是

第八章　教育为无产阶级政治与社会主义建设服务

"专"的问题；培养坚持社会主义道路的可靠的接班人，是对建设者提出的政治要求，是"红"的问题。对于广大工农阶级群体而言，教育的主要目标是提高他们的文化水平；对于知识分子群体而言，教育的主要目标是对他们进行思想政治教育。

新中国成立初期，积贫积弱，百废待兴，教育事业发展水平较低。在全国5.4亿人口中，文盲、半文盲人口占人口总数的80%，小学毛入学率20%，初中毛入学率6%，高中毛入学率1.5%，高等教育毛入学率只有0.3%①。"人才缺乏，已成为我们各项建设中的一个最困难的问题。不论在经济建设，国防建设，还是在巩固政权方面，我们都需要人才。"②旧有的学校教育远远无法适应新社会的需要，社会主义建设急需培养大批初、中级专业技术人才和新型知识分子。我国的政权是以工农联盟为基础的，广大劳动人民是国家建设的主体，需要给他们创造学习的条件。国家办教育，就是为了使青年一代不再是文盲，而成为有文化的劳动者。这样，我们的科技水平才能提高，国家才能建设得好，社会主义才能建设得好。中共八大报告指出，党和全国人民的主要任务是集中力量发展社会生产力，把我国尽快地从落后的农业国变为先进的工业国。为此，需要提高广大人民的文化水平、科学水平，全面普及小学义务教育，加强专业技术教育。

新中国成立之初，扫除文盲工作就被提上党和国家的重要议事日程。1949年12月，教育部在北京召开的第一次全国教育工作会议提出："争取从一九五一年开始，进行全国规模的识字运动。"一场"政府领导、依靠群众组织"的识字扫盲运动在全国各地迅速展开。1950年12月，教育部发出《关于开展农民业余教育的指示》，肯定过去在解放区所采取的"冬学"形式，同时要求争取条件逐步转向常年业余学习。1952年11月，中央人民政府委员会第十九次会议通过决议，成立中央人民政府扫除文盲工作委员会。1954年8月，教育部、扫除文盲工作委员会联合召开第一次全国农民业余文化教育会议，提出争取15年左

---

① 袁振国. 我们离教育强国有多远[M]. 北京：高等教育出版社，2014：2.
② 中共中央文献研究室. 周恩来年谱（1949—1976）：上卷[M]. 北京：中央文献出版社，1997：175.

右的时间，基本扫除农村的青壮年文盲。1956年3月，中共中央、国务院做出《关于扫除文盲的决定》，要求配合社会主义工业化和农业合作化的发展，大张旗鼓地开展扫除文盲运动，以求在五年或者七年内基本扫除全国文盲。经过党和人民的一系列努力，中国扫除文盲工作初见成效。

与此同时，社会主义改造和国家大规模政治经济建设，也对我国的教育提出了更高的要求。劳动者不仅要能读能看能写，而且要切切实实有一技之长，有一定理论水平、文化水平，能解决建设中的实际问题，并能有所发明创造。因此，普及教育很快就发展到较高级的职工技术培训和农村业余初级教育。新中国成立不久，毛泽东为《人民教育》题词："恢复和发展人民教育是当前重要任务之一"。1959年3月，国务院召开全国工矿企业职工教育工作会议，讨论工矿企业职工教育的方针、任务。1960年1月，国务院决定成立业余教育委员会直接领导业余教育。1960年7月和1963年12月，全国总工会和教育部先后召开两次全国业余教育会议，提出：要大办业余教育，使之由低级到高级，由不完备到完备。职工教育要在巩固的基础上积极发展，扩大办学规模，积极组织初等和中学程度的职工学习，办好业余中专和业余大学，组织各种短期技术班和各种单科班[①]。

二、中国社会主义的新教育道路的探索

如何处理新中国成立前教育的历史遗产，开始社会主义的教育，是新中国教育面临的首要问题。为争取和鼓励知识分子为人民服务，使学校教育制度与思想文化建设适应新社会的要求，推进生产事业的恢复和发展，党和政府需要革故鼎新，实现对旧有教育事业的改革，探索中国社会主义的新教育道路。

（一）从对旧有教育事业的妥善接收到逐步改革

党对旧有教育事业采取了先妥善接收，再逐步改革的谨慎政策。改造旧有教育事业不能采取像摧毁反动政权机构那样的做法，要维护

---

① 中华人民共和国成人教育大事记略[J]. 中国成人教育，1999（8）.

第八章　教育为无产阶级政治与社会主义建设服务

学校的教学秩序，稳定知识分子思想，尊重教育的传承性。新中国成立初期，我国能够投入教育的财政性经费极其有限，也使得党和政府无法在教育领域大刀阔斧地进行改造。在1949年12月教育部召开的第一次全国教育工作会议上，党和政府明确，改造旧教育不能性急，"必须经过各级教育的不断改革，积累比较成熟的经验之后，才能有比较全盘的改革"，"对中国人办的私立学校，一般采保护维持，加强领导，逐步改造的方针"①。

对旧有教育制度的改革，主要是使教育事业转向为广大劳动人民服务，转向为恢复生产和发展国家的生产事业服务。在接收国民党政府开办的各类公立学校后，一方面废除原有法西斯式的训导制度、特务统治和反动的政治教育，废止反动性课程；另一方面建立革命的政治教育，增设新课，使马克思列宁主义、毛泽东思想的教育进入学校②。对于依靠境外力量举办的教会学校，教育部在1951年1月发出《关于处理接受美国津贴的教会学校及其他教育机关的指示》，将全国各地接受外国津贴的20所高等学校、514所中等学校和1 133所初等学校，分情况由政府接办或改为由中国人民自办③。与过渡时期的社会主义改造相统一，我国在1956年基本完成了对各级各类学校的接管改造工作，所有私立学校均被撤并或被公立化。

（二）从"教育大跃进"到教育的"调整、巩固、充实、提高"

1958年，党中央正式制定了社会主义建设总路线，重新提出"多快好省"的口号。在1958年初的多次会议和讲话中，毛泽东都谈到了社会主义建设总路线的问题。他说，社会主义建设有两条路线，一条多、快、好、省，一条少、慢、差、费。社会主义建设有两种办法，一种是干劲十足，轰轰烈烈，坚持群众路线；另一种是"寻寻觅觅，冷冷清清，凄凄惨惨戚戚"。毛泽东将"多快好省，鼓足干劲，

---

① 中共中央文献研究室. 建国以来重要文献选编：第1册[M]. 北京：中央文献出版社，1992：93.

② 中共中央党史研究室. 中国共产党历史：第2卷（1949—1978）[M]. 北京：中共党史出版社，2011：150-151.

③ 同②151-152.

力争上游"并提，称之为总路线，并指出，凡是根据主观条件和客观条件能办到的，就应当多快好省，鼓足干劲，力争上游。中共八大二次会议正式制定了"鼓足干劲，力争上游，多快好省地建设社会主义"的总路线。刘少奇代表中央委员会向会议做工作报告，着重阐述了建设社会主义的总路线及其基本点：调动一切积极因素，正确处理人民内部矛盾；巩固和发展社会主义的全民所有制和集体所有制，巩固无产阶级专政和无产阶级的国际团结；在继续完成经济战线、政治战线和思想战线上的社会主义革命的同时，逐步实现技术革命和文化革命；在重工业优先发展的条件下，工业和农业同时并举；在集中领导全面规划分工协作的条件下，中央工业与地方工业同时并举，大型企业和中小型企业同时并举。通过这些尽快地把我国建设成为一个具有现代工业、现代农业和现代科学文化的伟大的社会主义国家。其中，文化革命方面的主要任务是：扫除文盲，普及小学教育，逐步做到一般的乡都有中等学校，一般的专区和许多的县都有高等学校和研究机关，完成少数民族文字的创制和改革，积极地进行汉字的改革；消灭四害，讲究卫生，提倡体育，消灭主要疾病，破除迷信，移风易俗，振奋民族精神；开展群众的文化娱乐活动，发展社会主义的文学艺术；培养新知识分子，改造旧知识分子，建立一支庞大的工人阶级知识分子队伍，其中包括技术干部队伍，教授、教员、科学家、新闻记者、文学家、艺术家和马克思主义理论家的队伍。刘少奇指出，建设速度问题是社会主义革命胜利后，摆在我们面前的最重要的问题。由于帝国主义的威胁和中国经济的落后，只有尽可能地加快建设，才能尽快地巩固国家政权，提高人民生活水平。党的八届三中全会结束后不久，1957年10月，中共中央正式公布全会通过的《一九五六年到一九六七年全国农业发展纲要（修正草案）》，并发出通知，要求组织全民讨论开展关于农业生产建设的大辩论，在1957年冬至1958年春掀起了一个农业生产高潮，拉开了"大跃进"运动的序幕。

在"大跃进"运动全面开展的形势下，我国教育也走上"跃进"之途，这一时期的教育工作主要追求数量上的提升。为扩大和加快教育事业发展的规模和速度，1958年党和政府提出"鼓足干劲、力争上游，

第八章 教育为无产阶级政治与社会主义建设服务

多快好省地扫除文盲,普及教育,培养出一支数以千万计的又红又专的工人阶级知识分子的队伍"[1]。几乎一夜之间,中国大地上冒出了数以十万、百万计的各级各类学校。不少地方提出人人能读书,人人能写会算,人人看电影,人人能唱歌,人人能绘画,人人能舞蹈,人人能表演,人人能创作的要求。很多高等学校盲目扩大招生,还开展了学生编写教材、讲义的活动。大批高等学校和中专学校下放给地方管理,建立高校的审批权也下放给省、自治区、直辖市,结果造成高校发展失控。各地举办了大量的红专大学和工农大学,这些学校名不副实,难以保证教学质量[2]。截至1958年7月底,就有639个县、市和黑龙江、吉林、浙江、甘肃等省宣布基本扫除了文盲[3]。1960年3月,教育部宣布中小学的学习年限由12年缩短为10年,小学为5年一贯制改革课程,部分课程逐级下放,合并次要课程,提高主要学科的知识水平。10月,由中宣部召集召开了十年制教材编审工作会议,提出要把原来12年学完的东西,缩短2年,用10年的时间学完[4]。"大跃进"中对于教育发展数量和速度的追求,虽然产生一系列问题,但却显现出中国在发展过程中对教育现代化的迫切渴求。

"大跃进"时期,从领导人到党员干部,普遍急于改变中国一穷二白的落后面貌。虽然初衷是以最快的建设速度改变中国贫穷落后的面貌,使中国真正发展起来、强大起来,但在实际工作中却背离了实事求是的思想路线,过分夸大人的主观意志和主观努力的作用,提出了超越历史发展阶段的方针和目标,违反自然规律、经济规律和教育规律。

1958年4月,邓小平主持召开中共中央书记处会议讨论教育工作,针对当时出现的如火如荼的勤工俭学运动和群众办学高潮,做了《办教育一要普及二要提高》的讲话。他既肯定1958年教育事业发展和改革

---

[1] 中共中央文献研究室. 建国以来重要文献选编:第11册 [M]. 北京:中央文献出版社,1995:489.

[2] 中共中央党史研究室. 中国共产党历史:第2卷(1949—1978)[M]. 北京:中共党史出版社,2011:485.

[3] 我国文化面貌正在飞跃变化 [N]. 光明日报,1958-08-07.

[4] 中央教育科学研究所. 中华人民共和国教育大事记:1949—1982 [M]. 北京:教育科学出版社,1984:284.

所取得的成绩，又指出了教育领域出现的新情况和新问题，"目前教育方面要解决的问题，主要是普及与提高的问题。我们的方针是，一要普及，二要提高，两者不能偏废。只普及不提高，科学文化不能很快进步；只提高不普及，也不能适应国家各方面的需要"。"现在看来，普及问题比较容易解决，比较难的是如何提高。任何时候都不要忽略职业中学的教学质量问题。"在"调整、巩固、充实、提高"的八字方针提出后，教育也开始进行提升质量的调整和整顿。党的领导人认识到教育质量问题的重要性，提出"质量问题是我们目前大跃进中的主要问题，今后一定要控制数量，保证质量"①。"科学教育水平不取决于数量，主要是质量……这几年不论从哪几个方面都要步子放慢，进行调整，调整学校三年究竟能搞到什么程度，住、吃、课堂、师资都要算账。少办些学校，把它办好。"② 针对"大跃进"期间学生参加生产劳动和社会活动过多等问题，国家从1961年起先后颁布了《关于自然科学研究机构当前工作的十四条意见（草案）》《教育部直属高等学校暂行工作条例（草案）》《全日制中学暂行工作条例（草案）》《全日制小学暂行工作条例（草案）》，规范办学和科研活动，提高教育质量。到1963年年底，普通高等学校已经由1960年的1 289所压缩为407所，在校生由96.2万人减少为75万人，中等专业学校由1960年的6 225所压缩为1 355所，在校生由221.6万人减少为45.2万人，普通中学由1958年的2.8万所压缩为1.9万所，在校生由167.5万人减少为123.5万人③。经过几年的压缩调整，各级各类学校的教育质量有显著提高。国家发布的这些意见、条例，总结了新中国成立以来教育发展的经验教训，不仅指导了当时教育的调整与整顿，其主要精神和思想也为后来我国教育事业的恢复和发展奠定了基础。

（三）从"全面学苏"到"走自己的路"

中华人民共和国成立后，几乎所有西方国家在一开始都拒绝承认

---

① 中央教育科学研究所.中华人民共和国教育大事记：1949—1982 [M]. 北京：教育科学出版社，1984：250.
② 同①294.
③ 何东昌.当代中国教育：上 [M]. 北京：当代中国出版社，1996.

第八章　教育为无产阶级政治与社会主义建设服务

并孤立新中国，中国在政治上不得不采取"一边倒"的政策，只与苏联和东欧社会主义国家往来，而这种政治上的一边倒必然引起其他方面的连锁反应，在教育上的反应即教育的一边倒——倒向苏联。苏联作为第一个社会主义国家，其最初的发展速度令人瞩目，其本身的发展模式也为中国提供了一个很好的学习样板。新中国成立初期的中国教育全面借鉴苏联教育，在实际工作中大量"移植"苏联教育建设经验。

在教育制度层面，1951年10月，中央人民政府政务院颁布《关于改革学制的决定》，确立了中华人民共和国的第一个学制，一直沿用至今。1952年6—9月，中央人民政府大规模调整了全国高等学校的院系设置，把新中国成立前仿效英、美模式的高校体系改造成仿效苏联模式的高校体系，减少综合性大学，增加专科性学院，目的在于迅速培养建设人才。1953年5月，中共高等教育部党组就全国高等教育的基本情况和今后方针，向党中央递交报告。报告认为，培养干部应与国家建设特别是工业建设的需要相适应，首先要保证重工业、国防工业及与此密切联系的地质、建筑等方面技术干部的供应。高等教育应兼顾目前需要与长期建设需要，高等工业学校应以本科为主、专科为辅。综合大学是高等教育的基础，必须加强领导，着重发展理科。政法、财经高等学校及哲学、历史等科系，应适当集中，进行改造，为以后的发展准备条件。高等学校应加强与中国科学院的合作，结合教学工作逐步开展科学研究，以提高教学质量和培养科研人才。要进一步贯彻向工农开门的方针，吸收优秀的产业工人入学，培养工人出身的专家和工业领导骨干。9月，党中央批准该报告后，全国高等学校继续进行院系调整工作。周恩来亲自指导在北京建立了"八大学院"（北京航空学院、北京钢铁学院、北京矿业学院、北京石油学院、北京地质学院、北京农业机械学院、北京林学院、北京医学院）以及中央财政金融学院、北京政法学院[①]。

---

① 中共中央党史研究室. 中国共产党历史：第2卷（1949—1978）[M]. 北京：中共党史出版社，2011：282.

教育理论与政策

在教育内容层面,高校大量翻译苏联高等学校教材,在中华人民共和国成立之初的 1952—1956 年 4 年间,共翻译出版了苏联高等学校教材 1 393 种①。在中小学,参照苏联教材编写自然科学教科书,取消初中外语课,高中外语课为俄语,只有少数高中保留英语课。

在教育理论层面,1949 年以前在中国占统治地位的教育思想是英美教育思想流派,初期以赫尔巴特为代表,后期以杜威为代表。中华人民共和国成立后,由于西方采取孤立中国的外交政策,中西方之间正常的文化、教育、科技交流亦中断,中国教育全面引进苏联教育理论,同时对西方教育理论进行批判。

中国教育这次彻底、全面的"学苏",虽然有一定弊端,但也是新中国成立之初教育对外开放、走向现代的新开始。斯大林去世后,苏联发生的一系列事件,引起了中国对苏联教育经验的反思。中国开始探索自己的教育发展之路,强调中国教育的本土经验。从中华人民共和国成立,到 1966 年"文化大革命"前的这 17 年,是新中国教育的开创时期,也是教育相对稳定发展的时期。

在《论十大关系》一文中,毛泽东提出"一切民族、一切国家的长处都要学,……但是,必须有分析有批判地学,不能盲目地学,不能一切照抄,机械搬用"。开始反思对苏联教育经验的照搬后,1956 年 8 月,在一次高等教育会议上,高教部部长杨秀峰指出,应"积累和总结本国经验,更密切地结合中国实际,认真地进一步学好苏联先进经验,同时也吸收其他国家对我们有用的东西"②。1957 年,周恩来在第一届全国人民代表大会第四次会议上所做的政府工作报告提到,"过去,教育部门在实行教育改革的时候,也发生过若干偏差,主要是否定了旧教育的某些合理的成分,对解放区革命教育的经验没有做出系统的总结,加以继承,并且在学习苏联经验的时候同我国实际情况结合不够"③。毛泽东则提出,教材要减轻,课程要减少,古典文学要减少。教材要有地方性,应当增加一些地方乡土教材。农业课本要本省编,讲点乡土文

---

① 中央教育科学研究所.中华人民共和国教育大事记:1949—1982[M].北京:教育科学出版社,1984:68.
② 同①175.
③ 同①200.

第八章　教育为无产阶级政治与社会主义建设服务

学，讲自然科学也是一样①。这些做法表明，中国共产党在思想上认识到，不能全面机械地照搬苏联教育，并开始在实践中进行相应的修正。比如，中学开始恢复英语课教学，并规定中学教英语和教俄语的比例为1∶1；在教育理论方面，中国开始对被国内教育界视为"马克思主义教育学"的凯洛夫《教育学》一书进行批判，标志着中国教育理论界独立思考的开始。自此，中国的教育开始重新审视自己的传统，重新审视外来的经验，开始了教育本土化和自身发展道路的探索。

回顾历史，近现代中国教育发展经历了全面学日（全面学欧）、全面学美、全面学苏到走自己的路的过程。可以说，新中国的教育科学是在对不同教育理论与教育制度的模仿、继承、批判与借鉴过程中建立起来的。

（四）从"争取、团结、改造知识分子"到"两个估计"

1. 争取一切的爱国知识分子为人民服务

争取、团结和改造知识分子是改革旧有教育事业的关键。在《论联合政府》中，毛泽东指出，"为着扫除民族压迫和封建压迫，为着建立新民主主义的国家，需要大批的人民的教育家和教师，人民的科学家、工程师、技师、医生、新闻工作者、著作家、文学家、艺术家和普通文化工作者"，"在过去半世纪的人民解放斗争，特别是五四运动以来的斗争中，在八年抗日战争中，广大革命知识分子对于中国人民解放事业所起的作用，是很大的。在今后的斗争中，他们将起更大的作用。因此，今后人民的政府应有计划地从广大人民中培养各类知识分子干部，并注意团结和教育现有一切有用的知识分子"②。要改变中国经济文化的落后面貌，必须把知识分子团结在党和人民政府的周围，充分利用他们的科学文化知识为新中国建设事业服务。

在1949年12月教育部召开的第一次全国教育工作会议上，党和国家提出"争取团结改造知识分子"的政策。1950年6月，毛泽东在中共七届三中全会上提出"争取一切爱国的知识分子为人民服务"，认为

---

① 中央教育科学研究所. 中华人民共和国教育大事记：1949—1982［M］. 北京：教育科学出版社，1984：191.

② 毛泽东选集：第3卷［M］. 2版. 北京：人民出版社，1991：1082，1082-1083.

"拖延时间不愿改革的思想是不对的,过于性急、企图用粗暴方法进行改革的思想也是不对的"[1]。对从旧社会过来的知识分子,党和政府采取了全部"包下来"的政策,使他们绝大多数都继续从事教育文化科学技术等工作,以用其长。对知识分子群体中的代表人物,给予他们适当的社会政治地位,并通过他们联系和团结各行各业的知识分子,共同建设新国家。1949年12月,政务院文化教育委员会还成立了办理留学生回国事务委员会,帮助留学生和学者统一办理回国事宜,接待了大批有志参加祖国建设的科学家和学者。由于刚进入新社会不久,帝国主义、封建买办思想在知识分子群体中还存在很大影响。为帮助知识分子深入地了解革命、了解共产党、了解新社会,以适应社会形势的巨大发展和变化,党在各地先后举办了军政大学、革命大学及各种短期培训班,组织知识分子学习时事政策文件,开设了社会发展史、历史唯物主义、新民主主义论等理论课程。随后,京、津两市20所高等学校开展了以学习马克思列宁主义、毛泽东思想为主要内容的学习运动,通过批评和自我批评,肃清封建买办思想,批评资产阶级和小资产阶级思想。11月,党中央发出指示,要求有计划、有领导、有步骤地在大中小学的教职员和高中以上的学生中,普遍进行初步的思想改造工作,在整个教育系统中进行思想改造学习运动的推广。1952年秋,全国规模的知识分子思想改造运动基本结束,全国高等学校教职员的91%、大学生的80%、中学教师的75%参加了这次运动[2]。

在教育和改造原有知识分子群体的同时,党也在积极培养工农知识分子。周恩来指出,培养新型知识分子,"并不是为排斥原有的知识分子,而是在团结改造原有知识分子的同时,增加新的血液"[3]。毛泽东在1957年基于对当时国内政治形势的分析,明确指出,只要世界上还存在帝国主义和资产阶级,我国的反革命分子和资产阶级右派分子的活动,不但总带着积极斗争的性质,并且总是同国际上的反动派互相呼

---

[1] 中共中央文献研究室. 毛泽东文集:第6卷[M]. 北京:人民出版社,1999:71.
[2] 中共中央党史研究室. 中国共产党历史:第2卷(1949—1978)[M]. 北京:中共党史出版社,2011:157-158.
[3] 中共中央文献研究室. 建国以来重要文献选编:第1册[M]. 北京:中央文献出版社,1992:270.

第八章　教育为无产阶级政治与社会主义建设服务

应。"为了建成社会主义，工人阶级必须有自己的技术干部的队伍，必须有自己的教授、教员、科学家、新闻记者、文学家、艺术家和马克思主义理论家的队伍。这是一个宏大的队伍，人少了是不成的。"① 在《做革命的促进派》一文中，毛泽东要求"我们的党员和党外积极分子都要努力争取变成无产阶级知识分子。各级特别是省、地、县这三级要有培养无产阶级知识分子的计划"。

2. 新中国成立后的前三十年党对知识分子阶级情况的判断

总体来看，新中国成立后的前三十年，党对知识分子的判断和政策存在一定的摇摆和争论。基本完成社会主义改造后，1956年《中共中央关于知识分子问题的指示》肯定了我国知识分子的面貌已经发生了根本的变化，知识分子基本上已经成了为社会主义服务的工作人员，知识分子的基本队伍已经成了劳动人民的一部分②。刘少奇在中共八大上做政治报告提出"我们的任务就是要继续贯彻执行团结、教育、改造知识分子的政策，改善对于知识分子的使用，使他们更有效地为祖国的伟大建设事业服务"③。紧接着，1957年的反右派斗争和1958年开启的教育"大跃进"又为知识分子扣上"资产阶级知识分子"的帽子。1958年中共中央、国务院在《关于教育工作的指示》中指出，"共产主义社会的全面发展的新人，……不是旧社会的只专不红，脱离生产劳动的资产阶级知识分子"④。在1962年3月的广州会议上，周恩来发表《论知识分子问题》的讲话，实质上恢复了1956年《中共中央关于知识分子问题的指示》中党对我国知识分子阶级情况所做的基本估计，并在第二届全国人民代表大会第三次会议上的政府工作报告中重申"知识分子中的绝大多数，都是积极地为社会主义服务，接受中国共产党的领导，并且愿意继续进行自我改造的"，"如果还把他们看作是资产阶级知识分子，显

---

① 中共中央文献研究室. 建国以来重要文献选编：第15册 [M]. 北京：中央文献出版社，1997：310.
② 中共中央文献研究室. 建国以来重要文献选编：第8册 [M]. 北京：中央文献出版社，1994：132-147.
③ 中共中央文献研究室. 建国以来重要文献选编：第9册 [M]. 北京：中央文献出版社，1994：79.
④ 中共中央文献研究室. 建国以来重要文献选编：第11册 [M]. 北京：中央文献出版社，1995：491.

然是不对的"。然而,党中央对知识分子问题上的"左"倾观点未能做出彻底清理,党内还存在反对意见,这也导致了后来党对知识分子和文化教育政策的再次反复①。1971年,《全国教育工作会议纪要》提出"两个估计",认为大多数教师和解放后培养的大批学生的"世界观基本上是资产阶级的"②。直到"文化大革命"结束,邓小平在《教育战线的拨乱反正问题》中指出"两个估计"是不符合实际情况的,不能将几百万、上千万的知识分子一棍子打死③。这一时期的政策反复反映出党在不断探索追求"坚持正确政治方向"与"团结一切力量建设社会主义"之间的平衡。

党对知识分子的态度在一定程度上体现出党在思想政治教育工作方面的判断和态度。1954—1955年,党在思想文化领域领导组织了对资产阶级唯心主义思想的批判。1954年10月,中国文联主席团和中国作协主席团联合举行多次扩大会议,对俞平伯研究《红楼梦》的立场、观点、方法进行批判。12月,中国科学院和中国作协主席团举行联席会议,对批判胡适派唯心论思想进行部署。全国各报刊陆续登载大量文章,集中批判胡适的唯心论实用主义哲学,并延伸到教育学、政治学、心理学等诸多领域,力图肃清胡适思想的影响。这种批判运动的初衷是帮助党的各级干部和广大知识分子得到历史唯物主义的教育,学会在实际生活中辨别和消除资产阶级思想的影响,但在实践中往往流于片面和简单化,使对学术研究思想的批判演变为一种政治批判,无法进行平等的讨论。

1955年3月,中共中央发出《关于宣传唯物主义思想批判资产阶级唯心主义思想的指示》,其中指出,在各个领域中清除资产阶级错误思想的任务,不是一个短期的批判运动所能解决的,必须以长期的努力,开展学术批评和讨论,才能达到目的。同时,也对正确开展学术批评和讨论提出了若干原则,包括学术批评和讨论应当是说理的、实事求是的;应当以研究工作为基础,反对采取简单粗暴的态度;解决学术问

---

① 中共中央党史研究室. 中国共产党历史:第2卷(1949—1978)[M]. 北京:中共党史出版社,2011:607-610.
② 武市红,高屹. 邓小平与共和国重大历史事件[M]. 北京:人民出版社,2000:153.
③ 邓小平. 邓小平文选:第2卷[M]. 2版. 北京:人民出版社,1994:67.

第八章　教育为无产阶级政治与社会主义建设服务

题上不同意见的争论，应当采取自由讨论的方法，反对采取行政命令的方法；应当容许被批评者进行反批评，而不是压制这种反批评；应当容许持有不同意见的少数人保留意见，而不是实行少数服从多数的原则；应当分清政治上的反革命分子和学术思想上犯错误的人；等等。尽管党在这一文件中试图将思想问题和政治问题进行界分，但这种认识在后来不断激化的思想战线斗争中并没有得到坚持。

"两个必须"即"教育必须为无产阶级政治服务，教育必须同生产劳动相结合"的教育方针提出之后，在中国当时的意识形态中出现了越来越"左"的倾向，对教育的基本估计和判断也严重偏离实际。在教育领域中，表现为"以阶级斗争为纲"，过分突出教育的"无产阶级专政"功能，过分强调教育的阶级性和政治性，以及错误的学术批判等。关于"文化大革命"，《关于建国以来党的若干历史问题的决议》指出，"'文化大革命'是一场由领导者错误发动，被反革命集团利用，给党、国家和各族人民带来严重灾难的内乱"[①]。"文化大革命"给中国教育带来了深重的灾难，使教育陷于停滞、倒退，教育质量普遍下降。至此，中国的教育现代化进程出现了断裂。实践表明，采取简单粗暴的态度，依靠行政命令和群众性的批判运动，既解决不了学术争论问题，也不能正确有效地确立马克思主义在思想文化领域的指导地位。在教育文化领域，党如何在坚持正确思想指导的前提下进行有益和有效的工作，是一个值得研究和探索的问题。

---

① 中央档案馆，中共中央文献研究室. 中共中央文件选集（一九四九年十月——九六六年五月）：第1册 [M]. 北京：人民出版社，2013：24.

第九章 把培养为无产阶级政治和社会主义建设服务的劳动者作为党的战略任务

中共八大明确了国内的主要矛盾和主要任务：我们国内的主要矛盾，是人民对于建立先进的工业国的要求同落后的农业国的现实之间的矛盾，是人民对于经济文化迅速发展的需要同当前经济文化不能满足人们需要的状况之间的矛盾。党和人民当前的主要任务，就是把我国尽快地从落后的农业国变为先进的工业国。这一时期教育的主要任务是服务于社会的主要矛盾和主要任务的。新中国成立后，形成了"教育必须为无产阶级政治服务，同生产劳动相结合，使受教育者在德育、智育、体育几方面都得到发展，成为有社会主义觉悟的有文化的劳动者"的教育方针①。教育为无产阶级的政治服务，就是要使受教育的人具有社会主义觉悟，愿意为社会主义服务。教育与生产劳动相结合，就是要使受教育的人经过生产劳动，锻炼成为一个既有社会主义觉悟又有文化的劳动者。

一、突出德育的首要地位，培养又红又专的人才

（一）德育在教育工作中占据首要地位

政治工作是一切经济工作的生命线，学校要把坚定正确的政治方向放在一切工作的首位。新民主主义文化是人民大众反帝反封建的文化，只能由无产阶级的文化思想领导，教育的阶级性决定党必须领导教育工作。正确的政治方向是保证社会主义教育健康发展的根本条件，只有在党的领导下，教育才能保持正确的政治方向，对新民主主义和社会主义的政治、经济发挥积极的反作用。

---

① 新中国教育方针的这一表述出自 1961 年 9 月中共中央、国务院批准颁布的《中华人民共和国教育部直属高等学校暂行工作条例（草案）》（简称"高教六十条"）。1961 年的教育方针是在 1949 年《中国人民政治协商会议共同纲领》、1949 年中央人民政府教育部第一次全国教育工作会议决议、1957 年毛泽东《关于正确处理人民内部矛盾的问题》、1958 年《中共中央、国务院关于教育工作的指示》等文件对教育方针的表述基础上形成的，沿用了十余年，并于 1978 年 3 月载入《中华人民共和国宪法》，对我国教育产生了重大影响。

第九章　把培养为无产阶级政治和社会主义建设服务的劳动者作为党的战略任务

1951年11月《中共中央关于在学校中进行思想改造和组织清理工作的指示》指出，由于未对教职员中的反革命分子和曾被反革命分子威迫利用过的分子进行系统的清理，因而仍然存在着各种不同程度的思想不纯的情况。为此，必须有计划、有领导、有步骤地在一至两年内，在所有大中小学的教职员和高中以上的学生中，普遍进行初步的思想改造工作，并在此基础上，进行忠诚老实交清历史的运动，清理其中的反革命分子。1952年5月《中共中央关于在高等学校中批判资产阶级思想和清理"中层"的指示》要求，彻底打击学校中的封建、买办、法西斯思想，划清敌我界限，暴露和批判教师中的资产阶级思想，初步树立工人阶级的思想领导。进一步考虑在高等学校中建立革命的政治工作制度和机构，以便加强党的领导作用，巩固和扩大高等学校中马克思列宁主义思想的阵地，并在此基础上实施高等教育改革。

教育应该培养又红又专的人才，德育在教育工作中占据首要地位。面对反右派运动中提出的知识分子和青年学生思想政治工作减弱的问题，周恩来提出应该特别加强学校的思想政治工作，学校教师应该在过去思想改造的基础上，根据自愿的原则，继续进行自我教育和自我改造。各级教育部门和学校教师要针对学生的思想情况，加强对学生的思想政治教育，培养他们成为忠实于社会主义事业的、勤劳朴素的、体力劳动与脑力劳动相结合的国家建设人才[①]。1964年5月《中共中央、国务院批转教育部临时党组关于克服中小学学生负担过重现象和提高教学质量的报告》提出，要克服学校中和社会上存在的轻视体力劳动，特别是轻视农业劳动，片面追求升学的思想。任何时候，学校教育都应该把思想政治教育放在首要地位，努力提高教学质量。德育工作的主要任务是培养学生的社会主义觉悟，使受教育者愿意为社会主义服务。虽然后来教育的泛政治化给国家的经济、政治和社会带来了混乱，但不可否认，党对教育工作的领导和对德育工作的重视保障了党员干部和青年学生的思想先进性，为社会主义建设奠定了坚实的思想基础。

[①] 中共中央文献研究室. 建国以来重要文献选编：第10册[M]. 北京：中央文献出版社，1994：319.

（二）通过文化教育事业培养又红又专的人才

发展文化教育事业也是对民众进行思想教育的重要环节。日常生活中，党和人民政府大力发展文化教育事业，通过文学、戏剧、电影等方式潜移默化地进行思想政治宣传教育。第一届文代会上成立了中华全国文学艺术界联合会全国委员会及下属各类文艺协会，文艺界人士提出面向人民革命胜利的新的现实，为建设新中国的人民文艺而奋斗的任务。毛泽东在《在延安文艺座谈会上的讲话》中提出的"文艺为人民服务，首先是为工农兵服务"的方针，在这次大会上被确定为今后全国文艺运动的总方向。1951年5月，政务院发布《关于戏曲改革工作的指示》，提出"改戏、改人、改制"的任务，要求净化戏曲舞台，整理传统剧目，剔除旧戏曲中的封建毒素，鼓励各种戏曲形式自由竞赛，要求戏曲艺人们在政治、文化和业务上加强学习，改革旧戏班、旧戏社中的不合理制度。这一时期广大文艺工作者深入社会生活，新创出一大批以革命战争、民主改革为题材，能够启发人民政治觉悟、鼓励人民劳动热情的优秀文艺作品，如话剧《龙须沟》、歌剧《长征》、小说《铜墙铁壁》、歌曲《歌唱祖国》、电影《钢铁战士》等；同时，在新的思想基础上对原有文化遗产加以整理，主动清除旧戏曲中消极有害的内容及丑化劳动人民形象的粗俗表演，充分体现出新中国的文化建设导向。

二、德智体全面发展，为现代化建设奠定人才基础

无产阶级夺取政权后，教育为无产阶级政治服务的主要内容是为社会主义建设服务，把我国建成社会主义的现代化强国。"我们要实现现代化，关键是科学技术要能上去。发展科学技术，不抓教育不行。靠空讲不能实现现代化，必须有知识，有人才。"[1] 实践表明，工业越发展，就越需要劳动者既灵巧又有耐力。健康的身体是建设和保卫祖国的一个

---

[1] 邓小平．邓小平文选：第2卷[M]．2版．北京：人民出版社，1994：40．

第九章　把培养为无产阶级政治和社会主义建设服务的劳动者作为党的战略任务

重要条件①。

1963年3月《中共中央关于讨论试行全日制中小学工作条例草案和对当前中小学教育工作几个问题的指示》提出，要提升教育质量，教育事业必须适应以农业为基础、以工业为主导的发展国民经济的总方针，直接和间接地为这个总方针服务。中国社会主义的教育要培养青年具备崇高的共产主义道德品质、拥有健康的身体和较为广博的知识。青年一代不良的健康状况对国防建设、经济建设和国家其他各项建设都是有妨害的，必须改变。所以，毛主席指示要"健康第一"②。毛泽东指出，工农兵青年们，是在工作中学习，工作学习和娱乐休息睡眠两方面也要充分兼顾。总之，要使青年身体好，学习好，工作好③。1964年，周恩来在第三届全国人民代表大会第一次会议上提出"全面实现农业、工业、国防和科学技术的现代化，使我国经济走在世界前列"的"四个现代化"发展目标。坚持德智体全面发展的教育思想，培养优秀人才，为国家现代化建设和教育现代化提供了重要的人才保障。

坚持德智体全面发展的教育思想是紧扣中国当时革命和建设实际的，具有鲜明的时代特色。第一，德育工作关系到教育培养什么人和为谁培养人的根本问题，对其他教育工作起着导向作用。将德育工作摆在首位，突出政治工作在学校教育中的突出地位，坚持马列主义教育，不仅是战争时期一切政治学校所应遵循的要求，而且是社会主义建设时期各种类型学校所必须遵循的要求。把思想教育放在学校教育工作的首位，对培养出一代"具有社会主义觉悟的有文化的劳动者"起到了关键的作用。第二，文化知识和专业技能的学习是培养"又红又专"的劳动者的重要标准，劳动者知识文化水平的提升是国家建设和社会发展的基础性条件。一个充斥文盲的国家，是建成不了共产主义社会的。不论是教育的普及还是教育与劳动的结合，都是与这一时期的经济建设需求密切相关的。第三，重视体育和学生的身体健康是提升劳动者

---

① 周恩来选集：下卷[M]. 北京：人民出版社，1984：130.
② 中共中央文献研究室. 毛泽东文集：第6卷[M]. 北京：人民出版社，1999：83.
③ 同②278.

身体素质、保障社会主义建设人才供给的重要因素。坚持德智体全面发展的教育思想，有利于学生得到比较广博的知识、拥有健全的身体并具备崇高的共产主义道德品质，为我国社会主义现代化建设奠定人才基础。

三、实现劳动人民知识化，知识分子劳动化

（一）坚持教育与生产劳动相结合

新中国建设急需大量专业技术人才和新型知识分子，只有使教育与生产劳动相结合，才能最大程度地满足对实践性人才的需求。1958年1月，毛泽东在《工作方法六十条（草案）》中强调："没有知识分子不行，无产阶级一定要有自己的秀才。这些人要较多地懂得马克思主义，又有一定的文化水平、科学知识、词章修养。"① 并要求高级干部学一门外语，学一点自然科学、技术科学、哲学、政治经济学、历史、法学、文学、文法和逻辑。毛泽东认为："一个革命干部，必须能看能写，又有丰富的社会常识与自然常识，以为从事工作的基础与学习理论的基础，工作才有做好的希望，理论也才有学好的希望。没有这个基础，就是说不识字，不能看，不能写，其社会常识和自然常识限于直接见闻的范围，这样的人，虽然也能做某些工作，但要做得好是不可能的；虽然也能学到某些革命道理，但要学得好也是不可能的。"②

坚持教育与生产劳动相结合，一方面有利于解决教学活动中出现的教育特别是政治教育脱离实际、学校忽视劳动教育、学生轻视劳动学习等问题，另一方面也有利于国家的经济生产建设。新中国成立之初，国家财政难以支持普遍的脱产学习，鼓励学生参加课余劳动、勤工俭学，能够缓解部分生产压力。党的领导人提出，各地学校的领导和青年团组织，都要把组织学生参加课余劳动、提倡勤工俭学看作今后学校教学活

---

① 中共中央文献研究室. 建国以来重要文献选编：第11册［M］. 北京：中央文献出版社，1995：56.

② 中共中央文献研究室. 毛泽东文集：第2卷［M］. 北京：人民出版社，1993：387.

第九章　把培养为无产阶级政治和社会主义建设服务的劳动者作为党的战略任务

动中的一个不可缺少的内容，积极地加强领导，使它健康地更加广泛地开展起来①。这一时期的大中小学，在普遍将生产劳动作为重要的学习内容的同时，也大量增设了国家工农业生产建设所急需的新课程，努力增强教育与生产、教育与劳动者之间的结合。在 1958 年 1 月颁布的《工作方法六十条（草案）》中，毛泽东提出了在各级各类学校中落实教育与生产劳动相结合的具体措施：一切中等技术学校和技工学校，凡是可能的，一律试办工厂或者农场，进行生产，做到自给或者半自给。学生实行半工半读。在条件许可的情况下，这些学校可以多招些学生，但是不要国家增加经费。一切高等工业学校的可以进行生产的实验室和附属工厂，除了保证教学和科学研究的需要以外，都应当尽可能地进行生产。此外，还可以由学生和教师同当地的工厂订立参加劳动的合同。一切农业学校除了在自己的农场进行生产，还可以同当地的农业合作社订立参加劳动的合同，并且派教师住到合作社去，使理论和实际结合。农业学校应当由合作社保送一部分合于条件的人入学。农村里的中小学都要同当地的农业合作社订立合同，参加农、副业生产劳动。农村学生还应当利用假期、假日或者课余时间回到本村参加生产。大学校和城市里的中等学校，在可能条件下，可以由几个学校联合设立附属工厂或者作坊，也可以同工厂、工地或者服务行业订立参加劳动的合同。一切有土地的大中小学，应当设立附属农场；没有土地而邻近郊区的学校，可以到农业合作社参加劳动。

（二）坚持知识分子与工人农民相结合

教育与生产劳动相结合有助于实现知识分子与工人农民的结合。在思想认识上，"万般皆下品，惟有读书高""学而优则仕"等观点被归为剥削阶级思想的残余，党的领导人在多次讲话中明确国家是劳动人民当家作主的，劳动是最光荣的事情，工人和农民是最有前途的人。毛泽东号召广大知识青年要到工农民众中去，与工人农民相结合，并把是否愿意而且实行与工农民众相结合作为分辨知识青年是否革命的唯一标准。

---

① 中共中央文献研究室刘少奇研究组，中央教育科学研究所. 刘少奇论教育［M］. 北京：教育科学出版社，1998.

"知识分子如果不和工农民众相结合，则将一事无成。革命的或不革命的或反革命的知识分子的最后的分界，看其是否愿意并且实行和工农民众相结合。"①

毛泽东希望中国的知识分子在中国工人农民迫切要求的普及教育中做出自己的贡献。他希望学校培养出的学生，不要仅仅停留在书本知识上，把自己限制在书斋里、城市里，不关心人民疾苦，而是希望他们走出书斋，离开城市，到广大的农村、矿区、工厂，去参加实践，去关心工农民众的生活。通过知识分子"上山下乡"和吸收工农接受教育、培养新型知识分子的政策，中国共产党着力培养具有无产阶级先进思想的社会主义建设人才，实现劳动人民知识化，知识分子劳动化。在20世纪40年代，毛泽东就号召中国的知识分子："应该热情地跑到农村中去，脱下学生装，穿起粗布衣，不惜从任何小事情做起，在那里了解农民的要求，帮助农民觉悟起来，组织起来，为着完成中国民主革命中一项极其重要的工作，即农村民主革命而奋斗。"② 新中国成立后，更是号召"一切可以到农村去工作的这样的知识分子，应当高兴地到那里去。农村是一个广阔的天地，在那里是可以大有作为的"。除开知识青年"上山下乡"有解决城镇就业压力、让知识青年和知识分子接受再教育方面的原因，就客观实际分析，当时中国广大的农村、厂矿也确实非常需要有文化知识、懂技术的各种人才。在党和政府的号召下，我国形成了大规模的知识青年"上山下乡"运动。

"文化大革命"时期，毛泽东也坚持推进知识分子与工人农民的结合。1968年7月21日，他在《从上海机床厂看培养工程技术人员的道路》的调查报告批示中指出："大学还是要办的，我这里主要说的是理工科大学还要办，但学制要缩短，教育要革命，要无产阶级政治挂帅，走上海机床厂从工人中培养技术人员的道路。要从有实践经验的工人农民中间选拔学生，到学校学几年以后，又回到生产实践中去。"后来依据这一指示办起的学校被称为"七二一大学"。

---

① 毛泽东选集：第2卷 [M]. 2版. 北京：人民出版社，1991：559.
② 毛泽东选集：第3卷 [M]. 2版. 北京：人民出版社，1991：1079.

第九章　把培养为无产阶级政治和社会主义建设服务的劳动者作为党的战略任务

四、为了群众办教育，依靠群众办教育

新中国为了群众办教育，也依靠群众办教育。新中国经济不发达，文化、科学水平不高，为保障工农大众接受教育的权利，客观上需要采用多种形式办学。毛泽东认为，知识和学问的获取不能完全依赖学校和教师，非正规教育能够发挥出重要的作用。战争时期革命根据地发动群众、依靠群众、群众运动的战时教育方式，为新政权探索迅速扩大基础教育机会的途径和方法带来了启示。

坚持教育工作中的群众路线，与中国社会经济发展情况相匹配，在加速普及教育方面发挥了重要作用。刘少奇的《关于中小学毕业生参加农业生产问题》一文反映出，1956年和前几年，高中毕业生几乎全部升学，初中毕业生大部分升学、小部分不升学，而1957年有许多初中和高小毕业生不能升学。刘少奇指出，中小学毕业生参加农业生产是一个正常现象和长期现象，在今后一个很长的时间内，总的趋势将是有更多的小学和中学毕业生不能升学，必须参加生产[①]。在教育发展难以满足广大群众入学需求的情况下，走群众路线，鼓励多种形式办学就显得更加必要。1958年《关于教育工作的指示》要求教育实现几个"并举"：国家办学与厂矿、企业、农业合作社办学并举，普通教育与职业技术教育并举，成人教育与儿童教育并举，全日制学校与半工半读、业余学校并举，学校教育与自学并举，免费的教育与不免费的教育并举。走群众路线，坚持多种形式办学不仅契合了我国人口众多、地域辽阔、文化教育发展不平衡的特征，也充分利用了工农大众的业余时间，提高了工农大众的受教育程度。

新中国成立初期，初等教育、中等教育和工农教育的开展面临巨大的师资缺口，循序渐进和按部就班的师资培养程序根本无法满足当时国民经济快速发展对人才培养的需求。在1951年召开的第一次全国师范教育会议上，教育部提出了采用多种方式进行师资培养的方案，要求各级行政部门或各级师范学校举办短期训练班，吸收失业知识分子和家庭

---

① 刘少奇选集：下卷［M］. 北京：人民出版社，1985：278.

知识妇女受训,并选择优秀的在职教师加以训练,逐步提升岗位职级。通过动员和招收失业知识分子、家庭知识妇女及年龄较高的高小毕业生,我国在短期内培养了大量师资。到 1965 年,全国大中小学和幼儿园已有教职工 555 万人,较之 1949 年增长了 5 倍,基本适应了当时教育快速发展的需要[①]。同时,党和政府倡导建立了大量技术夜校、工农业余学校、成人扫盲学校、"五七"干部学校等非正规学校。20 世纪 60 年代后,中国教育开始在实践层面继续探索实行"两种劳动制度,两种教育制度",这一思想的提出者是刘少奇。1958 年 5 月,刘少奇在中共中央政治局扩大会议上第一次正式提出"我国应有两种教育制度、两种劳动制度",也就是"半工半读的学校教育制度和半工半读的劳动制度"。刘少奇认为,无论是乡村还是城市,无论大、中、小学都可以搞半工半读[②]。"两种劳动制度,两种教育制度"的设计,在加速普及教育方面发挥了重要作用,特别是农村的教育方式灵活多样,从数量上极大地增加了农民子女受教育的机会。同时,这一制度也与当时中国社会,尤其是农村的经济社会发展状况相匹配。

当然,依靠群众办教育的方式也存在一定问题。群众办学和全民办学的初衷是推进教育普及,努力增加教育机会,尤其是增加工人农民的教育机会,提高工人农民的受教育程度。新中国成立初期,我国的各级各类学校一度全部改为公办学校,由国家财政支持。1958 年后,农村的中小学被下放给人民公社领导管理,后来又全部改为由生产大队管理。这一政策虽然通过发动群众的方式,迅速扩大了劳动人民子女接受教育的机会,但也带来了一定问题。农村教育被排除在国家投入之外,更多是由农民自己出钱办教育,难以从根本上解决大众教育的问题,这导致农村教育的质量提升困难,在经济、政治、社会等诸多因素的限制下,农村教育成为我国教育的薄弱环节。

---

① 程方平. 中国教育问题报告[M]. 北京:中国社会科学出版社,2002:12-13.
② 刘少奇选集:下卷[M]. 北京:人民出版社,1985:323,324,325.

附录三　中共八大、中共十一大报告有关教育内容的节选及其他重要政策文献

● **中国共产党第八次全国代表大会报告（一九五六年九月）**

我们党现时的任务，就是要依靠已经获得解放和已经组织起来的几亿劳动人民，团结国内外一切可能团结的力量，充分利用一切对我们有利的条件，尽可能迅速地把我国建设成为一个伟大的社会主义国家。

…………

我国过渡时期的基本特点是什么呢？

第一，我们的国家是一个工业落后的国家。为了建设社会主义社会，必须发展社会主义的工业，首先是重工业，使我们的国家由落后的农业国变为先进的工业国，而这是需要一个相当长的时间的。

第二，在我们的国家里，工人阶级的同盟者不但有农民和城市小资产阶级，而且有民族资产阶级。因此，为了改造旧经济，不但对于农业和手工业需要采取和平改造的方法，而且对于资本主义工商业，也需要采取和平改造的方法，而这就需要逐步进行，需要时间。

党中央委员会根据我国的具体情况，规定了我们党在过渡时期的总路线，这就是：在一个相当长的时间内，逐步实现社会主义的工业化，逐步完成对农业、手工业和资本主义工商业的社会主义改造。党的这个总路线是在一九五二年国民经济恢复阶段终结的时候提出的，在一九五四年已经为全国人民代表大会所接受，作为国家在过渡时期的总任务，记载在中华人民共和国宪法里面。

…………

什么是第二个五年计划的基本任务呢？

党中央委员会认为，为了满足我国社会主义扩大再生产的需要，完成社会主义工业化的任务，为了加强社会主义阵营各国之间的国际协作，促进社会主义各国经济的共同高涨，根据我国人口众多、资源丰富

的条件，我们应当在三个五年计划的时期内，基本上建成一个完整的工业体系。按照这个方向，第二个五年计划的基本任务，简单地说来，就是：（1）继续进行以重工业为中心的工业建设，推进国民经济的技术改造，建立我国社会主义工业化的巩固基础；（2）继续完成社会主义改造，巩固和扩大集体所有制和全民所有制；（3）在发展基本建设和继续完成社会主义改造的基础上，进一步地发展工业、农业、手工业的生产，相应地发展运输业和商业；（4）努力培养建设人才，加强科学研究工作，以适应社会主义经济文化发展的需要；（5）在工业农业生产发展的基础上增强国防力量，提高人民的物质生活和文化生活的水平。

....

很明显，第二个五年计划要求比第一个五年计划有更大的投资。我国的国民经济发展了，我国的财政状况也随着有了改进。但是必须看到，我们的资金仍然是有限的，我们必须最有效、最节约地使用资金。增加建设费用的一个重要方法就是进一步节减军政费用。党中央在一九五〇年已经确定了这个方针，但是由于抗美援朝战争的发生，这个方针没有能够早日实现。虽然近年我国已经努力节减军政费用，但是，在第一个五年国家财政支出中，估计国防费用和行政费用仍将占国家财政支出的百分之三十二，经济文化建设支出共约占百分之五十六。在第二个五年中，必须使军政费用的比重下降到百分之二十左右，使经济文化建设支出的比重提高到百分之六十至七十。在经济文化建设中，也必须适当地集中使用资金。因此，国民经济的技术改造，在第二个五年内必须首先集中在重工业特别是机器制造工业和冶金工业方面。同时，在一切企业中，在一切国家机关中，在整个社会生活中，都必须继续提倡节约，克服浪费。浪费在任何时候都是妨碍生产的发展和生活的改善的。我们的建设还在开始，我们更应当为积累每一元的建设资金并且加以最有效的使用而奋斗。我们的一部分消费物资必须出口，以便换来工业建设所需要的机器装备。为了将来的幸福，我们不能不暂时忍受一些生活上的困难。勤俭建国、勤俭办企业、勤俭办合作社、勤俭办一切事业，这是我们党建设社会主义的长远方针，这也是拟定和执行第二个五年计划所必须遵循的方针。

....

文化教育事业在整个社会主义建设事业中占有重要的地位。我国的文化教育事业在过去几年中已经有了巨大的进步。拿一九四九年同今年计划相比，高等学校的学生数从十一万六千人增加到三十八万人，中等学校的学生数从一百二十六万八千人增加到五百八十六万人，小学生数从二千四百三十九万人增加到五千七百七十几万人。图书出版数已经由解放初期的一亿多册增加到今年的十六亿册。医疗机构的床位数已经从解放初期的十万零六千张增加到今年的三十三万九千张。

第二个五年计划要求高等学校学生增加一倍左右，中等专业学校、高级中学和初级中学的学生也有相应的增加。第二个五年计划要求特别加强专门人才的培养和科学研究的发展，以便积极掌握世界各国的最新科学成就。我国的科学家们已经初步拟定了一个一九五六年至一九六七年的科学发展规划，这个规划要求我国的最急需的科学和技术的部门，在十二年左右接近世界的先进水平。我们应当坚决支持各个科学研究机关和高等学校同心协力地实现这个愿望。

为了繁荣我国的科学和艺术，使它们为社会主义建设服务，党中央提出了"百花齐放，百家争鸣"的方针。科学上的真理是愈辩愈明的，艺术上的风格是必须兼容并包的。党对于学术性质和艺术性质的问题，不应当依靠行政命令来实现自己的领导，而要提倡自由讨论和自由竞赛来推动科学和艺术的发展。

为了实现我国的文化革命，必须用极大的努力逐步扫除文盲，并且在财政力量许可的范围内，逐步地扩大小学教育，以求在十二年内分区分期地普及小学义务教育。同时，对于职工的文化教育和技术教育，对于一部分文化程度很低的机关工作人员的文化教育，也必须继续加强。对于没有文字的少数民族，应当帮助他们创造文字。

我们要用社会主义的、马克思列宁主义的思想去武装知识分子和人民群众，对封建主义的、资本主义的思想进行批判。在过去几年中，我们已经在这一方面进行了大规模的工作，这一工作对于我国社会主义改造事业的胜利起了伟大的作用。但是大家知道，改造旧的思想意识比改造旧的生产关系更困难些，更需要时间。我们必须继续加强思想战线上的工作。在我们对于封建主义和资本主义的思想体系进行批判的时候，我们对于旧时代有益于人民的文化遗产，必须谨慎地加以继承。

要完成文化教育工作各方面的任务，必须进一步扩大和加强知识分子的队伍。我们必须经过学校教育和在职干部的业余教育，大量培养新的知识分子，特别是从劳动阶级出身的知识分子。同时，我们必须运用资产阶级和小资产阶级的知识分子的力量来建设社会主义，并且要向他们学习。但是，我们不应当让他们所带来的资产阶级思想和小资产阶级思想侵蚀无产阶级的队伍，相反，我们要尽一切努力帮助他们转变为同劳动人民密切结合的新知识分子。由于我们党作了长期的有系统的工作，我国知识分子的基本队伍已经同工人农民结成了亲密的联盟，并且有相当数量的知识分子变成了共产主义者，加入了我们的党。在今后，我们的任务就是要继续贯彻执行团结、教育、改造知识分子的政策，改善对于知识分子的使用，使他们更有效地为祖国的伟大建设事业服务。

············

我们已经说过，在我们国家的社会主义事业中不可能没有无产阶级专政，而无产阶级专政是经过无产阶级的政党——共产党的领导来实现的。中国共产党的领导的力量，在于它有马克思列宁主义的思想武器，有正确的政治路线和组织路线，有丰富的斗争经验和工作经验，善于把全国人民的智慧集中起来，并且把这种智慧表现为统一的意志和有纪律的行动。不但在过去，而且在今后，为了保证我们的国家能够有效地处理国内和国际的复杂事务，都必须有这样的一个党的领导。这是全国各阶层人民和各民主党派根据实际生活所共同承认的。

但是，在社会主义建设的工作中，也有极少数同志曾经企图削弱党的领导作用。他们把党对于国家各方面工作的方针政策的领导问题同单纯技术方面的问题混淆起来，他们认为党对于这些工作的技术业务还是外行，因而就不应当领导这些工作，而他们则可以独断专行。我们批判了这种错误的观点。党应当而且可以在思想上、政治上、方针政策上对于一切工作起领导作用。当然，这不是说，党应当把一切都包办起来，对一切都进行干涉；也不是说，对于自己所不懂的事情，可以安于做外行。党要求我们的干部和党员进行艰苦的学习来学会自己工作中所不懂的事情。我们学习得愈多，就会领导得愈好。

- **中国共产党第十一次全国代表大会报告（一九七七年八月）**

现在，我们正处在一个重要的历史时刻。我们这次代表大会担负着重大的历史责任，这就是要高举毛主席的伟大旗帜，继承毛主席的遗志，总结同王张江姚"四人帮"的斗争，坚持党的基本路线，坚持无产阶级专政下的继续革命，调动党内外、国内外一切积极因素，团结一切可以团结的力量，为实现抓纲治国的战略决策，为在本世纪内把我国建设成为伟大的社会主义的现代化强国而奋斗。

....

在各个文化领域，广大群众揭批"四人帮"的斗争正在深入，逐步克服"四人帮"所造成的严重破坏，推动科技战线的革命和教育革命、文艺革命、卫生革命向前发展。

....

无产阶级专政下的党的建设问题，归根到底，就是普遍地、深入地用马克思主义、列宁主义、毛泽东思想，特别是用毛主席关于无产阶级专政下继续革命的伟大理论武装全党的问题。……我们一定要遵照毛主席的教导，下大决心，花大气力，进一步改造全党的学习，力争几年内使我们党的思想理论建设大大前进一步。

要努力学习马列著作和毛主席著作，完整地、准确地领会和掌握毛泽东思想的体系。当前特别要学好《毛泽东选集》第五卷，也要继续学好其他各卷。要学习辩证唯物主义和历史唯物主义，反对唯心主义和形而上学。要发扬理论联系实际，实事求是的学风，提倡深入群众，调查研究。要认真组织力量研究党史，学习和总结党的历史经验，特别是第九次、第十次、第十一次路线斗争的经验。要切实办好中央党校和各级党校。要通过多种形式发挥工农兵理论队伍和专业理论队伍的战斗作用，努力建设一支强大的马克思主义的理论队伍。我希望从我们这次代表大会之后，对毛主席关于无产阶级专政下继续革命的伟大理论，来一个全党的学习竞赛，看谁真正地学到了一点东西，看谁学的更多一点，更好一点。全党同志，各级干部，都要在提高马克思列宁主义水平的基础上，学业务、学技术，做到又红又专。各级领导干部，更要奋发努力，使自己成为精通政治工作和业务工作的专家。

增强无产阶级党性，增强党的观念，增强党的集中统一的领导，是搞好党的整顿和建设的重大问题。由于"四人帮"干扰破坏而造成的那种否认无产阶级党性和党的纪律，闹资产阶级派性，搞宗派主义和无政府主义等错误倾向，必须坚决地加以克服和纠正。在我们党的队伍中，决不容许任何派别活动。党要管党的工作。党要管干部工作。入党要按党章规定，提干要按毛主席提出的接班人五项条件，要搞五湖四海。要加强党的建设，纯洁党的队伍，把我们党的一切力量在民主集中制的组织和纪律的原则之下，坚强地团结起来，使我们党不但在思想上，而且在组织上，钢铁般地巩固进来。

要真正搞好党的思想建设和组织建设，必须整顿党的作风，在全党广泛、深入地进行党的优良传统的再教育。在毛主席的培育下，我们党形成了一整套无产阶级的优良作风。其中最根本的，就是群众路线和实事求是。毛主席历来倡导充分信任群众，依靠群众，倾听群众呼声，历来倡导实事求是，科学态度，老老实实地办事。"四人帮"确实把我们党的风气搞坏了。在我们党内，滋长了脱离群众、弄虚作假、看风使舵、投机取巧这样一些资产阶级的作风，这是必须坚决加以克服和纠正的。我们只要充分信任群众，实事求是，把毛主席亲自倡导和培育的党的优良传统，优良作风，恢复和发扬起来，那末，我们党同人民群众的联系就一定能够更加紧密，我们党的战斗力就一定能够更加增强。

....

对于广大人民群众，在思想教育上大力提倡共产主义劳动态度，在经济政策上则要坚持实行各尽所能、按劳分配的社会主义原则，并且逐步扩大集体福利。要在发展生产的基础上，逐步改善人民生活。我国人民的生活，比解放以前是好多了，但水平还低。我们各级领导任何时候都要关心群众疾苦，应该不惜风霜劳苦，夜以继日，勤勤恳恳，切切实实地去研究人民中间的生活问题，生产问题。我们的人民是很讲道理的，他们懂得，只有艰苦奋斗，勤俭建国，尽快地发展生产，才能使大

附录三　中共八大、中共十一大报告有关教育内容的节选及其他重要政策文献

家的生活不断地有所改善。

第五，一定要搞好文化教育领域的革命，大力发展社会主义的文化教育事业。

毛主席在一九七五年七月的两次重要谈话中尖锐指出："样板戏太少，而且稍微有点差错就挨批。百花齐放都没有了。别人不能提意见，不好。""怕写文章，怕写戏。没有小说，没有诗歌。"毛主席还指出："党的文艺政策应该调整一下，一年、两年、三年，逐步逐步扩大文艺节目。""一两年之内逐步活跃起来，三年、四年、五年也好嘛。"毛主席的指示，是对"四人帮"实行资产阶级文化专制主义的严厉谴责，同时又是对广大文化学术工作者的殷切期望。

战斗在社会主义文化战线的一切共产党员和革命同志，应当动员起来，立大志，鼓干劲，遵照毛主席的遗愿，认真搞好各个文化领域的革命，坚持为无产阶级政治服务、为工农兵服务的方向，努力创作具有革命政治内容和尽可能完美的艺术形式的、丰富多采的文学艺术作品，大力开展以马列主义、毛泽东思想为指导的创造性的学术研究，兴起社会主义文化建设的高潮。

社会主义文化要繁荣发展，必须认真贯彻执行百花齐放、百家争鸣的方针，古为今用、洋为中用的方针，推陈出新的方针。针对"四人帮"的干扰破坏，毛主席近几年来反复强调并亲自倡导在各个文化领域贯彻这些方针。还在一九七三、一九七四年，毛主席就对出版学术刊物和整理古代文化遗产问题，作了多次重要指示。特别是在一九七五年，毛主席不但对电影《创业》问题和《水浒》研究作了著名的光辉指示，而且亲自过问小说、戏剧、电影的创作，亲自批准关于研究和出版鲁迅著作的建议，批准出版《诗刊》、《人民文学》等文艺、学术刊物，批准纪念人民音乐家聂耳和冼星海，肯定和支持湘剧影片《园丁之歌》，等等。毛主席这一系列范围广泛的指示，为繁荣社会主义文化，进一步指出了明确的方向。

教育战线，也是我们党同"四人帮"激烈争夺的一条十分重要的战线。要在二十世纪最后四分之一时间内把我国建设成为伟大的社会主义的现代化强国，迫切需要培养和造就大批又红又专的建设人材。这就要

从教育入手，要真正搞好无产阶级教育革命。"四人帮"根本违背毛主席的教育方针，严重破坏社会主义的教育事业，鼓吹什么"宁要没有文化的劳动者"，对广大劳动人民实行愚民政策。我们一定要通过揭批"四人帮"，贯彻落实毛主席的"教育必须为无产阶级政治服务，必须同生产劳动相结合"，"使受教育者在德育、智育、体育几方面都得到发展，成为有社会主义觉悟的有文化的劳动者"的教育方针。要采取强有力的措施，扩大和加快各级各类教育事业发展的规模和速度，提高教育质量，以配合各项经济事业和科学技术事业的发展，适应社会主义革命和建设的需要。应当看到，建立一个充分体现毛主席的无产阶级教育路线，适合我国情况，适应社会主义经济基础的无产阶级教育制度，是光荣而艰巨的任务。战斗在教育战线上的一切共产党员和革命同志，要忠诚党的教育事业，为创立这样一个崭新的教育制度而努力。

....

为了建成社会主义，工人阶级必须有自己的技术干部的队伍，必须有自己的教授、教员、科学家、新闻记者、文学家、艺术家和马克思主义理论家的队伍。这是一个宏大的队伍，人少了是不成的。我国现有的知识分子，一部分是从旧社会过来的，大部分是新社会培养的。他们中的绝大多数是愿意和努力为社会主义事业服务的，这是一支很可宝贵的力量。虽然总的说来，比较熟悉马克思主义，并且站稳了脚跟，站稳了无产阶级立场的知识分子还是少数，但是大多数人，经过多次政治运动特别是无产阶级文化大革命的锻炼，在由资产阶级世界观向无产阶级世界观转变的过程中，在逐步形成和确立无产阶级世界观的过程中，已经有了不同程度的进步。反对社会主义的，只是极少数。"四人帮"根本抹杀建国以来我们党培养和改造知识分子的巨大成绩，打击和扼杀广大知识分子的革命积极性。他们一面收罗一小撮反动知识分子为他们服务，一面却把广大知识分子当作"专政对象"，诬蔑知识分子是"臭老九"。针对"四人帮"这一套，毛主席在一九七五年作了一系列重要指示。毛主席指出："教育界、科学界、文艺界、新闻界、医务界，知识分子成堆的地方，其中也有好的，有点马列的。""老九不能走。"毛主席又指出："打破'金要足赤'、'人要完人'的形而上学错误思想。"毛

附录三 中共八大、中共十一大报告有关教育内容的节选及其他重要政策文献

主席还指出："对于作家，要惩前毖后、治病救人，如果不是暗藏的有严重反革命行为的反革命分子，就要帮助。"毛主席还以受到恩格斯批判的杜林为例，尖锐指出："柏林大学撤了杜林的职，恩格斯不高兴了，争论是争论嘛，为什么撤职？杜林这个人活了八十多岁，名誉不好。处分人要注意，动不动就要撤职，动不动就要关起来，表现是神经衰弱症。"我们一定要遵照毛主席的指示，正确执行党的团结、教育、改造知识分子的政策，充分调动广大知识分子建设社会主义的积极性。只要他们爱国，爱我们的中华人民共和国，我们就要团结他们，让他们好好工作。同时，我们又必须加强对知识分子的教育，热情帮助和鼓励他们在三大革命运动的实践中，努力改造世界观，坚持走同工农相结合的道路，逐步无产阶级化，做到又红又专。教育和改造，是从爱护出发，为了更好地调动他们的积极性。重视知识分子的作用，正是毛主席为我们党制订的对知识分子的正确政策的着重点。建设工人阶级知识分子的宏大队伍，是我们党的重大战略任务。各省、市、自治区党委和中央各部委，都应作出规划，抓紧落实，为实现这个任务而努力。

- 中共中央、国务院关于教育工作的指示（一九五八年九月）
- 中共中央关于印发教育工作的十个文件的通知（一九五九年五月）
- 中共中央批转国家科委党组、教育部党组、外交部党委《关于留学生工作会议的报告》（一九五九年七月）
- 中共中央、国务院关于建立业余教育委员会的通知（一九六〇年一月）
- 中共中央对教育部党组关于农村扫盲、业余教育情况和今后工作方针任务报告的批示（一九六〇年四月）
- 中共中央批转中央文教小组《关于一九六一年和今后一个时期文化教育工作安排的报告》（一九六一年二月）
- 中共中央关于讨论和试行教育部直属高等学校暂行工作条例（草案）的指示（一九六一年九月）
- 中共中央关于讨论试行全日制中小学工作条例草案和对当前中小学教育工作几个问题的指示（一九六三年三月）
- 中共中央、国务院批转教育部临时党组《关于克服中小学学生负

担过重现象和提高教学质量的报告》(一九六四年五月)

●中共中央宣传部、高等教育部党组、教育部临时党组关于改进高等学校、中等学校政治理论课的意见(一九六四年九月)

●中共中央关于发展半工(耕)半读教育制度问题的批示(一九六四年十一月)

●中共中央关于分配一批高等学校毕业生到基层工作的指示(一九六五年六月)

●中共中央关于半农半读教育工作的指示(一九六五年七月)

●中共中央、国务院关于普及小学教育若干问题的决定(一九八〇年十二月)

●中共中央、国务院关于加强职工教育工作的决定(一九八一年二月)

●中共中央宣传部、教育部、文化部、卫生部、公安部关于开展文明礼貌活动的通知(一九八一年二月)

第四部分 改革开放和社会主义现代化建设新时期

第十章 中国特色社会主义教育理论

中共十一届三中全会以来，我国教育进入了一次思想文化教育大解放时期，在邓小平理论、"三个代表"重要思想和科学发展观的指导下，中国教育以对"文革"前后教育方针政策的拨乱反正为起点，以教育方针政策必须为社会主义建设服务为方向，以"三个面向""四有新人"为具体要求，拉开了新中国教育事业重新起航的序幕，形成了符合这一时期我国经济发展要求的中国特色社会主义教育理论的整体框架。逐步确立与健全了有特色的社会主义教育制度，探索出日益完备的国民教育体系，实现了各级各类教育的跨越式发展，实现了教育效率与公平的均衡发展，提升了教育国际化水平，建立了教育与社会发展之间良性互动的功能体系。这些生动的教育实践，开辟完善了中国特色社会主义教育发展道路，为提高我国全民素质，推进科技创新、文化繁荣，推动经济发展、社会进步和民生改善做出了重大贡献。

一、邓小平理论与中国特色社会主义教育发展道路的开端（1978—1993 年）

1976 年 10 月，"文化大革命"结束以后，党和国家开始恢复和探索国家各项事业的发展。教育领域进行了拨乱反正，批判"两个估计"，推翻"两个凡是"，倡导尊重知识、尊重人才，教育事业逐步得到恢复和发展。1978 年 12 月，中共十一届三中全会胜利召开，全国工作的中心转移到经济建设上来，开始了中国特色社会主义现代化发展道路的全面探索和实践。在邓小平理论指导下，教育领域形成了优先发展的指导思想，确立了中国特色社会主义教育发展道路的指导方针，我国的教育事业得以全面改革与发展。

（一）教育的历史转折

1. 教育的拨乱反正

1978 年，在我国教育发展的历史性转折初期，思想领域仍然受到

第十章　中国特色社会主义教育理论

"两个估计"等错误判断的影响。在这一时期，教育领域中的主要工作是拨乱反正，批判和否定"两个估计"，澄清教育本质等相关理论，确立尊重知识、尊重人才的理念，恢复和发展各项教育事业。1978年以来，我国教育界开展了规模宏大的教育本质问题大讨论。这场讨论从分析教育与生产力、生产关系的关系及教育与经济、政治的关系入手，探讨了教育在社会生活中的地位及作用①。在新中国成立以后，受苏联教育理论的影响，我们一直把教育作为上层建筑，是意识形态的一部分，从而引出"教育是阶级斗争的工具"的论断。在我国教育发展的历史性转折初期，这种观点逐渐受到质疑，此时期主要有两种具有代表性的观点：一种是认为教育从整体来看不是上层建筑，而是生产力；另一种认为不宜从上层建筑或生产力的角度探讨教育本质问题②。有关教育本质问题的讨论，是在全国开展真理标准问题大讨论后的一次教育大讨论，虽然对于一些问题没有达成完全一致的意见，但是明确了教育对于经济发展的重要战略作用。这次讨论促进了教育思想的解放，提高了人们的理论水平，对加速教育的科学化、本土化发展产生了深远影响。伴随着理论探讨，党和国家推出了一系列复兴教育的重大举措，使教育事业得到迅速恢复和发展。

恢复高考招生制度。1977年8月，在科学和教育工作座谈会上，武汉大学化学系副教授查全性在座谈会上指出：大学的学生来源参差不齐，没法上课，必须废除群众推荐、领导批准那一套，恢复高考招生，凭真才实学上大学。此外，查全性还指出当时招生制度的四大弊端：埋没人才；卡了工农兵子弟；助长不正之风；严重影响中小学学生和教师的积极性③。邓小平咨询大家的意见后，肯定了恢复高考的意见，并决定在当年执行。10月，国务院批转教育部《关于一九七七年高等学校招生工作的意见》。文件规定：凡是工人、农民、上山下乡和回乡知识青年、复员军人、干部（年龄可放宽到三十周岁）和应届毕业生，只要符合条件都可以报考。这一政策标志着中断了11年之久的高考制度正式恢复。

---

① 杨彬，扈中平，黄欣祥. 关于教育本质讨论的综述[J]. 教育研究与实验，1984（3）.
② 苏渭昌. 中国教育通史·中华人民共和国卷：上[M]. 北京：北京师范大学出版社，2013：286.
③ 刘海峰. 1977年高考：一次空前的招生考试[J]. 教育发展研究，2007（Z1）.

该意见颁布后，同年12月中旬，"文化大革命"后的第一次全国高考成功举行。高考制度的恢复，极大地调动了中小学师生的教学与学习积极性，中国的教育事业逐渐步入正轨，进入新的发展时期。

恢复和发展学校正常教学工作。"文化大革命"后，学校正常工作逐渐得到恢复和发展。首先是各地学校中的红卫兵组织随即被撤销；其次是收回"文化大革命"期间被占用的校舍。在具体教育工作安排上，1978年颁布施行《全日制十年制中小学教学计划试行草案》，对中小学学习年限、开设课程、学时等进行了规划。此外，针对"文化大革命"时期学校教材混乱的状况，邓小平明确要求要向发达国家吸收经验，编制高水平教材。1977年，教育部开始组织人力编写中小学各科全国通用教材，到1979年底，中小学各科教材基本编写完成。这套教材不仅吸纳了国际先进经验，还聘请了国内各个学科领域的知名专家苏步青、唐敖庆、吕叔湘、叶圣陶、白寿彝、高士其等45人担任各科教材顾问，保证了教材的科学性和先进性[1]。由此，学校正常教学秩序逐步恢复，教学质量迅速得到提高。

恢复和重建中小学师资队伍。1977年12月，教育部下发《关于加强中小学在职教师培训工作的意见》，努力恢复和优化中小学教师队伍。在提高教师质量的同时，也注重提高教师的社会地位和待遇。1977年10月，全国公立学校教职工调整工资，全国近60%的教职工不同程度地增加了工资[2]。在物质待遇提升的基础上，国家加强对教师荣誉称号的评定，从价值上对教师工作给予肯定。1978年3月，国务院批转教育部《关于高等学校恢复和提升教师职务问题的请示报告》，提出恢复原来确定的教授、副教授、讲师、助教职务晋升办法。同年年底，国务院批转教育部、国家计委制定的《关于评选特级教师的暂行规定》，对优秀的教育工作者要给予大力表扬和奖励。教师待遇和地位的提升是对教师工作价值的尊重和肯定，是调动教师工作积极性的重要保证。1985年1月，第六届全国人大常委会第九次会议正式确定每年9月10日为我国的"教师节"。"教师节"的设立，是对人民教师政治地位和社会地

---

[1] 卓晴君，李仲汉. 中小学教育史［M］. 海口：海南出版社，2000：298.
[2] 徐卫红. 1977—1999中国教育的发展（上）［J］. 成人高等学刊，1999（5）.

位的肯定和提升，教师职业逐渐在社会上受到尊重，也形成了尊重教师、重视教育的社会风气。

2. 邓小平理论的确立与成熟

邓小平理论，是以邓小平为主要创立者，以建设有中国特色社会主义为主题的理论。这一理论主要体现在 1978 年中共十一届三中全会之后的邓小平的各种讲话、报告与会议决策之中。1978—1982 年为基本理论命题的提出阶段；1982—1987 年为理论形成基本轮廓的时期；1987—1992 年为理论走向成熟，确立体系的时期。1992 年中共十四大的任务是以邓小平建设有中国特色社会主义理论为指导，认真总结十一届三中全会以来十四年的实践经验，确定今后一个时期的战略部署，动员全党和全国各族人民，进一步解放思想，把握有利时机，加快改革开放和现代化建设步伐，夺取有中国特色社会主义事业的更大胜利。中共十四大提出了三项具有深远意义的决策：一是抓住机遇，加快发展；二是明确我国经济体制改革的目标是建立社会主义市场经济体制；三是确立邓小平建设有中国特色社会主义理论在全党的指导地位。

（二）教育的指导思想

"文化大革命"结束后，我国不再把教育当作阶级斗争的工具，逐步确立了"科教兴国""教育先行"等教育优先发展战略。中共十二大把教育列为经济发展的战略重点之一，中共十三大进一步明确提出把发展科学技术和教育事业放在首要位置。教育的重要地位和作用逐步被社会各界广泛认同。邓小平从世界发展新趋势和当时国情需要出发，提出了"教育要面向现代化，面向世界，面向未来"的教育发展指导方针，提出了培养"有理想、有道德、有文化、有纪律"的社会主义"四有新人"要求，这些都从战略高度上为新时期教育改革与发展指明了方向，成为新时期我国教育事业发展的重要指导思想。

逐步确立教育优先发展的战略地位。1982 年 9 月，中共十二大召开，会上明确提出，要把教育作为社会主义经济建设的战略重点之一。1985 年，邓小平在全国教育工作会议上强调了教育提高人力资源、培养人才的功能和价值。在邓小平理论的指导下，全党对教育的认识不断提高。中共十三大提出："把发展科学技术和教育事业放在首要位置，使经济建设转到依靠科技进步和提高劳动者素质的轨道上来";中共十四大明确指出,我们必须把教育摆在优先发展的战略地位,努力提高全民族的思想道德和科学文化水平,这是实现我国现代化的根本大计。教育优先发展战略逐步成为中国特色社会主义教育的指导思想。

"三个面向"是我国教育改革与发展的战略指导方针。1983年,邓小平为北京景山学校题词:"教育要面向现代化,面向世界,面向未来。"这一题词被概括为"三个面向",成为新时期中国特色社会主义教育改革和发展的指导方针。"教育要面向现代化",这一思想包含三个方面的内容:一是教育发展必须从中国社会主义现代化建设的实际出发;二是教育必须与中国社会主义现代化建设的要求相适应,以便更好地为社会主义现代化建设服务;三是教育自身也要现代化[①]。"三个面向"的教育战略指导方针,是一个有机统一的整体。教育"面向现代化"是"三个面向"的基础和前提。"面向世界"和"面向未来"是实现教育"面向现代化"的必然要求和实现条件,是"面向现代化"在空间和时间上的延伸。三者统一于一个过程,就是办有中国特色的社会主义教育,形成有中国特色的社会主义教育体系。

培养"四有新人"。1982年7月,邓小平在中央军委召开的座谈会上明确提出:"搞社会主义精神文明,主要是使我们的各族人民都成为有理想、讲道德、有文化、守纪律的人民。"[②] 1982年9月,中共十二大报告正式提出了邓小平的"四有"人才目标:"我们全党和全社会的先进分子,一定要不断地传播先进思想,在实际行动中发挥模范作用,带动越来越多的社会成员成为有理想、有道德、有文化、守纪律的劳动者。"1985年3月,邓小平在全国科技工作会议上的即席讲话中,使用了"四有"的新表述,即"教育全国人民做到有理想、有道德、有文化、有纪律"[③]。由此,"四有新人"的表述正式形成,成为建设有中国特色社会主义文化教育的一项重要任务和目标。"四有新人"具体来说,可以理解为:有理想,是指要树立崇高的理想,包括共产主义的远大理

[①] 顾明远,刘复兴. 从新民主义教育到社会主义教育(1921—2012)[M]. 北京:教育科学出版社,2015:234.

[②] 邓小平. 邓小平文选:第2卷[M]. 2版. 北京:人民出版社,1994:408.

[③] 邓小平. 邓小平文选:第3卷[M]. 北京:人民出版社,1993:110.

第十章　中国特色社会主义教育理论

想和建设社会主义现代化强国的共同理想;有道德,要求我们要具有良好的道德风尚和思想品德素质;有文化,是要努力学习科学文化知识,提高全体公民的科学素质和劳动技能;有纪律,是要遵纪守法讲秩序,维护集体利益和社会稳定。"四有"教育是一个相互关联的整体。以上指导思想体现在1985年的《中共中央关于教育体制改革的决定》中,形成了新时期第一个明确表述的教育工作方针。《中共中央关于教育体制改革的决定》中所表述的教育工作方针分别为:"教育必须为社会主义建设服务,社会主义建设必须依靠教育。""社会主义现代化建设的宏伟任务,要求我们不但必须放手使用和努力提高现有的人才,而且必须极大地提高全党对教育工作的认识,面向现代化、面向世界、面向未来,为九十年代以至下世纪初叶我国经济和社会的发展,大规模地准备新的能够坚持社会主义方向的各级各类合格人才。""所有这些人才,都应该有理想、有道德、有文化、有纪律,热爱社会主义祖国和社会主义事业,都应该不断追求新知,具有实事求是、独立思考、勇于创造的科学精神。"这三句话被概括为"两个必须"、"三个面向"和"四有"。"三个面向"在整个表述中是灵魂和核心;"两个必须"是根据"三个面向"、对教育与社会关系的新阐述;"四有"是对人才的素质结构的要求,是教育目的的基本内容。

20世纪90年代,我国迈出了经济体制改革的重大步伐,培养高素质创新性人才、高校科技成果转化和高新技术产业化等问题应运而生,"服务社会"、"培养人才"与"科学研究"成为高校的三大功能,产学研结合办学模式在实践中不断深入。

邓小平站在全局和时代的角度,对我国教育事业做了宏观的发展规划;从现实的需要和实践的角度,对改革开放以来教育领域当中许多重大的关键性问题做了精辟的论述。首先,他确立了教育在社会主义现代化建设中的战略地位,"我们要实现现代化,关键是科学技术要能上去。发展科学技术,不抓教育不行"[①],把教育当作现代化建设的重要力量,确立教育的优先发展战略地位,解决了教育在社会主义现代化建设中的地位问题。其次,他提出了"教育要面向现代化,面向世界,面向未

---

① 邓小平.邓小平文选:第2卷[M].2版.北京:人民出版社,1994:40.

来"的"三个面向"教育发展方针和发展方向,确立了今后教育发展的路线和任务,解决了在社会主义现代化建设时期应该发展什么样的教育和怎样发展教育的重大战略问题。最后,在培养什么样的人的问题上,邓小平在马克思列宁主义和毛泽东"培养全面发展的人"的基础上,提出社会主义教育要培养"四有新人","我们在建设具有中国特色的社会主义社会时,一定要坚持发展物质文明和精神文明,坚持五讲四美三热爱,教育全国人民做到有理想、有道德、有文化、有纪律"①。通过对这三个重大问题的回答和论述,邓小平为发展有中国特色的社会主义教育事业指明了方向,规划了路线,奠定了基础。此外,他还提出要尊重知识、尊重人才、加强党对教育工作的领导、加强思想政治教育等,形成了比较充实和丰富的有中国特色的教育发展理论。

二、"三个代表"重要思想与中国特色社会主义教育的蓬勃发展(1993—2000年)

1993—2000年是中国特色社会主义教育发展的重要时期。随着实践的发展、形式的变化,中国特色社会主义教育发展道路的思想基础也在不断与时俱进,以江泽民同志为代表的中国共产党人结合新的时代条件,正确把握教育发展规律,在继承马克思主义教育思想、毛泽东教育思想和邓小平教育理论的基础上提出一系列体现新世纪新阶段教育工作的新要求和新特点的教育论断。1997年中共十五大的主题是"高举邓小平理论伟大旗帜,把建设有中国特色社会主义事业全面推向二十一世纪"。中共十五大报告提出高举邓小平理论的旗帜不动摇,要抓住机遇,开拓进取,围绕经济建设这个中心,经济体制改革要有新的突破,政治体制改革要继续深入,精神文明建设要切实加强,各个方面相互配合,实现经济发展和社会全面进步。最终,形成以江泽民"三个代表"重要思想为指导的社会主义教育发展阶段。

在上述宏观背景下,中共中央、国务院于1999年发布《关于深化教育改革全面推进素质教育的决定》,开启了探索中国特色社会主义教

---

① 邓小平. 邓小平文选:第3卷[M]. 北京:人民出版社,1993:110.

育发展道路的征程。

(一) 穷国办大教育

1. 基础教育发展滞后

教育事业的发展受国家政治、经济、文化、人口等基本国情的制约。中国特色社会主义事业的发展是国家在特定历史时期、在改革开放的现实条件下开展的一项革命实践，其中教育事业的发展也实现了革命性的变革。自 1985 年《中共中央关于教育体制改革的决定》始，历经 15 年艰难的自主探索，我国在世纪之交完成了基本普及九年义务教育、基本扫除青壮年文盲等一系列看似无法完成的任务，为 21 世纪中国特色社会主义教育发展建立了基本的框架体系。我国作为人口数量庞大的发展中国家，教育事业面临巨大的人口压力；1991 年中国人均 GDP 是 1 912 元，至 2000 年增长为 7 942 元，历经近十年的社会主义市场经济建设，人均 GDP 增长 3.15 倍，为教育发展提供了有力的物质条件保障，但与同期发达国家相比差距还很大，可谓穷国办大教育。

2000 年我国基本实现了 1993 年《中国教育改革和发展纲要》所制定的目标，即全国基本普及九年义务教育，拥有全国总人口 85% 的地区普及九年义务教育。

义务教育是基础教育发展的重中之重，是提高人口文化素质的重要举措。但我国的义务教育毕竟起步晚，受各种条件制约，普及程度及质量都有待提高。

高等教育资源的有限性与人才选拔的特殊性导致基础教育考试竞争激烈、片面追求升学率，基础教育的全面性和全体性特质受到极大影响与冲击，围绕考试内容的学习竞争将学校、家长、学生捆绑在应试战争中，最终所有压力挤向学生，使学生不堪重负，造成身体素质、思想素质、实践能力下降等一系列不良后果。

2. 教育投入明显不足

我国教育投入明显不足，而且大多数乡镇负债累累，根本没有多少钱用来办义务教育，致使农村义务教育资金投入与实际需要之间的差距越来越大。

3. 教育体制亟待改革

1985年《中共中央关于教育体制改革的决定》指出,我国教育事业在教育管理、教育结构、教育思想、教育内容、教育方法等方面存在问题,解决的出路在于教育体制改革。进入 90 年代后,特别是 1993 年《中国教育改革和发展纲要》推出后,中国教育体制改革逐步推进,成绩与问题并存。首先,教育管理上由高度集权到逐步放权。通过立法,明确高等学校的权利和义务,扩大学校的办学自主权,使学校真正成为面向社会自主办学的法人单位。明确政府的主要职能,改善对学校的宏观管理。高等教育逐步实行中央和省、自治区、直辖市两级管理,以省级政府为主的体制。其次,办学体制由僵化单一走向多元化。办学主体的单一导致办学体制的封闭;办学形式的单一使社会力量无法介入,学校缺乏活力和激励机制,缺乏必要的监督,也导致了权力的滥用。《中共中央关于教育体制改革的决定》提出扩大高等学校的办学自主权,由此拉开办学体制改革的序幕,使办学体制开始走出单一化的发展格局,尝试推行"民办公助""公办民助"等办学形式,向着"改变政府包揽办学的状况,形成政府办学为主与社会各界参与办学相结合的新体制"的目标迈进。最后,教育结构由不合理到逐渐完善,在教育结构上,基础教育薄弱,学校数量不足且质量不高、合格的师资和必要的设备严重缺乏,经济建设所需要的职业和技术教育没有得到应有的发展,高等教育内部的科系、层次比例失调。因此,《国务院关于〈中国教育改革和发展纲要〉的实施意见》提出,要"积极推进高等学校之间、中等职业学校之间的联合和协作,实行资源共享、优势互补、精简机构、减少冗员、提高师生比,充分发挥现有学校教师和校舍、仪器设备、图书资料等方面的潜力,提高学校的规模效益和办学效益"。

(二) 教育的指导思想

20 世纪 90 年代受国际社会政治、经济、科技与社会思潮的影响,教育思潮风起云涌,"科技取向思潮、经济取向思潮、终身教育思潮、教育个性化思潮,外加尚待考察的社会价值取向思潮、全球价值取向思潮、教育国际化思潮、教育信息化思潮,构成为一个相对完整的思潮体系"①。中国特色社会主义事业是在明确的党的指导思想下展开的伟大历史实践,面对国际国内发展条件,中国选择以邓小平理论为指导,即以建设有中国特色社会主义理论作为中国特色社会主义教育发展的指导思想。

1. 教育优先发展战略

1992年,中共十四大在建设有中国特色社会主义理论的指导下,确定了90年代我国改革和建设的主要任务,明确提出"必须把教育摆在优先发展的战略地位,努力提高全民族的思想道德和科学文化水平,这是实现我国现代化的根本大计"。为了实现中共十四大所确定的战略任务,指导90年代乃至下世纪初教育的改革和发展,使教育更好地为社会主义现代化建设服务,中共中央、国务院于1993年发布了《中国教育改革和发展纲要》,从教育面临的形势和任务、教育事业发展的目标战略和指导方针、教育体制改革、全面贯彻教育方针、全面提高教育质量、教师队伍建设和教育经费等六个方面,总结了新时期我国教育改革的经验,指明了教育优先发展战略落实的基本方向。1995年八届全国人大三次会议通过了《中华人民共和国教育法》,标志着我国教育优先发展战略的法治化和制度化,从此教育优先发展战略落实有了制度保障。

2. 科教兴国战略

1997年,江泽民在中共十五大报告中提出:"实施科教兴国战略和可持续发展战略。科学技术是第一生产力,科技进步是经济发展的决定性因素。要充分估量未来科学技术特别是高技术发展对综合国力、社会经济结构和人民生活的巨大影响,把加速科技进步放在经济社会发展的关键地位,使经济建设真正转到依靠科技进步和提高劳动者素质的轨道上来。"中共十六大指出:大力发展教育和科学事业。教育是发展科学技术和培养人才的基础,在现代化建设中具有先导性全局性作用,必须摆在优先发展的战略地位。全面贯彻党的教育方针,坚持教育为社会主义现代化建设服务,为人民服务,与生产劳动和社会实践相结合,培养德智体美全面发展的社会主义建设者和接班人。坚持教育创新,深化教

---

① 王义高. 当代宏观教育思潮之考察 [J]. 北京师范大学学报(社会科学版),1996 (2).

育改革，优化教育结构，合理配置教育资源，提高教育质量和管理水平，全面推进素质教育，造就数以亿计的高素质劳动者、数以千万计的专门人才和一大批拔尖创新人才。加强教师队伍建设，提高教师的师德和业务水平。继续普及九年义务教育。加强职业教育和培训，发展继续教育，构建终身教育体系。加大对教育的投入和对农村教育的支持，鼓励社会力量办学。完善国家资助贫困学生的政策和制度。制定科学和技术长远发展规划。加强科学基础设施建设。普及科学知识，弘扬科学精神。坚持社会科学和自然科学并重，充分发挥哲学社会科学在经济和社会发展中的重要作用。在全社会形成崇尚科学、鼓励创新、反对迷信和伪科学的良好氛围。

3. 全面推进素质教育

转变人才培养模式，全面提高国民素质是 20 世纪 90 年代教育面临的重大历史任务。面对时代的挑战与国家教育发展的现实，党和人民对此进行了深刻的理论思索，并做出了明智的战略选择。

20 世纪 70 年代，终身教育思潮风起云涌。终身教育在强调教育终身化的同时，重视个体全面发展在质量上的高要求。思潮自形成伊始，发达国家对其给予积极回应，纷纷以之为指导思想构建国家终身教育体系，对我国教育观念的转变造成冲击。随着中国现代化进程的推进、经济社会发展对人才要求的逐步提高和对教育自身规律的探索，在继承邓小平理论的基础上，"素质教育"思想逐渐形成、发展与完善起来。素质教育的根本宗旨是提高国民素质。在新的历史时期，要全面贯彻党的教育方针，坚持教育为社会主义、为人民服务，坚持教育与社会实践相结合，以提高国民素质为根本宗旨，以培养学生的创新精神和实践能力为重点，努力造就"有理想、有道德、有文化、有纪律"的德育、智育、体育、美育等全面发展的社会主义事业建设者和接班人。素质教育要面向全体学生，促进学生个体的全面发展。素质教育的内涵是理论界探寻的重点，吸引众多学者参与其中，甚至当时党和国家的最高领导人江泽民同志也亲自参与了素质教育的理论探索。在庆祝北京大学建校一百周年大会上的讲话中，江泽民对全国青年提出希望，从中彰显了他对素质教育的思考，深刻地提示了素质教育的丰富内涵。

20 世纪 90 年代是素质教育理论探索较为活跃的时期,面对实践中的各种问题与困扰,理论界尝试做出切实的回应,但总体而言,素质教育的理论研究落后于实践探索。

4. 以"三个代表"重要思想指导新时期教育改革

江泽民提出的"三个代表"重要思想指出,党要始终代表中国先进文化的前进方向。建设面向现代化、面向世界、面向未来的,民族的科学的大众的社会主义文化,就必须将科教兴国作为战略方针,把教育作为民族发展和振兴最根本的事业,摆在优先发展的战略地位,"百年大计,教育为本",使得教育的根本地位得到进一步的明确。"三个代表"重要思想还要求教育必须促进人的全面发展,只有全面发展的人才能代表"先进文化的前进方向","人的全面发展既是现代化实现的手段,又是现代化实现的目的"[①]。"三个代表"重要思想深刻揭示了改革开放新时期我国社会主义教育事业的本质和发展规律,是新时期指导我国教育改革、创新和发展的强大思想武器。

三、科学发展观与新世纪中国特色社会主义教育发展的新拓展(2000—2012 年)

在构建社会主义和谐社会和全面建设小康社会的目标指引下,中国进入全面开创有中国特色社会主义教育事业新局面的时期,开启了迈向人力资源强国的新征程。

(一)教育的艰难跨越

2000—2012 年,是我国全面建设小康社会的重要战略机遇期。科学技术的迅猛发展、经济结构的战略性调整、社会主义市场经济体制的完善和对外开放的扩大、城镇化进程的加快、西部大开发战略的实施和加入世贸组织,都给我国教育事业带来了新的发展机遇,同时也使教育面临诸多新挑战与新问题,主要体现在以下方面:

---

① 柳林元."三个代表"重要思想的理论与实践[M].北京:社会科学文献出版社,2007:413.

1. 学前教育总体水平不高[①]

1991—2000年的十年间,我国学前教育事业发展经历了从持续快速发展到艰难曲折发展的历程,学前教育事业处于发展形势变化快、出现的新问题多且影响面大的时期,出现了许多令人始料不及的问题。例如,中小学布局调整带来学前班和幼儿园数量减少的问题;责任不明,部门职责交错、体制不顺的问题;等等。而有的老问题如农村幼儿教师的待遇问题、忽视教师培训问题、教育经费分配不均衡问题等还没有得到有效的改善。同一时期,国际社会和各国政府高度重视发展儿童早期教育,发达国家3岁以上儿童早期教育的毛入学率由72.3%提高至83.5%;亚洲主要国家由29.6%提高至44.5%;发展中人口大国由27.2%提高至33.6%。我国十年间3~5岁幼儿入园率由29.2%提高至37.7%,仍低于亚洲主要国家平均水平,尤其"九五"期间学前教育普及率增长缓慢,在38%左右的水平上徘徊,并呈逐年下降趋势。

2. 义务教育发展不均衡问题严重

从1986年颁布《中华人民共和国义务教育法》到2000年宣布完成普及九年义务教育,我国仅用了15年的时间,如期实现"两基"目标。但快速跨越的发展,也留下一些遗憾和不足。我国经济文化落后,人口众多,地区发展极不平衡,全国各地义务教育的发展环境和运行条件各异。资源配置不均导致的义务教育发展不均衡问题,此阶段已上升为义务教育面临的突出问题。"我国义务教育发展不均衡主要表现在:群体间受教育机会不均等,区域之间、城乡之间、学校之间教育资源配置不均衡,各地义务教育发展的起点、基础和过程都很不相同。"[②] 我国教育在经费投入、地区均衡、教育机会和素质教育等方面存在诸多问题和挑战。教育经费投入远低于世界平均水平,而且地区间的教育投入差异显著。虽然全国小学毕业生升学率较高,但地区间存在明显差异。生师比方面,小学和初中之间,特别是在不同省份之间也存在不均衡现象。此外,弱势人群的基本教育与技能培训仍显不足,城市流动人口子女的教育问题

---

① 庞丽娟. 中国教育改革30年:学前教育卷 [M]. 北京:北京师范大学出版社,2008.
② 翟博. 均衡发展:我国义务教育发展的战略选择 [J]. 教育研究,2010 (1).

也比较突出①。

3. 学生负担过重问题仍然存在

21世纪伊始，中国教育逐步从应试教育向素质教育转轨。经过各界的不断努力，减轻学生过重负担的工作取得了一定成效。但是，学生负担过重现象仍没有从根本上得到有效遏制，并已演变成为突出的社会问题，严重阻碍了教育的健康发展。

"中小学生学习负担过重在全国普遍存在，在某些地方尤为严重，主要表现为'六多六少'，即书多、课程多、作业多、考试多、补习多、竞赛多；睡眠时间少、文体活动少、德育活动少、与生活能力培养相关的活动少、自主性活动少、创造性活动少。"② 2000年2月，江泽民在中共中央政治局常务委员会会议上指出："教育是一个系统工程，要不断提高教育质量和教育水平，不仅要加强对学生的文化知识教育，而且要切实加强对学生的思想政治教育、品德教育、纪律教育、法制教育……现在，一些学生负担很重，结果形成了很大心理压力。这不利于青少年学生健康成长。还有一些学校和地方，对学生的知识教育和学校的设施建设抓得比较紧，而对学生的思想品德教育、纪律法制教育，对学生在校外活动的情况，抓得比较松，有些学生在社会上接受了不良影响，有的甚至走上了违法犯罪的道路。"

4. 流动与留守儿童教育问题凸显

人口的规模和结构直接影响着教育发展的速度和水平，人口变化的特点与趋势更直接决定着国家对中国特色社会主义教育发展道路的规划。

21世纪前后，我国人口城镇化水平有了较大幅度的提高，人口普查城镇化率从1990年的26.4%上升为2000年的36.2%、2010年的49.7%③，20世纪90年代增长9.8%，21世纪初十年间增长13.5%，向城镇迁徙的人口在短期内出现爆炸性增长。人口城市化进程加快，数以亿计的剩余农村劳动力的大规模转移，由此带来的从业结构及生活方式的变化，都必然对教育资源配置和教学质量提出新的需求。

---

① 曾天山. 促进义务教育均衡发展的基本思路［J］. 教育研究，2002（2）.
② 辜胜阻. 减轻学生过重负担大力推进素质教育［J］. 教育研究，2000（5）.
③ 国家统计局官网：https://data.stats.gov.cn/easyquery.htm?cn=C01.

人口城镇化进程直接左右着城乡学龄人口的差异。总人口中城镇人口不断增长超过农村人口规模的同时，出现了城镇学龄人口不断增长、农村学龄人口不断减少的趋势。一方面，这为解决中国农村的教育问题、提高农村教育的质量和水平提供了机会；另一方面，各地区吸纳转化流动人口的能力较弱，流动人口子女教育成了大问题；另外，留守儿童人数不断增多，他们的教育问题也日益凸显。

5. 高等教育规模扩大与质量下滑的矛盾加剧

中国积极发展高等教育，高校扩招成为世纪之交高等教育改革的重大举措。"高等教育毛入学率由1998年的9.8%提高到2004年的19%，中国青年接受高等教育的机会在短短6年内翻了一番。经过短短几年的跨越式发展，我们的高等教育发展实现了从精英教育到大众化教育的过渡阶段，走完了许多国家需要十几年甚至几十年才能走完的高等教育大众化之路。这一数字在之后的几年时间里仍然在攀升。2008年在校生达到2 907万人，毛入学率上升至23.3%。对于我国的高等教育发展来说，这是一个历史性的转折，它给我国的高等教育和人们的生活带来了前所未有的变化。"[1]

然而，接踵而至的问题是数量和质量二者没有实现均衡发展。高等教育招生数量的超常增长以及规模的持续扩张给高等教育领域带来了巨大冲击，规模与质量的矛盾日益凸显，具体体现为：学生数量增长过快和教育资源增长缓慢导致许多高校出现了不适应，办学力量有限、教学改革跟不上、师资缺乏等使教学质量受到一定影响，毕业生的就业技能、创业素质、学习能力、心理健康也都有待进一步提高。因此，高等教育规模扩张过程中的教育质量提升问题成为当务之急。顺应全球强化高等教育质量的新浪潮，迫切要求中国加快提升高等教育质量。

6. 职业教育缺乏吸引力

在我国加入世贸组织和经济全球化深入发展的形势下，加快职业教育的改革和发展、提高劳动者素质势在必行，这直接关系到我国工业化、现代化的进程。但是，职业教育发展却遇到了新问题。"从1998年

---

[1] 张雪蓉. 建国60年中国高等教育历史变迁述评[J]. 现代大学教育，2010 (2).

开始，全国中等职业学校招生数量持续减少，规模萎缩。据有关方面公布的数字，全国中等职业学校1999年比1998年少招46.25万人，2000年比1999年少招64.40万人，2001年比2000年少招14.24万人。与1997年相比，2001年中等职业教育占高中阶段教育招生数和在校生数的比例分别下降了23个百分点和14个百分点。这一状况引起了社会各界的普遍关注。"①

此外，职业学校毕业生就业形势严峻，"出口"难，职业教育的吸引力不强，绝大多数的青少年不愿意上职业学校，社会上有些人不把职业教育当正规教育，存在着鄙薄职业教育的观念，生产服务一线劳动者和技能型人才的社会地位和收入还比较低。社会上重普教、轻职教，重研究型人才、轻技能型人才的现象仍很突出。

7. 税费改革与农村学校布局调整引发教育新问题

为了解决农民负担过重问题，从2000年开始全国探索实施农村税费改革，取消农村教育集资和农村教育费附加，并严禁政府和学校向农民摊派。税费改革以后，农村义务教育经费的投入面临诸多新情况、新问题。农村义务教育投入没有形成良好的机制，还很脆弱。在税费改革后，农民不再直接负担农村义务教育的投入，农村义务教育所需经费主要由国家财政解决，即以前主要是靠向农民收费解决，现在改由各级政府拨款解决。随着农村教育费附加以及集资办学等的取消，县乡财政收入减少，基础教育经费缺口凸显，各级地方政府财政压力增大，县及县以上政府希望通过农村学校布局调整，提高资源利用效率，减轻财政压力。于是，布局调整就成为农村税费改革后政府的一种自然选择。同时，由于城镇化水平的不断提高和农村学龄人口的不断减少，我国农村地区，特别是中西部农村地区不少中小学校生源不足，学校布局分散、规模小等问题日益突出。在此背景下，我国农村地区开始了新一轮学校布局调整。在一些地方，农村学校布局调整工作存在着简单化、工具化的倾向，引发了许多新问题，主要体现在：布局调整缺乏科学规划，许多地方政府盲目追求规模效益，将国家布局调整政策简单理解为撤

---

① 2002年第四次全国职业教育工作会议［J］. 职业技术教育，2006（9）.

并或减少学校,盲目追求撤并的数量与速度。农村边远山区大规模撤点并校,客观上造成了部分学生上学难、上学远的问题,甚至导致这些地区辍学率远高于其他地区。布局调整对学生寄宿提出了更高的要求,加重了家庭和学校的负担。6 省区的调查显示,经费不足仍是布局调整后的主要障碍,同时由于缺乏后续配套资金,有些学校又增添了新的债务①。

综上,2001 年教育部印发《全国教育事业第十个五年计划》,对 21 世纪初改革形势做出了明确的分析和判断:"进入 21 世纪,国际竞争日趋激烈,竞争的焦点是人才的竞争,是全民素质的竞争。人力资源在国家综合国力的增强方面,发挥着越来越重要的作用,而人力资源的状况归根结底取决于教育发展的整体水平。综观世界教育现状和未来国际形势的发展,各国间人力资源素质的差距不但十分显著而且将长期存在,国际间高层次人才争夺会进一步加剧。为此,各国政府都更加重视教育,采取各种措施,把建设高质量教育作为 21 世纪的基本国策。"

(二)教育的指导思想

"科学发展观"是以胡锦涛同志为代表的中国共产党人以马克思主义的立场、观点和方法为思考角度对如何建设中国特色社会主义所做出的一个重要的理论创新,是新世纪新阶段我国社会主义现代化建设的理性抉择,更是我国指导教育事业改革与发展的重大战略思想。

科学发展观的基本内涵是坚持以人为本,树立全面、协调、可持续的发展观,促进经济社会和人的全面发展。"教育践行科学发展观,就是用科学的态度和方法解决教育实践中出现的各种问题和矛盾,促进人、教育、社会的有机结合,通过教育组织的日益完善、教育活动的不断丰富以及教育质量的不断提高,完成其作为人力资源的有效开发工具和人全面发展主要载体的使命。"② "秉承科学发展观,我们对教育的科学发展可以从总体上理解为:坚持以人为本的教育发展,实现全面、协

---

① 张洪华. 城镇化进程中的农村中小学布局调整问题及反思 [J]. 教育理论与实践,2010 (3).
② 智学,王金霞. 科学的教育政策:教育践行科学发展观的支柱 [J]. 教育研究,2004 (9).

调、可持续的教育发展，通过教育发展更好地促进经济社会和人的全面发展。"①

1. 坚持"以人为本"的教育发展理念

科学发展观的核心是"以人为本"。胡锦涛指出："坚持以人为本，就是要以实现人的全面发展为目标，从人民群众的根本利益出发谋发展、促发展，不断满足人民群众日益增长的物质文化需要，切实保障人民群众的经济、政治和文化权益，让发展的成果惠及全体人民。"② 即科学发展观始终把实现好、维护好、发展好最广大人民的根本利益作为我们一切工作的出发点、着力点和落脚点。教育是人的教育，教育的对象是人，教育者也是人。"以人为本"的实质就是突出和强调人在万物中的地位、价值和意义，尊重人的人格和尊严，强调人的自主性、实践性和能动性。"以人为本"，从本质上规定和回答了为什么发展、怎样发展、为谁发展、靠谁发展等一系列根本问题，为正确认识和坚持社会主义的发展目的、发展主体、发展动力、发展目标提供了基本依据，是解决有关发展的一切问题的思想前提。

"以人为本"是科学发展观的本质和核心，也是教育发展的核心命题和基本价值取向。我们可以从四个层次来理解教育发展要坚持"以人为本"的价值取向③：以人为本发展教育事业；以人为本培养社会适应能力；以人为本发展人的个性；以人为本改进教育管理过程与教学过程。

2. 实现"全面、协调、可持续"的教育发展

科学发展观强调，发展的基本要求是全面而不是片面、是协调而不是冲突、是可持续而不是断续。"全面发展"就是要坚持"四位一体"，全面推进经济、政治、文化、社会建设，促进物质文明、政治文明和精神文明的共同发展，实现经济发展和社会的全面进步。"协调发展"就是要坚持统筹兼顾，推进生产力和生产关系、经济基础和上层建筑相协调，推进经济、政治、文化和社会建设的各个环节、各个方面相协调。

---

① 张乐天. 论科学发展观与教育政策的创新 [J]. 南京师大学报（社会科学版），2005（3）.
② 中共中央文献研究室. 科学发展观重要论述摘编 [M]. 北京：中央文献出版社，2008：29.
③ 袁振国. 科学发展观与教育政策选择 [J]. 教育研究，2004（4）.

当前和今后一个时期，统筹兼顾、协调发展的主要内容是坚持"五个统筹"：统筹城乡发展、统筹区域发展、统筹经济社会发展、统筹人与自然和谐发展、统筹国内发展和对外开放。"可持续发展"就是要促进人与自然的和谐，实现经济发展和人口、资源、环境相协调，坚持走生产发展、生活富裕、生态良好的文明发展道路，保证一代接一代地永续发展[①]。在科学发展观的指引下，教育事业追求的应该是一条全面、协调和可持续的发展之路。

通过教育发展更好地促进经济、社会和人的全面发展[②]。促进经济、社会和人的全面发展是科学发展观确立的发展境界，也是科学发展观指向的发展目标，主要可分为以下几个方面：促进教育为经济建设服务。经济发展是发展的第一要务，只有不断解放和发展生产力，才能为社会全面进步和人的全面发展提供物质基础。强调教育的科学发展，丝毫不意味着可以弱化教育为经济建设服务的功能，恰恰相反，应致力于增强教育为经济建设服务的作用。社会发展包括科技、教育、文化、卫生、体育等社会事业的发展，也包括社会就业、社会保障、社会公正、社会秩序、社会管理、社会和谐，还包括社会结构、社会领域体制和机制完善等。社会发展是一个大课题，它既包含教育发展，又需要充分发挥教育发展对促进社会各项事业发展的作用。中共十七大报告指出，"优先发展教育，建设人力资源强国。教育是民族振兴的基石，教育公平是社会公平的重要基础"，强调了在促进社会发展中教育的基石作用。科学发展观最深刻的科学性在于实现经济、社会和人的全面发展的和谐统一。经济、社会和人的全面发展融于一体，展现出社会科学发展的美好图景。至此，教育的功能与作用也因之得到综合与提升。一方面，教育促进人的全面发展也是指向通过人的发展而达成经济、社会的全面发展；另一方面，教育促进经济、社会的发展也是指向通过经济、社会的发展而达成人的发展与幸福。

3. 办好人民满意的教育

"以人为本"的科学发展观，蕴含了"办好人民满意的教育"之内

---

① 蒋春余. 科学发展观概论［M］. 北京：中国财政经济出版社，2007.
② 张乐天. 论科学发展观与教育政策的创新［J］. 南京师大学报（社会科学版），2005（3）.

涵。中共十六大以来，党和政府对教育事业发展提出了"办好人民满意的教育"的目标要求，这是党为人民服务宗旨在教育领域的具体体现。在中共十七大报告中，胡锦涛从"优先发展教育，建设人力资源强国"的高度强调了要"办好人民满意的教育"。《国家中长期教育改革和发展规划纲要（2010—2020年）》又从指导思想的高度突出了这一要求的重要性。中共十六大提出：全民族的思想道德素质、科学文化素质和健康素质明显提高，形成比较完善的现代国民教育体系、科技和文化创新体系、全民健身和医疗卫生体系。人民享有接受良好教育的机会，基本普及高中阶段教育，消除文盲。形成全民学习、终身学习的学习型社会，促进人的全面发展，是实现全面小康社会的目标之一。中共十七大提出：加快推进以改善民生为重点的社会建设，要优先发展教育，建设人力资源强国。教育是民族振兴的基石，教育公平是社会公平的重要基础。要全面贯彻党的教育方针，坚持育人为本、德育为先，实施素质教育，提高教育现代化水平，培养德智体美全面发展的社会主义建设者和接班人，办好人民满意的教育。优化教育结构，促进义务教育均衡发展，加快普及高中阶段教育，大力发展职业教育，提高高等教育质量。重视学前教育，关心特殊教育。更新教育观念，深化教学内容方式、考试招生制度、质量评价制度等改革，减轻中小学生课业负担，提高学生综合素质。坚持教育公益性质，加大财政对教育投入，规范教育收费，扶持贫困地区、民族地区教育，健全学生资助制度，保障经济困难家庭、进城务工人员子女平等接受义务教育。加强教师队伍建设，重点提高农村教师素质。鼓励和规范社会力量兴办教育。发展远程教育和继续教育，建设全民学习、终身学习的学习型社会。办好人民满意的教育，集中反映了广大人民群众对提高教育质量、改善教育结构、调整教育布局和扩大优质教育资源的迫切期盼[①]，为我国教育事业的发展指明了方向。

科学发展观为我们正确认识和应对有关我国教育改革和发展的一系列重大问题指明了方向，提供了科学理论和方法，是发展中国特色社会主义教育事业的行动指南。

---

① 傅维利. 科学发展观视域下的人民满意的教育[J]. 中国教育学刊，2008.

第十一章 教育为社会主义现代化建设服务，为人民服务

"文化大革命"结束后，我国不再把教育当作阶级斗争的工具，逐步确立了"科教兴国""教育先行"等教育优先发展战略。中共十二大把教育列为经济发展的战略重点之一。中共十三大进一步明确提出把发展科学技术和教育事业放在首要位置。教育的重要地位和作用逐步被社会各界广泛认同。邓小平从世界发展新趋势和当时国情需要出发，提出了"教育要面向现代化，面向世界，面向未来"的教育发展指导方针，提出了"有理想、有道德、有文化、有纪律"的社会主义"四有新人"要求，这些都从战略高度上为新时期教育改革与发展指明了方向，成为新时期我国教育事业发展的重要指导思想。

一、教育为社会主义现代化建设服务

教育为社会主义现代化建设服务、为人民服务是改革开放以来发展中国特色社会主义教育的指导思想和基本方针，也是社会主义教育事业的核心作用。首先，关于坚持教育为社会主义现代化建设服务。社会主义现代化建设需要依靠科技与人才，教育是提高科技水平与培养高素质人才的主要途径，社会主义现代化建设必须以教育的发展为基础和关键。同时，教育作为一种社会现象，受到社会其他方面的影响，反映社会的需求。因此，社会主义教育必须也必然为社会主义现代化建设服务。教育为社会主义现代化建设服务，就要坚持教育发展满足社会经济发展对人才的需求和全面提高国民素质的要求，坚持教育主动满足国家和经济发展在人才培养、知识创新、科学发展、社会服务等方面的需求。其次，关于坚持教育为人民服务。与资本主义教育为剥削阶级服务不同，社会主义教育要为人民服务，面向全体人民，保障广大人民群众充分享有受教育的权利，最终使全体人民提高素质，获得全面发展，这既是社会主义教育的基本方针，也是终极目标。教育为人民服务，就是

第十一章 教育为社会主义现代化建设服务，为人民服务

要把人们对美好生活的向往、对更好的教育的期盼作为我们奋斗的目标①，充分体现教育"发展为了人民、发展依靠人民、发展成果由人民共享"②。最后，坚持教育为社会主义现代化建设服务与坚持教育为人民服务二者相辅相成，互相促进。教育为社会主义现代化建设服务，本质上是人才为社会主义现代化建设服务，而只有当教育为人民服务时，才能尽可能多地培养忠于社会主义、忠于国家的人才，促进社会主义现代化建设，保证社会主义方向，发展社会主义事业。

邓小平给北京景山学校题词："教育要面向现代化，面向世界，面向未来。"这是发展中国特色社会主义教育事业的基本战略指导思想。其中，教育要面向现代化是"三个面向"中最核心的一条，是其他两条的前提、基础和落脚点。

基于此，中共十三大指出，我国经济建设的战略部署大体分三步走。为了实现经济发展的第二步，到本世纪末，使国民生产总值再增长一倍，人民生活达到小康水平，必须着重解决好三个重要问题。其中之一就是把发展科学技术和教育事业放在首要位置，使经济建设转到依靠科技进步和提高劳动者素质的轨道上来。从根本上说，科技的发展，经济的振兴，乃至整个社会的进步，都取决于劳动者素质的提高和大量合格人才的培养。

（一）教育为无产阶级政治服务向教育为社会主义现代化建设服务的转变

"教育必须为无产阶级政治服务，教育必须与生产劳动相结合"的教育方针，是一开始党依据马克思、恩格斯、列宁等对教育的观点进行的性质解读。马克思、恩格斯认为"共产党人并没有发明社会对教育的作用；他们仅仅是要改变这种作用的性质，要使教育摆脱统治阶级的影响"③。列宁也进一步指出，"我们都不能持有教育脱离政治的旧观点，

---

① 中共中央文献研究室．十八大以来重要文献选编：上［M］．北京：中央文献出版社，2014：70．
② 胡锦涛．坚持把教育摆在优先发展战略地位 努力办好让人民群众满意的教育［N］．人民日报，2006-08-31．
③ 马克思，恩格斯．马克思恩格斯选集：第1卷［M］．2版．北京：人民出版社，1995：290．

我们不能让教育工作不联系政治","教育'脱离政治',教育'不问政治',都是资产阶级的伪善的说法"①。但是,随着社会经济的发展,在1978年五届全国人大一次会议通过《中华人民共和国宪法》之后,党和政府文献中就不再有"教育必须为无产阶级政治服务"这一提法。

教育为社会主义现代化建设服务的转变,是党基于学术界对教育的学术讨论而达到的一种反思的平衡,比之前的教育方针表述更具有民主性、科学性。在粉碎"四人帮"之后,以1978年《光明日报》发表特约评论员文章《实践是检验真理的唯一标准》为起点②,全国包括教育界都开展了关于真理标准的讨论。教育界的讨论集中在"教育必须为无产阶级政治服务,教育必须与生产劳动相结合"这个口号上。1979年的《教育研究》第4期发表了特约评论员文章《补好真理标准讨论这一课,教育问题要来一次大讨论》,1979年周扬在第四次文代会上做了《继往开来,繁荣社会主义新时期的文艺》的报告,1980年萧宗六在《人民日报》编辑部所编的一个刊物上发表了《教育方针质疑》一文,1980年的《教育研究》第4期发表了周扬的《进一步解放思想搞好教育科学研究》一文。1980年11月4日,《文汇报》发表了潘益大的《关于教育方针的探讨》一文,这是最早在报纸上公开直接论述关于教育方针正确与否的一篇研讨文章。虽然这个口号遭到质疑,但是1981年8月的全国学校思想政治教育工作会议在讨论这一口号究竟对不对时,时任教育部部长的蒋南翔向中央写信请示,中央回复"同意仍提这两句话"。但同时,也认为在新的历史条件下,应根据党在新时期的总任务对这一口号做出新的解释。1981年9月,教育部部长蒋南翔向第五届全国人大常委会第二十次会议汇报学校政治思想教育工作时谈到,"教育为无产阶级政治服务,教育与生产劳动相结合"的方针是正确的,它对加强和改善学校思想政治教育,抵制资产阶级和其他剥削阶级的思想的侵蚀,克服和防止资产阶级自由化的倾向,有积极作用。同时,还有利于克服单纯追求升学率的错误倾向,有利于加强学生的劳动观念,

---

① 列宁. 列宁选集:第4卷[M]. 2版. 北京:人民出版社,1972:363,364.
② 孙喜亭. 新教育方针的确立步履维艰:由"教育为无产阶级政治服务"向"教育为社会主义现代化建设服务"转变的曲折过程[J]. 高等教育研究,2000(1).

第十一章　教育为社会主义现代化建设服务，为人民服务

有利于促进教育制度同劳动制度、干部制度的正确结合。同年，张承先在北京市教育学会第一届年会上，做了《贯彻党的六中全会精神，办好社会主义教育事业》的主题报告，认为这一教育方针是正确的，并且认为这一教育方针与十一届六中全会提出的教育观点是一致的。而实际上，十一届六中全会回避了"教育为无产阶级政治服务"的提法。1979—1980年，"教育为无产阶级政治服务，教育与生产劳动相结合"的教育方针虽在学术界被质疑，但是很快就被教育部认定为是正确的，并提出需要坚持下去。但到了1983年，《邓小平文选（1975—1982）》出版，该书中的《在全国教育工作会议上的讲话》对1978年4月26日《人民日报》刊发的《在全国教育工作会议上的讲话》做了原则性的修改，一是删掉了"教育必须为无产阶级政治服务，必须同生产劳动相结合"的表述；二是把原"讲话"中"更好地为无产阶级政治服务"改为"更好地为社会主义建设服务"；三是将原"讲话"中"这些要求本身就是为无产阶级政治服务"改为"这些要求本身就是无产阶级政治的要求"。这些修改，是对"教育为无产阶级政治服务"口号科学性的否定。1984年，教育部在南京召开了"新时期教育方针表述研讨会"，认为"两个必须"不宜再提了，为中央提供三个表述以供选择，虽然这三个表述没有引起社会的重视，但是其表现出了教育方针应说明教育与整个社会主义现代化建设的关系，教育方针应表明教育所培养人的标准，办教育应遵循的基本原则。1985年，《中共中央关于教育体制改革的决定》指出："教育必须为社会主义建设服务，社会主义建设必须依靠教育。社会主义现代化建设的宏伟任务，要求我们不但必须放手使用和努力提高现有的人才，而且必须极大地提高全党对教育工作的认识，面向现代化、面向世界、面向未来，为九十年代以至下世纪初叶我国经济和社会的发展，大规模地准备新的能够坚持社会主义方向的各级各类合格人才。"这一决定的颁布，是我国新时期教育改革的重要转折点，它标志着教育已经改变了传统的为政治服务的表述方式，开始现实地、科学地转向为社会主义现代化建设服务。

20世纪80年代有关教育方针的拨乱反正和大讨论，为新时期教育方针政策的最终确立奠定了基础。1991年4月，七届全国人大四次会

议通过《中华人民共和国国民经济和社会发展十年规划和第八个五年计划纲要》。该纲要指出:"教育必须为社会主义现代化服务,必须同生产劳动相结合,培养德、智、体全面发展的建设者和接班人。"该纲要是新时期教育方针提出的标志性文件。1992年10月,中共十四大报告指出:"我们必须把教育摆在优先发展的战略地位,努力提高全民族的思想道德和科学文化水平,这是实现我国现代化的根本大计。"1993年2月,中共中央、国务院颁发《中国教育改革和发展纲要》,确定了20世纪末中国的教育方针政策,为《中华人民共和国教育法》的制定提供了全面的政策依据。1995年3月,八届全国人大三次会议通过《中华人民共和国教育法》,规定了我国教育的基本性质、地位、任务和基本教育制度。其中第五条规定:"教育必须为社会主义现代化建设服务,必须与生产劳动相结合,培养德、智、体等方面全面发展的社会主义事业的建设者和接班人。"《教育法》第一次以教育"母法"的形式明确了教育方针,是新时期教育方针确立的标志。《教育法》的颁布,有力地支持了教育优先发展战略,加速了科教兴国战略的实施。1995年5月,中共中央、国务院颁发《关于加速科学技术进步的决定》,第一次提出要"坚定不移地实施科教兴国的战略"。1997年9月,中共十五大报告指出:"要切实把教育摆在优先发展的战略地位。"

自十一届三中全会以来,有关教育方针的大讨论,促进了我国教育思想的大解放,纠正了"教育革命""左"的思潮,实现了"教育为社会主义现代化建设服务"的转变,使教育与经济建设更加贴合起来。

(二)要切实把教育摆在优先发展的战略地位

优先发展教育,把教育放在首位,这是教育发展基本规律的直接反映,是中国特色社会主义教育发展道路的基本经验之一。同时,坚持教育优先发展既是邓小平教育思想的核心思想和精髓,也是改革开放以来我国社会主义现代化建设总体战略中的重要举措。历史经验表明,中国特色社会主义教育发展道路是一条坚持教育优先发展的道路。

第一,教育为经济建设服务。江泽民在中共十五大报告中提出,深化科技和教育体制改革,促进科技、教育同经济的结合。充分发挥市场

第十一章 教育为社会主义现代化建设服务，为人民服务

和社会需求对科技进步的导向和推动作用，支持和鼓励企业从事科研、开发和技术改造，使企业成为科研开发和投入的主体。有条件的科研机构和大专院校要以不同形式进入企业或同企业合作，走产学研结合的道路，解决科技和教育体制上存在的条块分割、力量分散的问题。鼓励创新、竞争和合作。实施保护知识产权制度。人才是科技进步和经济社会发展最重要的资源，要建立一整套有利于人才培养和使用的激励机制。积极引进国外智力。鼓励留学人员回国工作或以适当方式为祖国服务。

第二，教育为精神文明建设服务。中共十五大指出，在全社会形成共同理想和精神支柱，是有中国特色社会主义文化建设的根本。要始终不渝地用邓小平理论教育干部和群众。深入持久地开展以为人民服务为核心、以集体主义为原则的社会主义道德教育，加强民主法制教育和纪律教育，引导人们树立正确的世界观、人生观、价值观。大力弘扬爱国主义、集体主义、社会主义和艰苦创业精神。提倡共产主义思想道德，同时把先进性要求和广泛性要求结合起来，鼓励一切有利于国家统一、民族团结、经济发展、社会进步的思想道德。发扬社会主义的人道主义精神。青少年是祖国的未来、民族的希望，要十分重视青少年思想道德建设。发展教育和科学，是文化建设的基础工程。发展文学艺术、新闻出版、广播影视等事业，是文化建设的重要内容。新闻宣传必须坚持党性原则，坚持实事求是，把握正确的舆论导向。对新闻出版业要加强管理，优化结构，提高质量。深化文化体制改革，落实和完善文化经济政策。坚持为人民服务、为社会主义服务的方向，贯彻"百花齐放、百家争鸣"的方针，弘扬主旋律，提倡多样化，创作出更多思想性和艺术性统一的优秀作品。

营造良好的文化环境，是提高社会文明程度、推进改革开放和社会主义现代化建设的重要条件。要深入持久地开展群众性精神文明创建活动，大力倡导社会公德、职业道德和家庭美德。一手抓繁荣，一手抓管理，促进文化市场健康发展。加强文化基础设施建设。重视科学、历史、文化的遗产和革命文物的保护。积极推进卫生体育事业的改革和发展。提倡健康文明的生活方式，不断提高群众精神文化生活的质量。

我国文化的发展，不能离开人类文明的共同成果。要坚持以我为

主、为我所用的原则,开展多种形式的对外文化交流,博采各国文化之长,向世界展示中国文化建设的成就。坚决抵制各种腐朽思想文化的侵蚀。

中共十六大指出,全面建设小康社会,必须大力发展社会主义文化,建设社会主义精神文明。当今世界,文化与经济和政治相互交融,在综合国力竞争中的地位和作用越来越突出。文化的力量,深深熔铸在民族的生命力、创造力和凝聚力之中。全党要深刻认识文化建设的战略意义,推动社会主义文化的发展繁荣。

第三,教育为人力资源建设服务。培养同现代化要求相适应的数以亿计的高素质劳动者和专门人才,发挥我国巨大人力资源的优势,关系21世纪社会主义事业的全局。要重视知识分子,引领知识经济发展。知识分子是工人阶级的一部分,在社会主义现代化建设中起着重要作用。要认真贯彻党的知识分子政策,充分发挥他们的积极性和创造性。知识分子要加强学习,提高自己,努力成为先进思想的传播者、科学技术的开拓者、"四有"公民的培育者和优秀精神产品的生产者,同广大工人、农民一起,为中华民族的振兴建功立业。江泽民在中共十六大上所做的报告指出:"走新型工业化道路,必须发挥科学技术作为第一生产力的重要作用,注重依靠科技进步和提高劳动者素质,改善经济增长质量和效益。加强基础研究和高技术研究,推进关键技术创新和系统集成,实现技术跨越式发展。鼓励科技创新,在关键领域和若干科技发展前沿掌握核心技术和拥有一批自主知识产权。深化科技和教育体制改革,加强科技教育同经济的结合,完善科技服务体系,加速科技成果向现实生产力转化。推进国家创新体系建设。发挥风险投资的作用,形成促进科技创新和创业的资本运作和人才汇集机制。"

(三)教育为社会主义现代化建设服务的教育政策

1982年,在面临社会主义市场经济的挑战、新的科技革命的挑战、21世纪国际竞争的挑战的大背景下,我国的社会主义理论发生了重大变化,社会主义理论经历了由传统的社会主义理论向建设有中国特色社会主义理论的重大发展。这一新的社会主义理论,对中国社会主义发展

第十一章　教育为社会主义现代化建设服务，为人民服务

阶段、基本特征、主要任务、发展动力、依靠力量、发展战略等都提出了新的符合中国国情和国际发展趋势的科学认识。中共十二大提出：我国还处在社会主义初级阶段，要把马克思主义的普遍真理同我国的具体实际结合起来，走自己的路，建设有中国特色的社会主义。

1999年1月，《国务院批转教育部〈面向21世纪教育振兴行动计划〉的通知》指出，实现社会主义现代化，科技是关键，教育是基础。在即将到来的21世纪，国家的综合国力和国际竞争能力将越来越取决于教育发展、科学技术和知识创新水平。改革开放以来，我国教育改革和发展取得了重要成就，为21世纪教育事业的振兴奠定了坚实基础。但是，我国教育发展水平仍然较低，教育结构和体制、教育观念和方法还不能适应现代化建设的需要。全社会要高度重视教育，要使科教兴国真正成为全民族的广泛共识和实际行动。各级人民政府和各有关部门要切实把教育摆在优先发展的战略地位，充分认识全面振兴教育事业的重要性。

《面向21世纪教育振兴行动计划》，是在贯彻落实《教育法》及《中国教育改革和发展纲要》的基础上提出的跨世纪教育改革和发展的施工蓝图。它的主要目标是：到2000年，全国基本普及九年义务教育，基本扫除青壮年文盲，大力推进素质教育；完善职业教育培训和继续教育制度，城乡新增劳动力和在职人员能够普遍接受各种层次和形式的教育与培训；积极稳步发展高等教育，高等教育入学率达到11%左右；瞄准国家创新体系的目标，培养造就一批高水平的具有创新能力的人才；加强科学研究并使高校高新技术产业为培育经济发展新的增长点作贡献；深化改革，建立起教育新体制的基本框架，主动适应经济社会发展。到2010年，在全面实现"两基"目标的基础上，城市和经济发达地区有步骤地普及高中阶段教育，全国人口受教育年限达到发展中国家先进水平；高等教育规模有较大扩展，入学率接近15%，若干所高校和一批重点学科进入或接近世界一流水平；基本建立起终身学习体系，为国家知识创新体系以及现代化建设提供充足的人才支持和知识贡献。

1999年6月，《中共中央、国务院关于深化教育改革全面推进素质教育的决定》指出，实施素质教育，就是全面贯彻党的教育方针，以提

高国民素质为根本宗旨，以培养学生的创新精神和实践能力为重点，造就"有理想、有道德、有文化、有纪律"的、德智体美等全面发展的社会主义事业建设者和接班人。素质教育成为深化教育改革的核心内容，这一决策性文件的颁布与实施与20世纪80年代末以来有关教育价值取向、教育目的的争论有关。有关教育价值取向的争论缘起于20世纪80年代末世界范围内的教育危机。1987年，在巴西召开了第六届世界比较教育会议，世界性教育危机是本次会议的中心议题。而在中国，随着改革开放的渐次推进和市场经济的日益繁荣，国民生产总值在大幅增长的同时并没有相应增加对教育经费的投入，有学者认为学校领导和教师面临巨大的生存恐慌，学校教育脑体倒挂，知识和知识分子贬值，教师队伍不稳定，与片面追求升学率相辅相成的读书无用论泛滥，学生流失现象不可遏制。这场教育危机的根源在于，由政府主导的教育改革没有充分体现个体与社会对教育的需求，过分看重和追求理想化人格的塑造和理想化社会要求的满足，理想与现实之间的巨大距离使得知识分子在急速发展的经济社会中感到迷茫，急功近利的教育倾向开始显现并愈演愈烈。

二、教育为人民服务、必须全面贯彻党的教育方针

坚持教育的社会主义办学方向，是中国特色社会主义教育的根本遵循。邓小平指出："我们的学校是为社会主义建设培养人才的地方。培养人才有没有质量标准呢？有的。这就是毛泽东同志说的，应该使受教育者在德育、智育、体育几方面都得到发展，成为有社会主义觉悟的有文化的劳动者。"邓小平进一步强调："学校应该永远把坚定正确的政治方向放在第一位。"《中共中央关于教育体制改革的决定》也明确表明："使学校真正成为抵御资本主义和其他腐朽思想的侵蚀，建设社会主义精神文明的坚强阵地。"

进入21世纪，经过全党和全国各族人民的共同努力，中国共产党胜利实现了现代化建设"三步走"战略的第一步、第二步目标，人民生活总体上达到小康水平。这是社会主义制度的伟大胜利，是中华民族发

第十一章　教育为社会主义现代化建设服务，为人民服务

展史上一个新的里程碑。但是我国仍处于并将长期处于社会主义初级阶段，21世纪初达到的小康还是低水平的、不全面的、发展很不平衡的小康，人民日益增长的物质文化需要同落后的社会生产之间的矛盾仍然是当时我国社会的主要矛盾。我国生产力和科技、教育还比较落后，实现工业化和现代化还有很长的路要走。因此，中共十六大提出要大力发展教育和科学事业。教育是发展科学技术和培养人才的基础，在现代化建设中具有先导性、全局性作用，必须摆在优先发展的战略地位。全面贯彻党的教育方针，坚持教育为社会主义现代化建设服务，为人民服务，与生产劳动和社会实践相结合，培养德智体美全面发展的社会主义建设者和接班人。

（一）坚持教育发展中的人民中心地位、办人民满意的教育

在教育实践中，办人民满意的教育涉及三个具体问题：一是城乡教育差距、地区教育资源配置不平衡，教育机会不均等诸问题依然存在，教育均衡发展需要坚持政府主导、社会共同参与教育发展的民主道路；二是政府、学校要建立完善符合法律规定、体现自身特色的学校章程和制度；三是教育应与实践相结合，充分认识到教育为社会主义现代化建设服务和为人民服务是和谐统一的。可以说，办好人民满意的教育，建设人力资源强国，培养德智体美全面发展的建设者和接班人是中国特色社会主义教育发展道路的目标定位。

坚持人民群众主体地位就是要把实现好、保护好、发展好最广大人民群众的根本利益作为党和国家发展教育事业的出发点和落脚点，只有这样才能激发人民群众在发展教育事业中的积极性。人民群众主体地位不仅体现在人民群众的首创精神，更在于人民群众是中国特色社会主义教育事业改革发展成果的享有者。自十一届三中全会以来，在坚持人民群众主体地位的前提下，国家和政府采取了一系列措施，大力开展以保障和改善民生为重点的教育事业建设，多谋民生之利，在很大程度上实现了学有所教，让广大民众享受教育事业改革与发展的胜利成果。坚持人民群众主体地位，必须倾听人民的呼声，尊重人民的意愿，反映人民群众的意见，围绕人民群众最现实、最关心、最直接的利益来落实，对

民生问题的重要内容——教育予以最高关注和落实。

人民满意的教育是以人为本的教育。"中国特色社会主义教育发展道路是育人为本之路,培养什么人、怎样培养人是我国教育事业发展中必须解决好的根本问题。"[①] 坚持以人为本,就要促进人的全面发展。教育是培育人和塑造人的事业,教育的根本任务是培养人。人民满意的教育要求坚持以人为本,体现了教育的本质特征,回答了教育"为谁加快发展"的问题。加快教育发展,归根到底是为了促进人的全面发展。实现人的全面发展,既是马克思主义的基本观点,也是中国共产党人孜孜不倦的奋斗目标[②]。

(二) 教育为人民服务的教育政策

教育部制定的《国家教育事业发展"十一五"规划纲要》对21世纪初我国教育发展与改革的目标及相应的政策措施进行了总体的战略部署。中国开始着手建设高质量教育,着力点在以下几个方面:

1. 积极发展学前教育

为促进中国幼儿教育朝着更加健康、正确的方向前进,2001年7月,教育部颁布了《幼儿园教育指导纲要(试行)》。在国家层面上,规范了幼儿教育的目标、内容、组织实施原则以及教育评价的基本要求。此纲要"与国家1981年颁布的《幼儿园教育纲要(试行草案)》,以及1996年实施的《幼儿园工作规程》相比,从内容、要求、目标以及指导要点方面,突出了幼儿的社会性以及情感,在幼儿园社会领域课程的重要性。纠正了旧《纲要》中存在的目标和内容没有区分的弊端,并为学前教师更全面地开展幼儿园社会课程提供空间"。《幼儿园教育指导纲要(试行)》作为教育部为进一步推进幼儿园实施素质教育而颁布的全国幼教纲领性指导文件,为21世纪的学前教育改革奠定了理论基础,为广大学前教育的理论和实践工作者在21世纪进行学前教育的改革指明了方向。2001年5月,国务院发布《中国儿童发展纲要(2001—2010年)》,按照《中华人民共和国国民经济和社会发展第十个五年计

---

① 袁贵仁. 坚定不移走中国特色社会主义教育发展道路 [J]. 求是,2012 (12).
② 李卫红. 坚持以人为本,加快教育发展 [N]. 中国教育报,2006-01-17.

第十一章　教育为社会主义现代化建设服务，为人民服务

划纲要》的总体要求，根据我国儿童发展的实际情况，以促进儿童发展为主题，以提高儿童身心素质为重点，以培养和造就 21 世纪社会主义现代化建设人才为目标，从儿童与健康、儿童与教育、儿童与法律保护、儿童与环境四个领域，提出了 2001—2010 年的目标和策略措施。2003 年 1 月，国务院发布《关于幼儿教育改革与发展的指导意见》，在全面深入把握我国学前教育事业发展现状与问题的基础上，提出了幼儿教育改革与发展的目标。除此之外，还有《中小学幼儿园安全管理办法》《关于加强农村中小学生幼儿上下学乘车安全工作的通知》《关于加强民办学前教育机构管理工作的通知》《关于做好 2007 年秋冬季中小学幼儿园安全工作的预警通知》，进一步强调学前教育的规范性，要求充分保障幼儿的安全。这一时期的学前教育政策在关注儿童的生存、保护及发展方面，真正体现了把儿童的生命安全放到第一位的原则。

2. 推进义务教育均衡发展

如期实现"两基"的战略目标以后，我国着手推进义务教育均衡发展。第一，2005 年教育部发布《关于进一步推进义务教育均衡发展的若干意见》，将推进义务教育均衡发展摆上重要位置，具体包括：采取积极措施，逐步缩小学校办学条件的差距；统筹教师资源，加强农村学校和城镇薄弱学校师资队伍建设；建立有效机制，努力提高每一所学校的教育教学质量；落实各项政策，切实保障弱势群体学生接受义务教育；建立完善义务教育均衡发展的监测评估体系，切实推进义务教育均衡发展。第二，2006 年修订的《中华人民共和国义务教育法》（以下简称《义务教育法》），第一次以国家法律的形式提出"义务教育均衡发展"的思想，确立了一系列事关新世纪义务教育发展方向与理念的重大法律原则和制度规范。新的《义务教育法》相对于原法 18 条的篇幅，包含的内容更为丰富、完善，全面规范了义务教育领域各方面的问题，其重大突破在于特别关注义务教育的公平与均衡发展，将义务教育的均衡发展纳入了法制轨道。新的《义务教育法》中的政策措施具有很强的操作性，为我国义务教育均衡发展带来了全新的发展模式，是推进义务教育均衡发展进程中具有里程碑意义的一件大事。第三，出台一系列弱

势补偿政策，保障社会弱势群体的受教育权。教育中的弱势群体通常是指由于一些身体上的障碍或者因为缺乏经济、社会和文化资本而不能平等享有受教育机会或优质教育资源的群体。具体到学校教育领域，主要包括家庭经济困难学生、残疾儿童、女童、进城农民工子女、偏僻地区儿童等。针对各类弱势群体的不同情况，我国出台了大量的政策以保障社会弱势群体的受教育权，如针对国家贫困地区采取的特殊扶持政策、针对义务教育阶段家庭经济困难学生的"两免一补"政策和国家助学金政策、针对进城务工子女的"两为主"政策。

3. 实施基础教育新课程改革

为了迎接 21 世纪信息化社会、知识经济时代的挑战，贯彻《中共中央、国务院关于深化教育改革全面推进素质教育的决定》（1999 年）和《国务院关于基础教育改革与发展的决定》（2001 年）的精神，中国新一轮基础教育课程改革正式启动。这场面向 21 世纪的基础教育课程改革是新中国成立以来的第八次课程改革。2001 年 6 月，教育部正式印发了《基础教育课程改革纲要（试行）》，主要涉及课程改革目标、课程结构、课程标准、课程内容、教学过程、课程评价、教材开发与管理、课程管理、教师的培养和培训、课程改革的组织与实施等方面，旨在促进每个学生全面而有个性地发展。

这场面向 21 世纪的基础教育课程改革是一次具有决定意义的变革，国家希望通过概念重建和范式转型，实现课程与教学体系的彻底变革。"经过十余年的改革，基础教育新课程的理念逐渐深入人心，各地教育行政部门努力探索制度创新，引导学校和广大教育工作者在实施新课程过程中集思广益，坚持边实验、边总结、边完善，改革取得了显著成绩，学校教育教学发生了深刻变化：教师教学方式不断改进，学生学习的主动性不断增强，注重学生全面考核和经常性考核的考试评价制度正在形成，学生的学习兴趣、探究意识、创新精神和实践能力得到明显加强。"

4. 义务教育全面免费

2005 年 3 月，温家宝总理在全国人大会议上郑重宣布"从今年起，免除国家扶贫开发工作重点县农村义务教育阶段贫困家庭学生的书本

第十一章　教育为社会主义现代化建设服务，为人民服务

费、杂费，并补助寄宿学生生活费；到 2007 年在全国农村普遍实行这一政策，使贫困家庭的孩子都能上学读书，完成义务教育"。这是我国政府第一次在政府工作报告中明确表示对农村义务教育实行免费，也是中国义务教育发展史上一件具有里程碑意义的大事。经过 2005—2008 年三年的论证，2008 年 8 月，国务院发布《关于做好免除城市义务教育阶段学生学杂费工作的通知》："从 2008 年秋季学期开始，全部免除城市义务教育阶段公办学校学生学杂费。在接受政府委托、承担义务教育任务的民办学校就读的学生，按照当地公办学校免除学杂费标准，享受补助。"这意味着中国将全面免除城乡义务教育阶段学杂费，被认为是中国政府推动义务教育均衡发展、促进教育公平、消除失学儿童现象的又一重大举措。"人人都有书读"在全国城乡范围内将得到最广泛的实现，"失学儿童"在中国有望成为历史名词。

5. 高等教育内涵发展，协同创新

世纪之交，中国高等教育的发展和改革取得了突出成就。2005 年，全国普通高校招生 504 万人，是 1998 年的 4.7 倍，毛入学率为 21%，高等学校在学人数达 2 300 万，规模居世界第一。中国高等教育已步入大众化阶段，为现代化建设培养了大批高素质人才，为国家经济社会发展做出了重要贡献。但也要清醒地认识到，中国高等教育还面临许多矛盾和问题，特别是高等教育质量还不能完全适应经济社会发展的需要，高校教育观念、人才培养方式、教学内容和方法需要进一步转变，高校教师队伍水平亟待提高，高等教育投入增长跟不上规模发展，部分高校办学条件不足，高校毕业生就业面临较大压力。2006 年 5 月，温家宝总理主持召开国务院第一百三十五次常务会议时强调，切实把高等教育发展的重点放在高质量上。同时会议强调，根据当前高校的实际情况，有必要适当控制招生增长幅度，相对稳定招生规模，这样做有利于集中必要的财力，改善办学条件，优化育人环境；有利于集中精力，加快学科专业结构调整，深化人才培养方式改革；有利于逐步解决当前高校存在的矛盾和问题，特别是缓解高校毕业生就业的压力，从而实现高等教育的可持续发展。高校招生规模的确定，要从实际出发，因地制宜，区别对待，不搞"一刀切"。在稳定高校招生规模的同时，要加强对应届

高中毕业生的毕业教育和就业前的职业技能培训；大力发展中等职业教育、各种形式的成人和继续教育，为国民提供多样化的接受高等教育机会；要严格规范高校办学行为，坚决制止"乱收费"，办学条件达不到国家规定要求的要限期整改。以上为我国高等教育新时期的发展提供了重要的指导方针，标志着我国高等教育发展从以外延增长为主向以内涵发展为主的模式转变，也标志着中国高等教育完成了补偿性增长的阶段而跨入了适应性发展的新阶段。为了进一步提升高等学校创新能力，2011年4月，胡锦涛在清华大学百年校庆上发表重要讲话，提出以人才、学科、科研三位一体创新能力为核心任务，通过构建面向科学前沿、文化传承创新、行业产业以及区域发展重大需求的4类协同创新模式，深化高校体制机制改革，转变高校创新方式。2013年4月，全国4大类共计14个高端研究领域首批入选"2011计划"名单，成为高等教育一流学科建设的首批重点建设项目。

6. 加快发展职业教育

针对新时期职业教育发展不平衡、投入不足、办学条件比较差，办学机制以及人才培养的规模、结构、质量还不能适应经济社会发展等相关问题，2005年10月，《国务院关于大力发展职业教育的决定》印发，明确了今后一个时期职业教育改革与发展的指导思想、目标任务和政策措施，助力发展中国特色的职业教育。2005年11月，第六次全国职业教育工作会议对实施《国务院关于大力发展职业教育的决定》进行了动员和部署，是我国经济社会发展和职业教育发展进入新阶段召开的一次重要会议。这次会议的主要任务就是"统一思想，明确任务，狠抓落实，推动中国特色职业教育的发展"。温家宝指出，当前和今后一个时期，中国职业教育的重点是对城乡需要就业人员进行职业技能培训，对在岗人员进行技术培训，培养高技能人才。使无业者有业，使有业者乐业。要着力抓好四个方面的工作：一是合理调整教育结构，重点加强职业教育。教育结构调整总的方向是，普及和巩固义务教育，大力发展职业教育，提高高等教育质量。无论是中等教育还是高等教育，都要扩大职业教育的规模。二是推进体制机制创新，形成多元化办学格局。积极办好公办职业院校，大力发展民办职业教育，充分发挥企业、行业和社

第十一章 教育为社会主义现代化建设服务，为人民服务

会力量举办职业教育的积极性。三是以就业为导向，提高职业院校办学水平和质量。深化教学改革，注重学以致用，搞好以敬业和诚信为重点的职业道德教育，突出学生的动手能力和职业技能训练。职业教育要面向企业，培养企业需要的人才。四是重视发展面向农村的职业教育，提高广大农民的职业技能和转移就业能力。

7. 实行免费师范生政策

2007年5月，《教育部直属师范大学师范生免费教育实施办法（试行）》发布实施，确定从2007年秋季入学的新生起，在北京师范大学、华东师范大学、东北师范大学、华中师范大学、陕西师范大学和西南大学六所教育部直属师范大学实行师范生免费教育。这是中央为促进教育发展与教育公平采取的一项重大政策措施。

政策正式出台后，六大师范院校分别出台了相关措施，制定了相关培养目标和培养办法，还对人才的最终培养目标进行了限定，如北京师范大学的培养目标为"基础教育高级专门人才"，而对于一般师范生是培养"专门人才"，华东师范大学的培养目标是培养和造就"优秀教师和教育家"。这一新举措使我国的师范教育出现了历史性转折，结束了自1997年以来我国大学招生并轨后师范生收费教育的历史，恢复了新中国成立后一度实施过的师范生补助教育的政策。这一应时之举，不仅体现了国家对师范教育的高度重视，更是一项意义深远的制度安排。通过试点，积累经验，建立制度，为培养造就大批优秀中小学教师和教育家奠定基础，对从根本上提高学校的教育教学质量无疑具有积极意义。

8. 扩大教育对外开放

随着改革开放及加入世界贸易组织，我国的教育国际交流与合作取得了一定的成绩，同时也面临着一系列新的课题、新的挑战。进入21世纪以来，2003年，国务院批准设立了"国家优秀自费留学生奖学金"项目，奖励优秀的自费出国留学人员。项目实施以来，共有2 200多名优秀自费留学人员获奖，在获奖者中涌现出一批具有较高学术水平和发展潜力的优秀人才，在国内外均取得了良好的社会反响。2005年，在"扩大规模、提高层次、保证重点、增强效益"的工作思路基础上，教育部提出"选拔一流的人员，派到（国外）一流的学科专业，师从一流

的导师"的原则，加大重点选派符合国家发展战略需求的高层次人才的力度。2007年，经国务院批准，设立"国家建设高水平大学公派研究生项目"。出国留学工作实现蓬勃发展，留学规模逐步扩大。尤其是2006—2010年，年度出国留学人数翻一番，回国人数大幅增长，在外留学人员数量突破120万。2001年开始，来华留学生规模进一步扩大，结构进一步优化。为适应新形势下来华留学教育事业的发展，使来华留学工作有法可依、有章可循，教育部实施了一系列法律法规和相关措施，不断优化来华留学环境：2000年，颁布《高等学校接受外国留学生管理规定》；2003年，建立来华留学生医疗保险制度和全国高等学校来华留学生教育管理干部培训制度；2004年，建设来华留学生信息管理平台；2007年，实施外国留学生新生学籍和外国留学生学历证书电子注册制度；2008年，会同财政部第二次大幅上调中国政府奖学金生活费标准；2009年，设立来华留学优秀自费生奖学金，资助因金融危机影响而处于困境的自费来华留学生，获得了社会各界的广泛关注和高度认可。

除来华留学外，中外合作办学也不断发展。2003年至今，为适应中国加入世界贸易组织的新形势，促进中外合作办学健康发展，国务院于2003年3月公布《中外合作办学条例》，进一步明确中外合作办学属于公益性事业，是中国教育事业的组成部分。国家对中外合作办学实行"扩大开放、规范办学、依法管理、促进发展"的方针，鼓励引进优质教育资源开展中外合作办学。教育部于2004年6月发布《中外合作办学条例实施办法》，并对此前批准的中外合作办学机构和项目进行复核，陆续补发了办学许可证或项目批准书。针对中外合作办学出现的新情况、新问题，近年来，教育部还发布了一系列规范性文件，重申中外合作办学引进优质教育资源和坚持公益性原则的政策导向，严把审批关，强调规范办学、依法管理。

9. 实行"以县为主"管理体制

世纪之交，"三农"问题突出，农村义务教育发展遇到了前所未有的困难和挑战。面对新的形势，以实施素质教育为目标，优化资源配置，"以乡为主"的基础教育管理体制亟须调整。2001年6月，国务院

第十一章　教育为社会主义现代化建设服务，为人民服务

专门召开基础教育工作会议，颁布《国务院关于基础教育改革与发展的决定》，明确了 21 世纪基础教育发展的目标，提出农村义务教育持续健康发展是治本之策。该决定规定，农村义务教育实行"在国务院领导下，由地方政府负责、分级管理、以县为主的体制"。"以县为主"的基础教育管理体制改革，将教育投入主要由农民负担转到由政府负担上来，其核心问题是教育投入机制的转变，要求县政府通过调整本级财政支出结构，增加教育经费预算，将上级转移支付的资金做出科学、合理的安排。各地在落实"以县为主"的基础教育管理体制过程中，逐步实行了以县为主，县级教育行政部门、乡（镇）中心校（总校）和学校三级管理的体制，这一体制为农村基础教育特别是农村义务教育的快速发展提供了有力保障。

2004 年，国务院发布《2003—2007 年教育振兴行动计划》。该文件再一次强调实施"以县为主"基础教育管理体制改革的必要性和重要性，表明了推行"以县为主"基础教育管理体制改革的信心和决心。2006 年，《义务教育法》做了相应修改，此次修改主要强调教育投入要由中央、省、地（市）、县四级政府共同承担责任。我国广大农村地区按照基础教育地方负责、分级管理的原则，已基本上确立了县、乡、村三级办学，县乡两级管理、以县为主的体制，我国城市基础教育行政管理体制正在扭转长期以来市管教育的局面，正在形成市、区两级管理的基本格局。国家对义务教育投入的不断加大，义务教育经费保障体制的建立和"以县为主，财政分级分担"机制的逐步形成，为新时期基础教育的健康发展奠定了坚实的基础。

10. 农村义务教育经费保障新机制

"以县为主"的新体制使原来多渠道筹措农村义务教育经费的投入体制被打破，政府开始承担更多的投入责任，投入行为开始向制度化和规范化的方向发展。但是，看似合理的"以县为主"的农村义务教育经费投入体制，在现实运作中却存在着诸多问题。2005 年 12 月，国务院发出了《关于深化农村义务教育经费保障机制改革的通知》，明确指出："我国农村义务教育经费保障机制方面，仍然存在各级政府投入责任不明确、经费供需矛盾比较突出、教育资源配置不尽合理、农民教育负担

较重等突出问题，在一定程度上影响了'普九'成果的巩固，不利于农村义务教育事业健康发展，必须深化改革。特别是在建设社会主义新农村的新形势下，深化农村义务教育经费保障机制改革，从理顺机制入手解决制约农村义务教育发展的经费投入等问题，具有重大的现实意义和深远的历史意义。"2006年修订的《义务教育法》规定了义务教育实行"经费省级统筹，管理以县为主"的义务教育财政制度。这种制度设计改变了以前管理权和经费投入主体合一的体制。这种新体制的优点在于：县级基层政府直接面对公共服务群体，可以更直接地了解当地义务教育的现实需要；经费的省级统筹使农村义务教育有了财政投入上的保障。为了保障农村义务教育经费按时足额到位，国家还规范了中央的专项转移支付制度。

第十二章 培养德智体美全面发展的社会主义建设者和接班人

中国特色社会主义教育要为人民服务，为改革开放和社会主义现代化建设服务，首先要明确教育要培养什么样的人。毛泽东提出要培养德智体全面发展的人，邓小平提出要培养有理想、有道德、有文化、有纪律的全面发展的社会主义新人。

培养德智体美全面发展的社会主义建设者和接班人。1978年4月，邓小平在全国教育工作会议上指出：培养人才的质量标准就是使教育者在德育、智育、体育几方面都得到发展，成为有社会主义觉悟的有文化的劳动者。必须培养具有高度科学文化水平的劳动者，必须造就宏大的又红又专的工人阶级知识分子队伍。大力在青少年中提倡勤奋学习、遵守纪律、热爱劳动、助人为乐、艰苦奋斗、英勇对敌的革命风尚，把青少年培养成为忠于社会主义祖国、忠于无产阶级革命事业、忠于马克思列宁主义毛泽东思想的优秀人才。1991年7月，江泽民在《当代中国共产党人的庄严使命》的讲话中指出：坚持马克思列宁主义、毛泽东思想的指导地位，是我们立党立国的根本，也是社会主义文化建设的根本，决定着我国文化事业的性质和方向。只有这样，我们的文化建设才能沿着正确的道路健康发展，抵制和消除一切落后的腐朽的思想文化影响，不断创造出先进的健康的社会主义崭新文化，培养出适应社会主义现代化建设需要的有理想、有道德、有文化、有纪律的新人。1995年5月，江泽民在全国科学技术大会上进一步强调：我们必须全面贯彻党的教育方针，坚持教育为社会主义现代化建设服务、为人民服务，坚持教育与社会实践相结合，以提高国民素质为根本宗旨，以培养学生的创新精神和实践能力为重点，努力造就有理想、有道德、有文化、有纪律的，德育、智育、体育、美育等全面发展的社会主义事业建设者和接班人。2010年7月，胡锦涛在全国教育工作会议上指出："坚持以人为本，在教育工作中的最集中体现就是育人为本、德育为先。"

培养德智体美全面发展的社会主义建设者和接班人。一是要进行爱国主义教育。1994年中共中央印发《爱国主义教育实施纲要》，明确指

第十二章　培养德智体美全面发展的社会主义建设者和接班人

出,爱国主义历来是动员和鼓舞中国人民团结奋斗的一面旗帜,是推动我国社会历史前进的巨大力量,是全国各族人民共同的精神支柱。爱国主义教育是提高全民族整体素质和加强社会主义精神文明建设的基础性工程,是引导人们树立正确理想、信念、人生观、价值观的共同基础,是全社会一项十分重要的工作。该文件发布了详细的实施纲要,提出了爱国主义教育的基本原则和教育的主要内容:号召社会各界对青少年进行爱国主义教育,搞好爱国主义教育基地建设;营造爱国主义教育的社会氛围;提倡必要礼仪,增强爱国意识;大力宣传爱国先进典型;加强对爱国主义教育的领导。二是要全面推进素质教育。认真贯彻党的教育方针,重视受教育者素质的提高,培养德智体美全面发展的社会主义事业的建设者和接班人。努力提高科技水平,普及科技知识,引导人们树立科学精神,掌握科学方法,鼓励创造发明。消除愚昧,反对封建迷信活动。积极发展哲学社会科学,这对于坚持马克思主义在我国意识形态领域的指导地位,对于探索有中国特色社会主义的发展规律,增强我们认识世界、改造世界的能力,有着重要意义。坚持为人民服务、为社会主义服务的方向,贯彻"百花齐放、百家争鸣"的方针,弘扬主旋律,提倡多样化,创作出更多思想性和艺术性相统一的优秀作品。坚持教育创新,深化教育改革,优化教育结构,合理配置教育资源,提高教育质量和管理水平,全面推进素质教育,造就数以亿计的高素质劳动者、数以千万计的专门人才和一大批拔尖创新人才。因此,"以人为本、全面实施素质教育、培养创新人才"解决了怎样培养人的问题。以人为本就是强调全心全意为人民服务,促进人的全面发展,把培养人作为教育的根本目的,"把教育与人的幸福联系起来,与人的自由联系起来,与人的尊严联系起来,与人的终极价值联系起来"[①]。2010年7月,胡锦涛在全国教育工作会议上指出:"坚持以人为本,在教育工作中的最集中体现就是育人为本,德育为先。"在此基础上,我国为了推进素质教育,从教育体系和要素的各个维度进行综合改革:加强教师队伍建设,提高教师的师德和业务水平;继续普及九年义务教育;加强职业教育和培训,发展继续教育,构建终身教育体系;加大对教育的投入和对农村教

---

① 康宁,杨东平,周大平. 教育理念的反思与建设[J]. 教育研究,2003(6).

育的支持，鼓励社会力量办学；完善国家资助贫困学生的政策和制度；制定科学和技术长远发展规划；加强科学基础设施建设；普及科学知识，弘扬科学精神；坚持社会科学和自然科学并重，充分发挥哲学社会科学在经济和社会发展中的重要作用；在全社会形成崇尚科学、鼓励创新、反对迷信和伪科学的良好氛围。

新中国成立以来，特别是改革开放以来，在党的领导下，通过积极探索和艰苦奋斗，我国教育事业取得了举世瞩目的成就：逐步确立与健全了中国特色社会主义教育制度；探索出日益完备的国民教育体系；实现了各级各类教育的跨越式发展；日渐关注教育公平，推进教育均衡发展；质量提升日益成为发展的核心内涵；教育国际化水平日益提升；教育发展的保障体系不断完善，教育与社会发展之间开始实现良性互动。具体而言，教育投入大幅增长，办学条件显著改善，教育改革逐步深化，办学水平不断提高。进入21世纪以来，城乡免费义务教育全面实现，职业教育快速发展，高等教育进入大众化阶段，农村教育得到加强，教育公平迈出重大步伐。教育的发展极大地提高了全民族素质，推进了科技创新、文化繁荣，为经济发展、社会进步和民生改善做出了不可替代的重大贡献。

附录四　中共十二大到中共十七大时期全国代表大会报告有关教育内容的节选及其他重要政策文献

● **沿着有中国特色的社会主义道路前进——在中国共产党第十三次全国代表大会上的报告（一九八七年十月）**

要根据十二届六中全会关于精神文明建设的决议，按照"有理想、有道德、有文化、有纪律"的要求，提高整个民族的思想道德素质和科学文化素质。……要努力形成有利于现代化建设和改革开放的理论指导、舆论力量、价值观念、文化条件和社会环境，克服小生产的狭隘眼界和保守习气，抵制封建主义和资本主义的腐朽思想，振奋起全国各族人民献身于现代化事业的巨大热情和创造精神。

……

城镇和绝大部分农村普及初中教育，大城市基本普及高中和相当于高中的职业技术教育。

● **加快改革开放和现代化建设步伐，夺取有中国特色社会主义事业的更大胜利——在中国共产党第十四次全国代表大会上的报告（一九九二年十月）**

党还强调在整个社会主义现代化建设进程中都要进行反对资产阶级自由化的教育和斗争。

……

同这条路线相适应，我们党还形成了包括经济、政治、科技、教育、文化、军事、外交等各方面的一整套方针政策。这条路线和这些方针政策也都要在实践中继续丰富、完善和发展。

……

精神文明建设必须紧紧围绕经济建设这个中心，为经济建设和改革开放提供强大的精神动力和智力支持。

● **高举邓小平理论伟大旗帜，把建设有中国特色社会主义事业全面推向二十一世纪——在中国共产党第十五次全国代表大会上的报**

教育理论与政策

告(一九九七年九月)

精神文明建设迈出新的步伐。科技、教育、文化、卫生、体育和计划生育等各项社会事业取得可喜成绩。宣传舆论工作和思想道德建设进一步加强。

············

社会主义初级阶段,……是由文盲半文盲人口占很大比重、科技教育文化落后,逐步转变为科技教育文化比较发达的历史阶段;……

● **全面建设小康社会,开创中国特色社会主义事业新局面——在中国共产党第十六次全国代表大会上的报告(二〇〇二年十一月)**

走新型工业化道路,必须发挥科学技术作为第一生产力的重要作用,注重依靠科技进步和提高劳动者素质,改善经济增长质量和效益。加强基础研究和高技术研究,推进关键技术创新和系统集成,实现技术跨越式发展。鼓励科技创新,在关键领域和若干科技发展前沿掌握核心技术和拥有一批自主知识产权。深化科技和教育体制改革,加强科技教育同经济的结合,完善科技服务体系,加速科技成果向现实生产力转化。推进国家创新体系建设。发挥风险投资的作用,形成促进科技创新和创业的资本运作和人才汇集机制。

············

全面建设小康社会,必须大力发展社会主义文化,建设社会主义精神文明。当今世界,文化与经济和政治相互交融,在综合国力竞争中的地位和作用越来越突出。文化的力量,深深熔铸在民族的生命力、创造力和凝聚力之中。全党同志要深刻认识文化建设的战略意义,推动社会主义文化的发展繁荣。

············

大力发展教育和科学事业。教育是发展科学技术和培养人才的基础,在现代化建设中具有先导性全局性作用,必须摆在优先发展的战略地位。全面贯彻党的教育方针,坚持教育为社会主义现代化建设服务,为人民服务,与生产劳动和社会实践相结合,培养德智体美全面发展的社会主义建设者和接班人。坚持教育创新,深化教育改革,优化教育结构,合理配置教育资源,提高教育质量和管理水平,全面推进素质教

附录四　中共十二大到中共十七大时期全国代表大会报告有关教育内容的节选及其他重要政策文献

育,造就数以亿计的高素质劳动者、数以千万计的专门人才和一大批拔尖创新人才。加强教师队伍建设,提高教师的师德和业务水平。继续普及九年义务教育。加强职业教育和培训,发展继续教育,构建终身教育体系。加大对教育的投入和对农村教育的支持,鼓励社会力量办学。完善国家资助贫困学生的政策和制度。制定科学和技术长远发展规划。加强科学基础设施建设。普及科学知识,弘扬科学精神。坚持社会科学和自然科学并重,充分发挥哲学社会科学在经济和社会发展中的重要作用。在全社会形成崇尚科学、鼓励创新、反对迷信和伪科学的良好氛围。

- **高举中国特色社会主义伟大旗帜,为夺取全面建设小康社会新胜利而奋斗——在中国共产党第十七次全国代表大会上的报告(二〇〇七年十月)**

高举中国特色社会主义伟大旗帜,以邓小平理论和"三个代表"重要思想为指导,深入贯彻落实科学发展观,继续解放思想,坚持改革开放,推动科学发展,促进社会和谐,为夺取全面建设小康社会新胜利而奋斗。

…………

社会建设全面展开。各级各类教育迅速发展,农村免费义务教育全面实现。就业规模日益扩大。

…………

更好实施科教兴国战略、人才强国战略、可持续发展战略,……为发展中国特色社会主义打下坚实基础。

…………

加快建设国家创新体系,支持基础研究、前沿技术研究、社会公益性技术研究。

…………

加强和改进思想政治工作,注重人文关怀和心理疏导,用正确方式处理人际关系。动员社会各方面共同做好青少年思想道德教育工作,为青少年健康成长创造良好社会环境。

…………

优先发展教育，建设人力资源强国。教育是民族振兴的基石，教育公平是社会公平的重要基础。要全面贯彻党的教育方针，坚持育人为本、德育为先，实施素质教育，提高教育现代化水平，培养德智体美全面发展的社会主义建设者和接班人，办好人民满意的教育。优化教育结构，促进义务教育均衡发展，加快普及高中阶段教育，大力发展职业教育，提高高等教育质量。重视学前教育，关心特殊教育。更新教育观念，深化教学内容方式、考试招生制度、质量评价制度等改革，减轻中小学生课业负担，提高学生综合素质。坚持教育公益性质，加大财政对教育投入，规范教育收费，扶持贫困地区、民族地区教育，健全学生资助制度，保障经济困难家庭、进城务工人员子女平等接受义务教育。加强教师队伍建设，重点提高农村教师素质。鼓励和规范社会力量兴办教育。发展远程教育和继续教育，建设全民学习、终身学习的学习型社会。

…………

健全面向全体劳动者的职业教育培训制度，加强农村富余劳动力转移就业培训。

…………

加强党员、干部理想信念教育和思想道德建设，使广大党员、干部成为实践社会主义核心价值体系的模范，做共产主义远大理想和中国特色社会主义共同理想的坚定信仰者、科学发展观的忠实执行者、社会主义荣辱观的自觉实践者、社会和谐的积极促进者。

● 中共中央关于教育体制改革的决定（一九八五年五月）

● 中共中央关于进一步加强青少年教育预防青少年违法犯罪的通知（一九八五年十月）

● 全国人民代表大会常务委员会关于加强法制教育维护安定团结的决定（一九八七年一月）

● 中共中央关于改进和加强高等学校思想政治工作的决定（一九八七年五月）

● 中共中央关于改革和加强中小学德育工作的通知（一九八八年十二月）

- 中共中央关于进一步加强和改进知识分子工作的通知（一九九〇年八月）
- 国务院关于大力发展职业技术教育的决定（一九九一年十月）
- 中国教育改革和发展纲要（一九九三年二月）
- 中共中央关于印发《爱国主义教育实施纲要》的通知（一九九四年八月）
- 国务院批转教育部《面向21世纪教育振兴行动计划》的通知（一九九九年一月）
- 中共中央、国务院关于深化教育改革全面推进素质教育的决定（一九九九年六月）
- 国务院关于基础教育改革与发展的决定（二〇〇一年五月）
- 国务院关于深化改革加快发展民族教育的决定（二〇〇二年七月）
- 国务院关于大力推进职业教育改革与发展的决定（二〇〇二年八月）
- 国务院关于进一步加强农村教育工作的决定（二〇〇三年九月）
- 中共中央、国务院关于进一步加强人才工作的决定（二〇〇三年十二月）
- 中共中央、国务院关于进一步加强和改进未成年人思想道德建设的若干意见（二〇〇四年二月）
- 国务院批转教育部2003—2007年教育振兴行动计划的通知（二〇〇四年三月）
- 中共中央、国务院《关于进一步加强和改进大学生思想政治教育的意见》（二〇〇四年十月）
- 国务院关于大力发展职业教育的决定（二〇〇五年十月）
- 国务院关于深化农村义务教育经费保障机制改革的通知（二〇〇五年十二月）
- 国务院批转教育部国家教育事业发展"十一五"规划纲要的通知（二〇〇七年五月）
- 国务院关于做好免除城市义务教育阶段学生学杂费工作的通知（二〇〇八年八月）
- 国家中长期教育改革和发展规划纲要（2010—2020年）（二〇一

○年七月）
- 国务院关于当前发展学前教育的若干意见（二〇一〇年十一月）
- 国务院关于进一步加大财政教育投入的意见（二〇一一年六月）
- 国务院关于深入推进义务教育均衡发展的意见（二〇一二年九月）

第五部分　中国特色社会主义新时代

第十三章 新时代中国特色社会主义教育理论

中共十八大以来，以习近平同志为核心的党中央高度重视教育事业在坚持和发展中国特色社会主义战略全局中的地位和作用，把教育的地位和作用提高到前所未有的高度。全面加强党对教育工作的领导，创新和发展了马克思主义教育理论，提出了一系列新理念新思想新观点，系统回答了教育工作的方向性、根本性、全局性、战略性问题，形成了习近平总书记关于教育的重要论述，为做好新时代教育工作提供了根本遵循和行动指南。习近平总书记关于教育的重要论述，是习近平新时代中国特色社会主义思想的重要组成部分，是中国特色社会主义教育理论发展的最新成果，形成了科学系统的新时代中国特色社会主义教育理论体系，开辟了马克思主义教育理论和实践发展的新境界。

一、教育是国之大计、党之大计

在全国教育大会上，习近平总书记从党和国家事业发展的全局出发，提出"教育是国之大计、党之大计"，这是新时代党和国家关于教育地位和作用的新论断。这一重要论断突出强调了教育对于国家富强、民族振兴、社会进步、人民幸福的重要性，充分肯定了教育所具有的基础性、先导性、全局性地位和作用，把我们党关于教育地位与作用的认识提高到一个新的历史高度。

（一）中国特色社会主义进入新时代

习近平总书记在中共十九大报告中指出，"经过长期努力，中国特色社会主义进入了新时代，这是我国发展新的历史方位"[①]。中国特色社会主义进入新时代，是以习近平同志为核心的党中央对我国经济社会各领域发展进入新阶段做出的重要审视，是对我国所处历史方位做出的

[①] 习近平. 决胜全面建成小康社会 夺取新时代中国特色社会主义伟大胜利：在中国共产党第十九次全国代表大会上的报告［J］. 求是，2017（21）.

第十三章　新时代中国特色社会主义教育理论

重大政治判断,对党和国家发展的各项事业产生了深刻影响,在国家、民族发展史,甚至世界、人类发展史上都具有重要且深远的意义。

中国特色社会主义进入新时代这一重大政治判断并非空穴来风,在中共十九大报告中,习近平总书记从五个维度揭示了中国特色社会主义新时代的科学内涵,从历史与现实相延续、目标与途径相结合、国内与国际相联系的高度全面描绘了新时代中国的美好前景,为夺取新时代中国特色社会主义新胜利明确了努力方向。理解"新时代"是理解中共十八大以来我国各项重大改革发展举措的一把钥匙。所谓新时代,是指目前中国社会发展历经站起来、富起来,进入"强起来"的新阶段,其背后蕴含着深刻的纵向历史逻辑与横向现实考量,二者相互交织,激荡出中国社会百年发展、沧桑巨变的国家发展史和民族复兴史①。

自 1921 年成立起,中国共产党便带领中国人民走上谋求民族独立、人民解放和国家富强之路,领导全国各族人民完成和推进了新民主主义革命、社会主义革命、改革开放三件大事,中国共产党领导中国人民从胜利走向新的胜利,从成功走向更大成功。新民主主义革命时期,党团结带领人民找到了一条农村包围城市、武装夺取政权的正确革命道路,进行了二十八年浴血奋战,1949 年 10 月 1 日中华人民共和国成立,中国实现了从几千年封建专制向人民民主的伟大飞跃。而后,随着综合国力不断提升,中国在国际社会的地位也在不断提高,1971 年我国在联合国的合法席位被恢复以后,中国从国际事务的旁观者转为参与者,实现了当时国际层面上的"站起来"。

中共十一届三中全会以来,以邓小平同志为主要代表的中国共产党人,团结带领全党全国各族人民,深刻总结我国社会主义建设的经验教训,借鉴世界社会主义历史经验,创立了邓小平理论,做出把党和国家工作中心转移到经济建设上来、实行改革开放的历史性决策,成功开创了中国特色社会主义②,自此,中国社会走上"富起来"的道路。改革开放 40 年后的 2017 年,我国国内生产总值由 3 679 亿元增长到 82.7 万

---

① 杨守明,杨鸿柳.论习近平新时代观的内涵、依据和价值[J].中国特色社会主义研究,2018(6).

② 习近平.在庆祝改革开放 40 周年大会上的讲话[M].北京:人民出版社,2018:5-6.

亿元,年均实际增长 9.5%,远高于同期世界经济 2.9% 左右的年均增速;我国国内生产总值占世界生产总值的比重由改革开放之初的 1.8% 上升到 15.2%,多年来对世界经济增长贡献率超过 30%,成为世界第二大经济体,同时更广泛地参与到国际秩序与全球治理的建设中,在历史与现实的维度都标志着中国已经富起来了。

而今"强起来"的新时代,是承前启后、继往开来的时代,是坚持中国道路的历史性成就,也是中国特色社会主义崭新的时代起点。2012 年以来,中国和平复兴的步伐明显加快,筹建亚投行、提出"一带一路"倡议、推动构建人类命运共同体、在后疫情时代发起了新中国成立以来规模最大的全球人道主义行动,向世界展现出中国作为最大的发展中国家恢宏的世界胸怀与坚定的大国担当①。中共十八大提出"两个一百年"奋斗目标,中国共产党团结带领全国各族人民努力奋斗、攻坚克难,统筹推进"五位一体"总体布局,协调推进"四个全面"战略布局,各项事业取得重大发展。习近平总书记在中共十九大报告中指出:"从现在到二〇二〇年,是全面建成小康社会决胜期。……从十九大到二十大,是'两个一百年'奋斗目标的历史交汇期。……从全面建成小康社会到基本实现现代化,再到全面建成社会主义现代化强国,是新时代中国特色社会主义发展的战略安排。"② 2014 年,习近平总书记在同北京师范大学师生代表座谈时强调,"'两个一百年'奋斗目标的实现、中华民族伟大复兴中国梦的实现,归根到底靠人才、靠教育"③,教育为党和国家事业发展提供智力支持与人才支撑,教育现代化是中国特色社会主义现代化的关键环节与重要组成部分。面对我国社会主要矛盾的变化与我国进入社会主义新时代的全新历史方位,教育必须承担起新的时代使命,必须全面服务于"两个一百年"奋斗目标,服务于中华民族的伟大复兴,培养担当民族复兴大任的时代新人。

---

① 恢宏的世界胸怀,坚定的大国担当:习近平主席出席联合国成立 75 周年系列高级别会议并发表重要讲话向世界发出中国声音提出中国方案阐明中国立场[EB/OL].(2020 - 10 - 03)[2023 - 11 - 30]. http://jhsjk.people.cn/article/31882661.

② 习近平. 决胜全面建成小康社会 夺取新时代中国特色社会主义伟大胜利:在中国共产党第十九次全国代表大会上的报告[J]. 求是,2017(21).

③ 习近平. 做党和人民满意的好老师:同北京师范大学师生代表座谈时的讲话[J]. 中国高等教育,2014(18).

（二）新时代把教育的地位和作用提高到前所未有的高度

中共十八大以来，以习近平同志为核心的党中央高度重视教育事业在坚持和发展中国特色社会主义战略全局的地位和作用，不断落实教育优先发展战略，加快建设教育强国，办好人民满意的教育。中共十八大报告指出，"教育是民族振兴和社会进步的基石。要坚持教育优先发展，全面贯彻党的教育方针，坚持教育为社会主义现代化建设服务、为人民服务，把立德树人作为教育的根本任务，培养德智体美全面发展的社会主义建设者和接班人"。习近平总书记在中共十九大报告中针对教育工作做出了更加全面的部署，明确提出社会主义教育事业的总方向，强调"优先发展教育事业"的总战略，首次提出"建设教育强国是中华民族伟大复兴的基础工程"总体定位，明确"深化教育改革，加快教育现代化，办好人民满意的教育"的总要求，明确"全面贯彻党的教育方针，落实立德树人根本任务，发展素质教育，推进教育公平，培养德智体美全面发展的社会主义建设者和接班人"的总任务，在新的时代背景下全面部署了教育事业发展的新任务和新要求。

中共十八大以来，习近平总书记站在实现"两个一百年"奋斗目标、实现中华民族伟大复兴中国梦的战略高度，以更高远的历史站位、更宽广的国际视野、更深邃的战略眼光，坚持把教育摆到治国理政的突出位置，坚持把优先发展教育事业作为推动党和国家各项事业发展的重要先手棋，对加快推进教育现代化、建设教育强国、办好人民满意的教育做出总体部署和战略设计。习近平总书记先后到许多托儿所、幼儿园、小学、中学、职业学校、高等院校考察并同师生们座谈，给小学生、中学生、大学生和教师们回信，主持中央政治局常委会会议、中央政治局会议、中央全面深化改革领导小组会议等通过一系列涉及教育改革发展的方案，专门在北京大学师生座谈会、北京市海淀区民族小学座谈会、北京师范大学师生代表座谈会、全国高校思想政治工作会议、全国教育大会、学校思想政治理论课教师座谈会上发表重要讲话，对许多重要的、带有根本性的教育问题做出科学的理论指导，深刻论述了新时代我国教育改革与发展的重大理论问题和实践问题，从而形成了系统科学的新时代中国特色社会主义教育理论体系。

2018年9月10日,全国教育大会在北京召开,习近平总书记提出"教育是国之大计、党之大计"①的重要论述,并在讲话中强调,在党的坚强领导下,全面贯彻党的教育方针,坚持马克思主义指导地位,坚持中国特色社会主义教育发展道路,坚持社会主义办学方向,立足基本国情,遵循教育规律,坚持改革创新,以凝聚人心、完善人格、开发人力、培育人才、造福人民为工作目标,培养德智体美劳全面发展的社会主义建设者和接班人,加快推进教育现代化、建设教育强国、办好人民满意的教育。习近平总书记在全国教育大会上提出了教育"九个坚持"的重要论述,即在教育改革发展过程中要坚持党对教育事业的全面领导,坚持把立德树人作为根本任务,坚持优先发展教育事业,坚持社会主义办学方向,坚持扎根中国大地办教育,坚持以人民为中心发展教育,坚持深化教育改革创新,坚持把服务中华民族伟大复兴作为教育的重要使命,坚持把教师队伍建设作为基础工作。习近平总书记强调教育"九个坚持"是对我国教育事业规律性认识的深化,来之不易,要始终坚持并不断丰富发展②。

习近平总书记针对教育事业提出的一系列新理念新思想新观点新论断,系统回答了教育工作的根本性、全局性、战略性问题,并形成了习近平总书记关于教育的重要论述,为新时代教育事业的开展提供了行动指南与根本遵循。习近平总书记关于教育的重要论述,开辟了马克思主义教育理论和实践发展的新境界,把新时代教育的地位和作用提高到前所未有的高度。习近平总书记在讲话中指出,要深化教育体制改革,健全立德树人落实机制,扭转不科学的教育评价导向,坚决克服唯分数、唯升学、唯文凭、唯论文、唯帽子的顽瘴痼疾,从根本上解决教育评价指挥棒问题,要深化办学体制和教育管理改革,充分激发教育事业发展生机活力③。2020年10月,中共中央、国务院印发《深化新时代教育评价改革总体方案》,这是新时代落实全国教育大会精神,深化教育评价体制改革的指导性文件,提出"改进结果评价,强化过程评价,探索

---

①②③ 坚持中国特色社会主义教育发展道路 培养德智体美劳全面发展的社会主义建设者和接班人[N]. 人民日报,2018-09-11.

增值评价,健全综合评价"的工作方针,围绕改革党委和政府教育工作评价、改革学校评价、改革教师评价、改革学生评价全方面进行,以实现建立科学的、符合时代要求的教育评价制度和机制的改革目标,促进新时代人才德智体美劳全面发展、全面培养与全面评价工作的有序开展。

2019年3月,习近平总书记在主持召开学校思想政治理论课教师座谈会上强调,新时代贯彻党的教育方针,要坚持马克思主义指导地位,贯彻新时代中国特色社会主义思想,坚持社会主义办学方向,落实立德树人的根本任务,坚持教育为人民服务、为中国共产党治国理政服务、为巩固和发展中国特色社会主义制度服务、为改革开放和社会主义现代化建设服务[①],教育"四为"方针明确了中国特色社会主义教育的根本宗旨。习近平总书记的重要讲话明确提出了新时代我国社会主义教育事业的总方向和根本方针,在习近平总书记一系列重要论述的指导下,党和国家以人民为中心发展教育,加快推进教育现代化,建设教育强国,在新的历史征程上培养担当民族复兴大任的时代新人。

二、提出并贯彻落实教育"九个坚持"

深入学习习近平总书记关于教育的重要论述,最重要的是把握其科学内涵和精神实质。习近平总书记在全国教育大会上提出的教育"九个坚持"的重要论述就是坚持中国特色社会主义教育发展道路的核心实质、丰富内容和重要体现,习近平总书记强调,教育"九个坚持"是对我国教育事业规律性认识的深化,来之不易,要始终坚持并不断丰富发展[②]。这标志着我们党对教育发展规律的认识达到了新高度,我们必须深入学习领会并不断丰富发展。

[①] 用新时代中国特色社会主义思想铸魂育人　贯彻党的教育方针落实立德树人根本任务[J]. 党建,2019(4).

[②] 坚持中国特色社会主义教育发展道路　培养德智体美劳全面发展的社会主义建设者和接班人[N]. 人民日报,2018-09-11.

(一) 坚持党对教育事业的全面领导

坚持党对教育事业的全面领导,是办好我国教育事业的根本保证,列于教育"九个坚持"之首,中国特色社会主义最本质的特征是中国共产党领导①,党的领导是引领新时代中国特色社会主义教育事业不断前进的最大政治优势,是办好中国特色、世界水平的现代教育的根本政治保证。习近平总书记强调,加强党的领导和党的建设,加强思想政治工作体系建设,是形成高水平人才培养体系的重要内容②。习近平总书记指出,我国高等教育发展方向要同我国发展的现实目标和未来方向紧密联系在一起,为人民服务,为中国共产党治国理政服务,为巩固和发展中国特色社会主义制度服务,为改革开放和社会主义现代化建设服务。他尤其强调要加强党对高校工作的领导,确保我国各级各类高校始终坚持社会主义办学方向问题。加强党的领导是办好中国特色社会主义大学的根本保证,2014 年 12 月,习近平总书记对第二十三次全国高等学校党的建设工作会议做出重要指示,提出"加强党对高校的领导,加强和改进高校党的建设,是办好中国特色社会主义大学的根本保证"。在全国高校思想政治工作会议上的讲话中,习近平总书记提出了加强党对高校领导的具体要求,要做好高校思想政治工作,必须坚持党的领导,使高校成为坚持党的领导的坚强阵地。牢牢掌握党对高校工作的领导权,加强和改进高校党的建设,是办好高校的根本保证③。因此,要牢牢掌握高校意识形态工作的领导权,牢牢掌握高校思想政治工作的主导权,重视思想引领与价值塑造的作用,对各种错误思潮始终保持高度清醒与警惕。"党政军民学,东西南北中,党是领导一切的",牢牢掌握党对高校意识形态工作的领导权,还必须加强党对民办高校、中外合作办学院校的领导与指导,将民办高校、中外合作办学院校纳入高校思想政治工作的整体布局,确保高校党建和思想政治工作全覆盖。

习近平总书记强调中华民族伟大复兴的中国梦要在青少年一代手中

---

① 习近平. 在庆祝中国共产党成立 95 周年大会上的讲话 [N]. 人民日报,2016 - 07 - 02.
② 习近平. 在北京大学师生座谈会上的讲话 [N]. 人民日报,2018 - 05 - 03.
③ 吴晶,胡浩. 习近平在全国高校思想政治工作会议上强调 把思想政治工作贯穿教育教学全过程 开创我国高等教育事业发展新局面 [J]. 中国高等教育,2016 (24).

第十三章　新时代中国特色社会主义教育理论

实现，青少年一代要勇做走在时代前列的奋进者、开拓者和奉献者，积极投身坚持和发展中国特色社会主义伟大实践，"理想指引人生方向，信念决定事业成败"，实现中华民族伟大复兴中国梦是青少年应该牢固树立的远大理想，中国特色社会主义是青少年应该牢固确立的人生信念，各级党组织应积极引导广大青少年"把理想信念建立在对科学理论的理性认同上，建立在对历史规律的正确认识上，建立在对基本国情的准确把握上"①，要用社会主义核心价值观扣好青少年学生人生的第一粒纽扣，各级各类学校都要推动社会主义核心价值观进教材、进课堂、进学生头脑，各门课都要守好一段渠、种好责任田，与思想政治理论课同向同行，形成协同效应②。此外，各级党委、政府特别是学校各级党组织要积极引导广大教师认清肩负的责任与使命，自觉做中国特色社会主义的坚定信仰者和忠实实践者，自觉做先进思想文化的传播者，始终忠诚于党和人民的教育事业，坚持把党的教育方针贯穿于教学管理工作全过程。各级各类教育要自觉坚持和加强党的领导，坚持马克思主义的立场、观点和方法，牢牢把握正确方向，扎实推进思想政治工作，成为传播党的声音和理论的牢固阵地、践行党的政治主张的坚强堡垒，为党治国理政提供智力支持和人才支撑。

（二）坚持把立德树人作为根本任务

坚持把立德树人作为根本任务，是办好我国教育事业的根本方针。1957年，毛泽东在《关于正确处理人民内部矛盾的问题》一文中指出，"我们的教育方针，应该使受教育者在德育、智育、体育几方面都得到发展，成为有社会主义觉悟的有文化的劳动者"，最早提出关注德育的作用。2007年，中共十七大报告提出："坚持育人为本、德育为先，实施素质教育，提高教育现代化水平，培养德智体美全面发展的社会主义建设者和接班人，办好人民满意的教育"③，首次提出了"育人为本、德育为先"的人才培养要求。2012年，中共十八大报告提出，"全面贯

---

①　习近平. 在同各界优秀青年代表座谈时的讲话 [N]. 人民日报，2013-05-05.
②　吴晶，胡浩. 习近平在全国高校思想政治工作会议上强调　把思想政治工作贯穿教育教学全过程　开创我国高等教育事业发展新局面 [J]. 中国高等教育，2016 (24).
③　胡锦涛. 高举中国特色社会主义伟大旗帜　为夺取全面建设小康社会新胜利而奋斗：在中国共产党第十七次全国代表大会上的报告 [J]. 求是，2007 (21).

彻党的教育方针，坚持教育为社会主义现代化建设服务、为人民服务，把立德树人作为教育的根本任务，培养德智体美全面发展的社会主义建设者和接班人"①，丰富发展了教育方针的内容，进一步强调立德树人的根本任务。2017 年，中共十九大报告要求："落实立德树人根本任务，发展素质教育，推进教育公平，培养德智体美全面发展的社会主义建设者和接班人。"② 这是以习近平同志为核心的党中央继承、丰富与发展党的教育方针的集中表现。党的教育方针中不断明确"立德树人"的根本任务，体现了党对教育本质的最新认识，对人的全面发展的最新理解，对教育规律的深刻认识，是新时代党的教育方针的重大发展与教育理论创新的最新成果。

中共十八大以来，以习近平同志为核心的党中央，始终把立德树人作为学校教育的根本任务，习近平总书记要求各级各类学校必须坚持立德树人。2013 年，习近平总书记在给中央民族大学附属中学全校学生的回信中要求学校承担好立德树人、教书育人的神圣职责③；2015 年，在会见中国少年先锋队第七次全国代表大会代表时寄语全国各族少年儿童，要从小学会做人，要做一个好人，就要有品德、有知识、有责任，要坚持品德为先④；2016 年，在致清华大学建校 105 周年贺信中强调清华大学要坚持正确方向、坚持立德树人、坚持服务国家、坚持改革创新；2018 年，在北京大学师生座谈会上，强调"要把立德树人内化到大学建设和管理各领域、各方面、各环节，做到以树人为核心，以立德为根本"⑤。在新时代落实立德树人的根本任务，就要引导青年扣好人生的第一粒扣子，广泛开展理想信念教育，加强社会主义核心价值观教育，把思想政治工作贯穿于教育教学全过程，加强中华优秀传统文化和革命文化、社会主义先进文化教育，加强劳动教育和实践教育，德智体美劳五育并举推进学生全面发展。将立德树人作为新时代教育的根本任

---

① 胡锦涛. 坚定不移沿着中国特色社会主义道路前进 为全面建成小康社会而奋斗：在中国共产党第十八次全国代表大会上的报告 [N]. 人民日报，2012 - 11 - 18.

② 习近平. 决胜全面建成小康社会 夺取新时代中国特色社会主义伟大胜利：在中国共产党第十九次全国代表大会上的报告 [J]. 求是，2017 (21).

③ 习近平. 习近平总书记给中央民族大学附属中学全校学生的回信 [J]. 中国民族教育，2013 (11).

④ 习近平. 美好的生活属于你们 美丽的中国梦属于你们 [J]. 杭州（周刊），2015 (6).

⑤ 习近平. 在北京大学师生座谈会上的讲话 [N]. 人民日报，2018 - 05 - 03.

第十三章　新时代中国特色社会主义教育理论

务，具有鲜明的时代特性，是党对新时代中国特色社会主义教育发展规律的深刻把握和最新成果，回答了怎样培养人的根本问题，贯彻了以人民为中心的发展理念。现阶段深化教育体制改革，健全立德树人落实机制是我国发展教育事业的重要任务。

（三）坚持优先发展教育事业

坚持优先发展教育事业，是办好我国教育事业的战略部署。坚持教育优先发展是中国特色社会主义新时代所赋予的新历史使命，是实现中华民族伟大复兴中国梦的必然要求，是建设人才强国、教育强国、文化强国的重要前提。2013 年，习近平主席在联合国"教育第一"全球倡议行动一周年纪念活动上发表视频贺词，指出"中国将坚定实施科教兴国战略，始终把教育摆在优先发展的战略位置，不断扩大投入，努力发展全民教育、终身教育，建设学习型社会，努力让每个孩子享有受教育的机会，努力让 13 亿人民享有更好更公平的教育，获得发展自身、奉献社会、造福人民的能力"[①]。在中共十九大报告中，习近平总书记指出："建设教育强国是中华民族伟大复兴的基础工程，必须把教育事业放在优先位置，深化教育改革，加快教育现代化，办好人民满意的教育。"[②] 这指明了我国建设教育强国的战略目标和任务。在全国教育大会上，习近平总书记重申要"坚持把优先发展教育事业作为推动党和国家各项事业发展的重要先手棋"。习近平总书记优先发展教育的论断对于社会主义现代化强国建设、教育现代化及教育强国建设具有重要意义。

优先发展教育事业是建设教育强国的必然要求，强国必先强教育，社会主义现代化强国必须以现代化教育为支撑，要实现国家现代化，必须先实现教育现代化。改革开放以来，特别是中共十八大以来，我国先后提出了人才强国、科技强国、制造强国和文化强国等重要战略目标任务，但最终都要依托教育强国来实现，无论是经济建设、政治建设、文化建设、社会建设还是生态文明建设都离不开人，离不开人力资源开发

---

① 习近平主席在联合国"教育第一"全球倡议行动一周年纪念活动上发表视频贺词［EB/OL］．（2013－09－27）［2023－11－30］．http：//cpc.people.com.cn/n/2013/0927/c64094－23052930.html．

② 习近平．决胜全面建成小康社会　夺取新时代中国特色社会主义伟大胜利：在中国共产党第十九次全国代表大会上的报告［J］．求是，2017（21）．

与人才培养，离不开教育的重要支撑作用，教育是提升国民素质、增强国家竞争力的有效途径。我国要实现从人力资源大国向人力资源强国的转变，关键就在于教育。优先发展教育事业是提升我国综合国力与国际竞争力的重要战略举措，只有将教育事业摆在优先发展的战略地位，才能在日益激烈的国际竞争中占据优势。优先发展教育事业是坚持立德树人根本任务的本质要求，要更好地培育社会主义核心价值观，更有效地进行理想信念教育，党和国家必须加强各级各类学校的能力建设，加强教师队伍的素质与能力建设，持续加大教育投入，始终坚持优先发展教育事业。优先发展教育事业是改善民生的必然选择，教育是促进人全面发展的主要途径，更是缩小差距、促进社会公平的有效手段，优先发展教育事业要坚持教育为人民服务的重要思想，努力办好人民满意的教育，着力解决好发展不平衡不充分的问题，大力提升教育发展质量和效益，满足人民日益增长的对教育公平和教育质量方面的需求，更好地推动人的全面发展与社会全面进步，让教育改革发展成果更多更公平地惠及全体人民。

（四）坚持社会主义办学方向

坚持社会主义办学方向，是办好我国教育事业的根本方向，是新时代坚持和发展中国特色社会主义教育的根本原则。习近平总书记在全国教育大会上指出"我国是中国共产党领导的社会主义国家，这就决定了我们的教育必须把培养社会主义建设者和接班人作为根本任务，培养一代又一代拥护中国共产党领导和我国社会主义制度、立志为中国特色社会主义奋斗终身的有用人才。这是教育工作的根本任务，也是教育现代化的方向目标"[1]，办好中国特色社会主义教育最重要的就是要在办学方向上站稳立场，要在党的坚强领导下，全面贯彻党的教育方针，坚持马克思主义指导地位，坚持中国特色社会主义教育发展道路，坚持社会主义办学方向。

坚持社会主义办学方向，就要把"培养德智体美劳全面发展的社会主义建设者和接班人"作为根本任务。2018 年，习近平总书记在全国

---

① 坚持中国特色社会主义教育发展道路　培养德智体美劳全面发展的社会主义建设者和接班人［N］.人民日报，2018 - 09 - 11.

第十三章　新时代中国特色社会主义教育理论

教育大会上指出，要"培养德智体美劳全面发展的社会主义建设者和接班人，加快推进教育现代化、建设教育强国、办好人民满意的教育"[①]。五育并举的教育理念是对马克思主义关于人的全面发展思想的继承与发展，是新时代中国特色社会主义事业发展对教育事业的总体要求，顺应教育发展的基本规律，符合人才全面发展的内涵要求。德智体美劳全面发展既是教育内容，也是教育目标的实现路径[②]，要统筹推进学生的全面发展，加强德育工作，将立德树人的教育理念贯穿于各级各类教育的全过程，利用好课堂教学的主渠道，使各类课程与思想政治理论课同向同行，形成协同效应[③]，引导学生培育和践行社会主义核心价值观；完善智育工作，要从知行合一上下功夫，引导学生将知识与实践结合起来，运用现代科技手段完善人才培养方式，建设高质量教育体系与学习型社会；加强体育教育，中共十九届五中全会提出建设体育强国、健康中国，体育在人才培养过程中是不可或缺的一个环节，德智体美劳全面发展，体育是基础和保障；更加注重美育工作，中共十八届三中全会强调"改进美育教学，提高学生审美和人文素养"[④]，坚持以美育人，提高受教育者的精神境界与人文素养；加强劳动教育，习近平总书记强调"劳动是推动人类社会进步的根本力量"[⑤]，要弘扬劳动精神，做到教育与生产劳动、社会实践相结合，将劳动教育作为人才培养的基本内容与根本途径，在新的时代征程中培养担当民族复兴大任的时代新人。

坚持社会主义办学方向，就要把教育"四为"方针作为根本要求，坚持党对教育工作的全面领导。"四为"方针和德智体美劳五育并举，丰富和发展了党的教育方针，坚持"四为"方针是统筹推进"五位一体"总体布局和协调推进"四个全面"战略布局的要求，是统筹促进教

[①] 坚持中国特色社会主义教育发展道路　培养德智体美劳全面发展的社会主义建设者和接班人[N]. 人民日报，2018-09-11.
[②] 胡莉芳. 培养德智体美劳全面发展的社会主义建设者和接班人：教育方针变迁的视角[J]. 中国人民大学教育学刊，2019（2）.
[③] 吴晶，胡浩. 习近平在全国高校思想政治工作会议上强调　把思想政治工作贯穿教育教学全过程　开创我国高等教育事业发展新局面[J]. 中国高等教育，2016（24）.
[④] 中共中央关于全面深化改革若干重大问题的决定[N]. 人民日报，2013-11-16.
[⑤] 习近平. 在同全国劳动模范代表座谈时的讲话[J]. 中国工运，2013（5）.

育服务人的发展和服务社会发展的要求。各级各类学校是社会主义意识形态的前沿阵地，是教书育人、立德树人、践行社会主义核心价值观、传承社会主义文明的基地。坚持社会主义办学方向，就要把坚持社会主义意识形态作为根本特征，要牢牢把握学校意识形态工作领导权、管理权、话语权，坚持马克思主义指导地位不动摇，坚持不懈传播马克思主义科学理论，抓好马克思主义理论教育，要引导学生树立共产主义远大理想和中国特色社会主义共同理想，不断增强学生的中国特色社会主义道路自信、理论自信、制度自信、文化自信，这是坚持社会主义办学方向的突出体现。要加强和改进思想政治工作，这是坚持社会主义办学方向的重要措施，思想政治工作是学校各项工作的生命线，必须将其紧紧抓在手上，精心培养和组织一支会做思想政治工作的政工队伍，把思想政治工作做在日常、做到个人，把教师队伍建设作为根本依靠，要把提高教师思想政治素质和职业道德水平摆在首要位置，把社会主义核心价值观贯穿教书育人全过程，推动教师成为先进文化的传播者、党执政的坚定支持者、学生健康成长的指导者。

（五）坚持扎根中国大地办教育

坚持扎根中国大地办教育，是我国教育事业的发展道路和基本特色。坚持扎根中国大地办教育是以马克思主义为指导思想、对新时代我国教育改革发展面临的重大理论和实践问题的深刻回答，体现了中国共产党对中国特色社会主义教育规律的准确把握，是新时代建设中国特色、世界水平现代教育的指导思想与行动指南[1]。扎根中国大地办教育首先是针对高等教育事业发展提出的，2005年9月，时任浙江省委书记的习近平针对浙江大学如何办世界一流大学的问题强调，高等教育发展要"从中国实际出发，走自己的路，坚持社会主义办学方向和办学目标，积极探索建设中国特色世界一流大学的道路"[2]。2014年5月，习近平总书记在与北京大学师生座谈时指出，"办好中国的世界一流大学，

---

[1] 檀慧玲，万兴睿，罗良. 坚持扎根中国大地办教育 [J]. 中国高等教育，2019（6）.

[2] 习近平. 干在实处　走在前列：推进浙江新发展的思考与实践 [M]. 北京：中共中央党校出版社，2006：341.

第十三章　新时代中国特色社会主义教育理论

必须有中国特色","世界上不会有第二个哈佛、牛津、斯坦福、麻省理工、剑桥，但会有第一个北大、清华、浙大、复旦、南大等中国著名学府。我们要认真吸收世界上先进的办学治学经验，更要遵循教育规律，扎根中国大地办大学"①。2016年12月，习近平总书记在全国高校思想政治工作会议上指出："我国有独特的历史、独特的文化、独特的国情，决定了我国必须走自己的高等教育发展道路，扎实办好中国特色社会主义高校。"② 我们要扎根中国、融通中外，立足时代、面向未来，坚定不移走自己的路。扎根中国大地办高等教育同建设世界一流大学是统一的，只有扎根中国才能更好走向世界。这点明了扎根中国大地办大学的重要基础。此后，习近平总书记曾在多个重要场合强调扎根中国大地办教育的重要性，并在2018年9月全国教育大会上将扎根中国大地办教育的重要主张从高等教育领域扩展至整个教育事业，强调中国的教育必须按中国的特点和中国的实际办。要扎根中国、融通中外，立足时代、面向未来，发展中国特色、世界水平的现代教育。扎根中国大地办教育的要求包含着对加强党的领导、坚持社会主义办学方向、坚持以人民为中心的阐释，也传递着实事求是的精神与浓厚的家国情怀，是新时代中国特色社会主义教育指导思想的重要组成部分，从立足点上回答了"怎么办教育"的问题③。

扎根中国大地办教育必须立足于我国的历史、文化和国情，2014年习近平总书记在布鲁日欧洲学院的演讲中指出："脱离了中国的历史，脱离了中国的文化，脱离了中国人的精神世界，脱离了当代中国的深刻变革，是难以正确认识中国的。"④ 中华优秀传统文化中所蕴含的深刻思想观念、人文精神与道德规范等为扎根中国大地办教育奠定了坚实基础，同时我国历史文化的独特性也决定了我们无法移植、复制其他任何

---

① 习近平. 青年要自觉践行社会主义核心价值观：在北京大学师生座谈会上的讲话 [J]. 中国高等教育，2014（10）.
② 吴晶，胡浩. 习近平在全国高校思想政治工作会议上强调　把思想政治工作贯穿教育教学全过程　开创我国高等教育事业发展新局面 [J]. 中国高等教育，2016（24）.
③ 鲁子箫，王嘉毅. 扎根中国大地办教育的理论内涵与实践面向：学习习近平总书记关于教育的重要论述 [J]. 教育研究，2021，42（2）.
④ 让世界"读懂中国"，听总书记怎么说 [EB/OL]. （2019-10-29）[2023-11-30]. http://www.qstheory.cn/zhuanqu/2019-10/29/c_1125167465.htm.

国家的教育发展道路，必须走自己的路，必须扎根于中国的土壤。当前中国特色社会主义进入了新时代，我国进入了新的历史发展阶段，中华民族迎来了从站起来、富起来到强起来的伟大飞跃，迎来了实现中华民族伟大复兴的光明前景，这是我国教育发展所面临的新的时代背景，也是我国教育发展应立足的独特国情。扎根中国大地办教育要在坚持"扎根中国"的同时"融通中外"，扎根中国大地办教育不是故步自封，而是要将中国特色与放眼世界两者有机结合起来：一方面重视自身制度和文化传统的优势，立足中国国情与教育实际，坚守教育实践的民族性；另一方面又要放眼世界，坚持中外融通，学习借鉴世界上的先进教育模式，积极吸收先进教育的实践经验，积极参与国际教育交流与合作，在国际交往中相互借鉴、相互促进，形成具有中国特色的教育实践方案与理论成果。扎根中国大地办教育要立足时代、面向未来，遵循教育事业发展历史性与时代性相统一的内在规律，中共十九大提出了"不忘初心，牢记使命，高举中国特色社会主义伟大旗帜，决胜全面建成小康社会，夺取新时代中国特色社会主义伟大胜利，为实现中华民族伟大复兴的中国梦不懈奋斗"的时代主题，教育改革发展要立足于新时代，牢牢把握中华民族伟大复兴这一前进方向和最终目标，不断增强培养担当民族复兴大任时代新人的责任感与使命感，教育部门与各级各类学校党组织要始终把立德树人作为学校的根本任务，把思想政治工作贯穿学校教育管理全过程，不断增强"四个意识"，坚定"四个自信"，坚决做到"两个维护"，引领学校广大师生自觉在政治立场、政治方向、政治原则、政治道路上与党中央保持高度一致，培养社会主义建设者与接班人。同时，面对日益激烈的国际竞争，教育发展应积极主动回应和理性面对技术变革与创新，始终坚持创新驱动发展战略与人才强国战略，实现教育现代化的质量要求。扎根中国大地办教育，就是要扎根中国先进的政治思想和政治制度，扎根中华民族优秀传统文化的核心价值，扎根中国的悠久历史和光辉革命传统，扎根基本国情和人民生活实际，扎根本土优秀的教育思想和教育实践经验，面向中国问题、服务中国发展，为21世纪人类教育发展贡献中国智慧、中国道路。

（六）坚持以人民为中心发展教育

坚持以人民为中心发展教育，是办好我国教育事业的价值追求。以人民为中心发展教育，是中共十八大以来习近平总书记关于教育重要论述中的重要内容。坚持以人民为中心发展教育，办好人民满意的教育是党全心全意为人民服务根本宗旨在教育事业发展中的具体体现。为人民服务，坚持人民主体是中国共产党一以贯之的理念，也是我们党在中国革命和社会经济建设实践中总结出的宝贵经验。中共十八届五中全会审议通过的《中共中央关于制定国民经济和社会发展第十三个五年规划的建议》，创造性地提出了"以人民为中心的发展思想"的科学命题。新时代，习近平总书记提出要"实现中华民族伟大复兴的中国梦"，他指出"中国梦归根到底是人民的梦，必须紧紧依靠人民来实现，必须不断为人民造福"。中共十八大报告把"必须坚持人民主体地位"列在基本要求首位。中共十九大报告进一步指出，"必须坚持以人民为中心的发展思想，不断促进人的全面发展"。从中共十八大到中共十九大，以人民为中心的发展理念的表述越来越清晰，是新时代我们做好一切工作的根本遵循。以人民为中心发展教育体现了新时代的发展要求，是人民主体思想在教育领域的发展与创新。

坚持以人民为中心发展教育是社会主义教育发展的出发点和落脚点，以人民为中心发展教育是马克思主义群众史观在新时代教育改革和实践中的创新发展，包括"教育发展为了人民、教育发展依靠人民、教育发展成果由人民共享"① 三大核心内涵。习近平总书记在庆祝改革开放40周年大会讲话中指出："全心全意为人民服务是党的根本宗旨，必须以最广大人民根本利益为我们一切工作的根本出发点和落脚点。"② 教育发展为了人民，就是把教育的发展落在实处，强调让发展成果可见可现，让人民群众有获得感，满足人民对美好生活的需要。教育发展落在实处，不仅强调整体上的教育发展规模，更要关注到每一个教育中的人，每一个教育中的家庭，让个体从整体发展中受益，切实保障人民群

---

① 刘复兴，邢海燕. 坚持以人民为中心发展教育［J］. 中国高等教育，2019（6）.
② 习近平. 在庆祝改革开放40周年大会上的讲话［M］. 北京：人民出版社，2018：24.

众能够享受到教育发展所带来的益处，办好人民满意的教育并不仅仅是满足人们短期的教育需求，而是要通过体制机制创新、提高教育质量、促进教育公平来引导和满足根本性教育需求。教育发展依靠人民，人民群众是教育改革发展的主体，他们既是教育改革发展的受益者，也是教育改革发展的实践者和推动者。以人民为中心发展新时代教育事业要紧紧依靠人民，尊重人民群众的首创精神，从人民群众中汲取智慧。尊重人民群众首创精神，善于从人民的创造性实践中总结发展经验，不断提炼升华，努力形成可复制、可推广的教育改革创新发展的经验。教育发展成果由人民共享是坚持教育事业以人民为中心的关键之举，全民共享教育发展成果是以人民为中心的具体表现，人民共享发展成果强调了共享主体的全面覆盖。习近平总书记多次强调要"让发展成果更多更公平惠及全体人民"。全民共享教育发展成果包含两层含义：一是覆盖面涉及全体人民，强调让最广大的人民共享教育发展成果；二是全民共享中对于"教育蛋糕"的分配。坚持以人民为中心发展教育强调人人都有享有优质、公平的教育成果的权利。坚持以人民为中心发展教育要办更加公平更有质量的教育，加大对基础教育的支持力度，办好学前教育，均衡发展九年义务教育，基本普及高中阶段教育，促进地区间教育均衡发展，提高教师队伍质量。坚持以人民为中心发展教育，要全面加强党的领导，不断深化教育体制机制改革，提高教育质量，不断推进实现教育公平，促进人的全面发展，致力于培养德智体美劳全面发展的社会主义建设者和接班人，加快构建学习型社会和终身教育体系。

（七）坚持深化教育改革创新

坚持深化教育改革创新，是办好我国教育事业的根本要求和动力。改革是发展的根本动力，办好人民满意的教育，关键在于全面深化教育领域综合改革。2013年9月，习近平总书记在主持十八届中央政治局第九次集体学习时强调，"要深化教育改革，推进素质教育，创新教育方法，提高人才培养质量，努力形成有利于创新人才成长的育人环境"[①]。

---

① 中共中央文献研究室. 习近平关于社会主义经济建设论述摘编[M]. 北京：中央文献出版社，2017：129.

第十三章 新时代中国特色社会主义教育理论

中共十九大报告中，习近平总书记指出："建设教育强国是中华民族伟大复兴的基础工程，必须把教育事业放在优先位置，深化教育改革，加快教育现代化，办好人民满意的教育。"① 这一重要论述，指明了我国教育事业改革发展的总体方向，由过去追求规模和数量转向追求质量和公平，使我国教育事业发展能够满足人民群众在新时代对更好教育的强烈需求。2017年1月，国务院印发《国家教育事业发展"十三五"规划》，指出"以创新、协调、绿色、开放、共享的发展理念统领教育改革发展"。这五大新发展理念是改革开放以来我国发展经验的集中体现，反映出我们党对我国发展规律的新认识，要深刻理解和准确把握新发展理念的科学内涵，深刻认识到创新是引领发展的第一动力，协调是持续健康发展的内在要求，绿色是永续发展的必要条件和人民对美好生活追求的重要体现，开放是国家繁荣发展的必由之路，共享是中国特色社会主义的本质要求，要牢固树立新发展理念，践行以人民为中心的发展思想，真正办好人民满意的教育，坚持以新发展理念引领教育领域综合改革。

全面深化教育领域综合改革，要坚持教育优先发展战略，破除各种体制机制障碍，深化考试招生制度改革和教育教学改革，推动教育评价改革，着眼于解决教育短板问题，解决人民群众关心的教育热点问题，统筹处理教育事业发展的各种矛盾，促进教育公平，让教育改革发展成果更好地惠及最广大人民群众，加大对贫困地区、农村地区与民族地区教育发展的支持力度。新时代全面推进教育事业发展，深化教育领域改革创新，就要坚持立德树人的根本任务，把新发展理念作为教育改革的重要思想指南，合理利用政策导向与制度建设组织开展教育活动，弘扬社会主义核心价值观，形成良好的社会氛围与价值导向；走教育内涵式发展道路，推进教育领域结构性改革，合理统筹各级各类教育发展，创新教育供给方式，利用教育信息化推动教育现代化发展，拓展教育新形态，构建学习型社会与终身教育体系；深化教育领域综合改革要坚持"四个全面"战略布局，尤其是坚持全面依法治国在教育领域的重要作

---

① 习近平. 决胜全面建成小康社会　夺取新时代中国特色社会主义伟大胜利：在中国共产党第十九次全国代表大会上的报告［J］. 求是，2017（21）.

用，运用法治思维与法治方式，完善教育相关政策法规与规章制度建设，实现依法治教；全面深化教育领域综合改革就要不断提高教育治理体系与治理能力现代化建设水平，解决当前社会的教育热点和难点问题，统筹推进育人方式、办学规模、管理体制、保障机制改革，使各级各类教育更加符合教育规律和学生成长规律，推动管办评分离，构建政府、学校与社会之间的新型关系；坚持教育"四为"方针，坚持党对教育事业的全面领导，坚持社会主义办学方向，为全面深化教育领域综合改革提供坚强的政治保障。

(八) 坚持把服务中华民族伟大复兴作为教育的重要使命

坚持把服务中华民族伟大复兴作为教育的重要使命，是我国教育事业的神圣责任。中华民族伟大复兴中国梦的实现，归根到底靠人才、靠教育，把服务中华民族伟大复兴作为教育的重要使命，就是要把发展教育事业与全面建成小康社会目标、实现社会主义现代化目标、建设社会主义现代化强国目标等紧密而深刻地联系起来，认清历史方位、把握国际坐标、立足中国现实，让教育为实现中华民族伟大复兴贡献智慧与力量。2018年，习近平总书记在全国教育大会上指出，"坚持把服务中华民族伟大复兴作为教育的重要使命"[1]，这是新时代党对教育事业发展的重要部署，将教育的地位和作用提高到了一个全面的、综合的、体现新时代中国特色的新高度[2]。中共十九大报告指出，"不忘初心，方得始终。中国共产党人的初心和使命，就是为中国人民谋幸福，为中华民族谋复兴"[3]。在不同的历史时期，中国共产党有不同的历史使命，教育的使命也有不同侧重，从1958年毛泽东提出"教育必须为无产阶级政治服务"到邓小平提出"教育要更好地为社会主义建设服务"，再到习近平提出"把服务中华民族伟大复兴作为教育的重要使命"，教育的

---

[1] 坚持中国特色社会主义教育发展道路 培养德智体美劳全面发展的社会主义建设者和接班人 [N]. 人民日报，2018-09-11.

[2] 刘复兴，曹宇新. 坚持把服务中华民族伟大复兴作为教育的重要使命 [J]. 中国高等教育，2019 (7).

[3] 习近平. 决胜全面建成小康社会 夺取新时代中国特色社会主义伟大胜利：在中国共产党第十九次全国代表大会上的报告 [J]. 求是，2017 (21).

第十三章　新时代中国特色社会主义教育理论

作用与时代使命经历了一个不断完善发展的历程，这体现了党对我国教育事业发展规律的深刻把握，也是马克思主义教育理论中国化的深入发展。

把服务中华民族伟大复兴作为教育的重要使命，就要认清历史方位、立足中国现实。2014年，习近平总书记在北京大学师生座谈会上讲话指出，"党的十八大提出了'两个一百年'奋斗目标。我说过，现在，我们比历史上任何时期都更接近实现中华民族伟大复兴的目标，比历史上任何时期都更有信心、更有能力实现这个目标"①。中共十九大对我国历史方位的基本判断是"中国特色社会主义进入新时代，意味着近代以来久经磨难的中华民族迎来了从站起来、富起来到强起来的伟大飞跃，迎来了实现中华民族伟大复兴的光明前景"②。我们正处在最好的历史发展时期，教育是实现中国梦的关键一环，为国家、民族与社会的发展提供人才支撑与智力支持，习近平总书记指出，"两个一百年"奋斗目标的实现、中华民族伟大复兴中国梦的实现，归根到底靠人才、靠教育③。进入新时代，教育发展必须顺应时代潮流，必须在正确政治路线的指导下，全面提高国民的综合素质，要充分深刻认识教育在经济发展中的重要作用，特别是在创新动能中的作用，面对第四次工业革命与全球化发展的时代趋势，要以教育现代化支撑国家现代化，发挥教育的基础性作用，通过教育将科学技术转化为生产力，实现劳动力和科学技术的再生产，全面推动创新发展，要以信息化、法治化、国际化和终身学习为突破口，建设现代化教育体系，全面推进教育现代化进程④，建设高质量教育体系；发挥教育对实现全面脱贫的独特作用，注重教育公平，实现人的全面发展，满足人民群众对于美好生活的需求和向往；实施创新驱动发展战略，全面深化教育改革；积极参与全球教育治理，

---

① 习近平. 青年要自觉践行社会主义核心价值观：在北京大学师生座谈会上的讲话 [J]. 中国高等教育，2014（10）.
② 习近平. 决胜全面建成小康社会　夺取新时代中国特色社会主义伟大胜利：在中国共产党第十九次全国代表大会上的报告 [J]. 求是，2017（21）.
③ 习近平. 做党和人民满意的好老师：同北京师范大学师生代表座谈时的讲话 [J]. 中国高等教育，2014（18）.
④ 刘复兴，曹宇新. 坚持把服务中华民族伟大复兴作为教育的重要使命 [J]. 中国高等教育，2019（7）.

扩大教育对外开放，提升国际教育交流合作水平；构建德智体美劳全面培养的教育体系，形成更高水平的人才培养体系，在新的历史征程上培养担当民族复兴大任的时代新人。

（九）坚持把教师队伍建设作为基础工作

百年大计，教育为本；教育大计，教师为本。习近平总书记在中共十九大报告中明确指出："加强师德师风建设，培养高素质教师队伍，倡导全社会尊师重教。"[1] 教师在我国教育体系中发挥着重要作用，教师队伍建设是我国教育事业发展的基础性工作，习近平总书记在同北京师范大学师生代表座谈时强调了教师的重要性："教师重要，就在于教师的工作是塑造灵魂、塑造生命、塑造人的工作。"[2] 在全国高校思想政治工作会议上，习近平总书记再次强调教师是人类灵魂的工程师，承担着神圣使命[3]。2016年教师节前夕，习近平总书记到北京市八一学校看望慰问师生，他指出，希望广大教师认清肩负的使命和责任，教育和引导学生热爱祖国、热爱人民、热爱中国共产党，教育和引导学生心中要有国家和民族、意识到肩负的责任，牢固树立为祖国服务、为人民服务的意识，立志成为党和人民需要的人才[4]。教师工作具有创造性、长期性、复杂性与社会性等特点，教师塑造学生的心灵与品格，同时也在塑造社会的形象，塑造国家与民族的未来，因此应当把教师队伍建设作为基础性工作，建设一支高素质专业化甘于奉献的教师队伍，并在全社会营造尊师重教的良好氛围。2014年，习近平总书记看望北京师范大学师生时提出"四有"好老师的标准，即"要有理想信念、有道德情操、有扎实学识、有仁爱之心"；2016年，在北京市八一学校与教师座谈时，又提出了"四个引路人"，即"广大教师要做学生锤炼品格的引

---

[1] 习近平. 决胜全面建成小康社会 夺取新时代中国特色社会主义伟大胜利：在中国共产党第十九次全国代表大会上的报告[J]. 求是，2017（21）.

[2] 习近平. 做党和人民满意的好老师：同北京师范大学师生代表座谈时的讲话[J]. 中国高等教育，2014（18）.

[3] 吴晶，胡浩. 习近平在全国高校思想政治工作会议上强调 把思想政治工作贯穿教育教学全过程 开创我国高等教育事业发展新局面[J]. 中国高等教育，2016（24）.

[4] 习近平：全面贯彻落实党的教育方针 努力把我国基础教育越办越好[J]. 紫光阁，2016（10）.

路人,做学生学习知识的引路人,做学生创新思维的引路人,做学生奉献祖国的引路人";在全国思想政治工作会议上强调,高校教师要努力成为先进思想文化的传播者、党执政的坚定支持者,更好担起学生健康成长指导者和引路人的责任。习近平总书记的系列重要讲话,明确了优秀教师的基本要求和必备素质,也为教师队伍的建设指明了方向。

教师队伍建设水平关系到未来教育的发展质量,关系到国家和民族的未来发展,要加强师德师风建设,引导广大教师牢固树立中国特色社会主义理想信念,牢固树立终身学习的重要理念和改革创新意识,为发展具有中国特色、世界水平的现代教育作出贡献[①];要培养教师的道德情操,引导广大教师以德立身、以德立学、以德施教,坚持教书和育人相统一,坚持言传和身教相统一,坚持潜心问道和关注社会相统一,坚持学术自由和学术规范相统一,要引导广大教师掌握扎实学识,怀有仁爱之心;同时全党全社会要弘扬尊师重教的良好风尚,让广大教育工作者享有良好的社会声望,从而更好地发挥教书育人的重要作用。坚持把教师队伍建设作为基础工作,是办好我国教育事业的重要保障。习近平总书记指出,"教师是立教之本、兴教之源,承担着让每个孩子健康成长、办好人民满意教育的重任"[②],把教师队伍建设作为基础性工作,建设一支高素质、专业化、甘于奉献的教师队伍,在全社会营造尊师重教的良好氛围,要贯彻落实"四有"好老师与"四个引路人"的重要标准,加强师德师风建设。

三、坚持创新驱动发展战略

改革开放初期,中国特色社会主义理论创立者邓小平在继承和总结马克思主义关于"科学技术是生产力"命题的基础上,创造性地提出"科学技术是第一生产力"的科学思想[③],从而为我国提出"科教兴国"战略指明了方向。在全面建成小康社会的新时期,习近平在科学把握创

[①②] 习近平. 习近平向全国广大教师致慰问信[J]. 人民教育,2013(18).
[③] 邓小平. 邓小平文选:第3卷[M]. 北京:人民出版社,1993:274.

新发展、新科技革命和产业变革、数字经济的历史性机遇基础上,明确提出了"创新是引领发展的第一动力"和"创新驱动实质上是人才驱动"的论断,成为指导我国在全面建成小康社会新时期继续改革开放和实施教育改革创新的重要思想。

(一) 创新是引领发展的第一动力,创新驱动实质上是人才驱动

中共十八大以来,习近平总书记十分重视创新与改革对于我国经济、社会、教育发展的原动力作用,明确提出"要向创新要动力,向改革要活力"① 的要求。首次提出"创新是引领发展的第一动力"② 论断,认为"创新是引领发展的第一动力。抓创新就是抓发展,谋创新就是谋未来"③。习近平总书记强调:"我们必须把创新作为引领发展的第一动力,把人才作为支撑发展的第一资源,把创新摆在国家发展全局的核心位置,不断推进理论创新、制度创新、科技创新、文化创新等各方面创新,让创新贯穿党和国家一切工作,让创新在全社会蔚然成风。"④ 习近平总书记提出"创新是引领发展的第一动力"的论断与"科学技术是第一生产力"的思想既一脉相承,又是新的发展,是对全面建成小康社会新时期我国经济社会发展方向、路径和着力点的精辟概括,也为我国确立"创新驱动发展"战略和"建设世界科技强国"战略指明了方向⑤。

在强调"人才是支撑发展的第一资源"的基础上,习近平总书记提出了"创新驱动实质上是人才驱动"这一精辟论断,从而把创新驱动发展、建设世界科技强国与教育改革发展紧密地联系在一起。习近平总书记历来十分重视人才培养的重要性,他指出,"创新驱动实质上是人才驱动。为了加快形成一支规模宏大、富有创新精神、敢于承担风险的创新型人才队伍,要重点在用好、吸引、培养上下功夫"⑥。习近平总书

---

① 习近平. 习近平外交演讲集:第1卷 [M]. 北京:中央文献出版社,2022:427.
②③ 中共中央文献研究室. 习近平关于全面建成小康社会论述摘编 [M]. 北京:中央文献出版社,2016:34.
④ 习近平. 在党的十八届五中全会第二次全体会议上的讲话(节选)[J]. 求是,2016 (1).
⑤ 刘复兴,王慧娟. 习近平关于教育改革创新的思想 [J]. 兰州学刊,2018 (1).
⑥ 习近平:加快实施创新驱动发展战略 加快推动经济发展方式转变 [J]. 中国科技产业,2014 (9).

记"创新驱动实质上是人才驱动"的论断,精准地抓住了当今世界创新发展趋势的本质,丰富和发展了我们党和国家的"科教兴国"与"人才强国"战略的内涵,把教育在创新发展中的战略地位提高到一个新的高度。

(二)建设世界科技强国要靠人才,人才的培养要靠教育改革与发展

中共十九大报告指出:"人才是实现民族振兴、赢得国际竞争主动的战略资源。"建设社会主义现代化强国,必须把人才作为第一资源。科技兴则民族兴,科技强则国家强。在全国科技创新大会、两院院士大会、中国科学第九次全国代表大会上,习近平总书记首次提出"建设世界科技强国"的战略目标,并反复论述了"建设世界科技强国要靠人才"。习近平总书记指出:"我国要建设世界科技强国,关键是要建设一支规模宏大、结构合理、素质优良的创新人才队伍,激发各类人才的创新活力和潜力。……努力造就一大批能够把握世界科技大势、研判科技发展方向的战略科技人才,培养一大批善于凝聚力量、统筹协调的科技领军人才,培养一大批勇于创新、善于创新的企业家和高技能人才。"[①]习近平总书记突出强调了人才的培养要靠教育,尤其指出了在创新驱动发展和建设世界科技强国的背景下,教育所培养的人才资源是应对国际竞争的潜在力量和后发优势,教育的基础性、先导性、全局性地位和作用更加凸显出来。习近平总书记指出:"当今世界的综合国力竞争,说到底是人才竞争,人才越来越成为推动经济社会发展的战略性资源,教育的基础性、先导性、全局性地位和作用更加突显。'两个一百年'奋斗目标的实现、中华民族伟大复兴中国梦的实现,归根到底靠人才、靠教育。源源不断的人才资源是我国在激烈的国际竞争中的重要潜在力量和后发优势。"因此,教育必须应对产业革命的变革,调整人才培养标准,创新人才培养体系,完善人才管理机制,构建具有全球竞争力的人才制度体系,聚天下英才而用之。教育工作者以及教育管理者要将培养

[①] 习近平. 为建设世界科技强国而奋斗:在全国科技创新大会、两院院士大会、中国科协第九次全国代表大会上的讲话[J]. 科协论坛,2016(6).

和发现创新型科技人才作为人才培养的目标之一,做好人才的培养与管理工作。各级各类学校要把创新能力作为关键能力、作为人才培养的标准,努力形成人人渴望成才、人人努力成才、人人皆可成才、人人尽展其才的良好局面[①]。

---

① 刘复兴,朱月华. 教育是国之大计、党之大计 [J]. 中国高等教育,2019(Z3).

第十四章 贯彻落实『四为』方针

2016年12月，在全国高校思想政治工作会议上，习近平总书记发表重要讲话指出："高校思想政治工作关系高校培养什么样的人、如何培养人以及为谁培养人这个根本问题"，全面、系统地指明中国特色社会主义教育的根本问题到底是什么。对这个中国共产党长期关注和着力解决的重大问题，习近平总书记在新时代的新表述突出强调了教育的价值立场，尤其突出了"为谁培养人"的极端重要性。会上，习近平总书记明确指出，教育事业的发展方向应该同我国发展的现实目标和未来方向紧密联系在一起，提出了教育"为人民服务，为中国共产党治国理政服务，为巩固和发展中国特色社会主义制度服务，为改革开放和社会主义现代化建设服务"①的"四为"方针。"四为"教育方针明确了新时代中国特色社会主义教育的根本宗旨，是统筹推进"五位一体"总体布局和协调推进"四个全面"战略布局的要求，是统筹促进教育服务人的发展和服务社会发展的要求，揭示了我国教育的社会主义性质与根本方向。

一、以"四为"方针为指导，为党育人、为国育才

教育是国之大计、党之大计，中共十八大以来，党中央高度重视教育工作，全面加强了各级各类学校思想政治工作，强调不忘立德树人初心，牢记为党育人、为国育才的使命。2019年3月，习近平总书记在学校思想政治理论课教师座谈会上再次强调，"办好思想政治理论课，最根本的是要全面贯彻党的教育方针，解决好培养什么人、怎样培养人、为谁培养人这个根本问题"。思想政治理论课是党对教育工作全面领导、对思想政治工作高度重视的实践交汇点，是落实立德树人根本任务的关键课程，"新时代贯彻党的教育方针，要坚持马克思主义指导地位，贯彻新时代中国特色社会主义思想，坚持社会主义办学方向，落实

---

① 习近平. 习近平谈治国理政：第2卷［M］. 北京：外文出版社，2017：377.

立德树人的根本任务,坚持教育为人民服务、为中国共产党治国理政服务、为巩固和发展中国特色社会主义制度服务、为改革开放和社会主义现代化建设服务,扎根中国大地办教育,同生产劳动和社会实践相结合,加快推进教育现代化、建设教育强国、办好人民满意的教育,努力培养担当民族复兴大任的时代新人,培养德智体美劳全面发展的社会主义建设者和接班人"①。习近平总书记的重要讲话明确提出了新时代我国社会主义教育事业的总方向和根本方针,为办好新时代中国特色社会主义教育指明了基本方向、提供了根本遵循。

(一)教育要为人民服务

为人民服务是教育工作必须遵循的根本宗旨,人民立场是党发展教育事业的优良传统。教育为人民服务是立足中国共产党全心全意为人民服务的宗旨提出的,它具有深刻而丰富的内涵,渗透进党领导教育事业发展的方方面面。中共十九大报告特别将坚持"以人民为中心"作为中国特色社会主义的一个基本方略进行了系统论述,在整篇报告中,"人民"二字出现了200多次,深刻阐明了发展为了谁、发展依靠谁、发展成果由谁共享的根本问题。报告同时指出,"建设教育强国是中华民族伟大复兴的基础工程,必须把教育事业放在优先位置,深化教育改革,加快教育现代化,办好人民满意的教育"②,这为新时代我国教育事业改革发展指明了战略方向。在全国教育大会上,习近平总书记又进一步强调,"以凝聚人心、完善人格、开发人力、培育人才、造福人民为工作目标,培养德智体美劳全面发展的社会主义建设者和接班人,加快推进教育现代化、建设教育强国、办好人民满意的教育",并在"九个坚持"中的第六个坚持重申"坚持以人民为中心发展教育"③的重要性。由此可见,教育为人民服务的根本宗旨贯穿于教育事业整体顶层设计之中。

---

① 用新时代中国特色社会主义思想铸魂育人 贯彻党的教育方针落实立德树人根本任务[N]. 人民日报,2019-03-19.
② 习近平. 决胜全面建成小康社会 夺取新时代中国特色社会主义伟大胜利:在中国共产党第十九次全国代表大会上的报告[J]. 求是,2017(21).
③ 坚持中国特色社会主义教育发展道路 培养德智体美劳全面发展的社会主义建设者和接班人[N]. 人民日报,2018-09-11.

教育为人民服务，要坚持人民立场。人民立场是发展教育为了谁的根本出发点，在中国特色社会主义新时代，我们办的教育是完全服务于广大人民多样化、多层次和多方面需求的，努力让每个孩子都拥有受教育的机会，发展公平而有质量的教育，是党对人民的庄严承诺，也是人民立场的最佳体现[①]。教育是国之大计、党之大计，是关乎国计民生的重要事项，与每一个人的个人发展、家庭的和谐进步，以及整个国家与社会的繁荣富强都息息相关，可以说，教育嵌入了社会生活的方方面面，这更论证了发展教育要坚持人民立场的重要意义。人民群众是历史的创造者，人民是决定我们前途命运的根本力量。中共十八大以来，人民立场鲜明地体现在教育政策顶层设计中，党和国家围绕教育领域人民关注的问题以及关乎国家发展的重要教育命题，基于人民立场，制定了一系列较为完善的政策法规。如在脱贫攻坚战中创造性地提出"扶贫先扶智"，推动实现教育脱贫，加强义务教育控辍保学，采取高校扶贫、定点扶贫、科技扶贫等方式，为贫困地区打造良好的教育生态，为贫困人口的可持续发展提供助力，事实上就是从人民立场、从人民群众的根本利益出发，以教育为牢固抓手，为人民群众谋幸福的最生动体现。

教育为人民服务，要坚持以人民为中心发展教育。坚持以人民为中心发展教育是社会主义教育发展的出发点和落脚点，它囊括了"教育发展为了人民、教育发展依靠人民、教育发展成果由人民共享"的三大核心内涵，是三大核心内涵的理论交汇点[②]。教育发展为了人民，即坚持发展教育的人民立场，坚持走群众路线，将满足人民群众的现实需求、实现人民群众的利益放在首位。教育发展为了人民，指明了教育发展的目标宗旨和根本方向是人民，指出了教育发展的衡量标准是人民，强调了把教育发展落在实处的工作要求和原则。教育发展依靠人民，即全方位唤起人民群众共同推动教育事业发展的积极性与主动性，正如习近平总书记强调，要相信群众、尊重群众、向群众学习；教育发展依靠人民指出了深化教育改革创新的力量源泉是人民，强调了对人民首创精神的

---

① 杨兆山，陈煌. 坚持办教育的人民立场：学习习近平总书记全国教育大会重要讲话精神[J]. 现代教育管理，2019（1）.
② 刘复兴，邢海燕. 坚持以人民为中心发展教育[J]. 中国高等教育，2019（6）.

尊重和支持。教育事业关系到千家万户，社会中的每一个人都可以畅想教育发展的可行模式，为实现教育事业进步贡献自己的力量。要鼓励教师在教育教学岗位发扬创新精神，积极探索新时代的教育教学方法；激励家长深度参与到教育活动中来，同时不忽视家庭教育对于儿童成长的重要作用；推动社区、社会组织、舆论媒体等社会力量广泛参与到教育事业的建设中来，构建全社会共同推动教育事业发展的良好氛围。教育发展成果由人民共享，即教育发展的成果并非由部分人享有的战利品，而是人人都可以由此实现自身的进步，这是以人民为中心发展教育的关键之举。习近平总书记多次强调要"让成果更多更公平惠及全体人民"，蕴含了三个层面的含义：首先，在横向上，各类教育都要实现良好的发展，世界上没有两片完全相同的树叶，每个人的性格、天赋与偏好都千差万别，只有同时保障普通教育与职业教育双轨共同实现优质发展、公办教育与民办教育二者共同实现繁荣发展，才能确保每一个人都可以接受适合自己的教育。其次，在纵向上，我们既要推动学前教育实效性提高、基础教育结构性变革、高等教育高质量发展，更要努力构建能够实现终身学习的学习型社会，确保无论处于人生的哪一个阶段，只要有受教育的愿望与需要，每一个人都可以接受到良好的教育。最后，在"教育蛋糕"的分配问题上，要更加注重公平，切实缩小区域教育水平差距，推动城乡教育均衡化发展。

教育为人民服务，要办好人民满意的教育。人民满意的教育是对教育事业发展的最高评价，中共十九大报告强调，新时代我国社会主要矛盾已经转化为人民日益增长的美好生活需要和不平衡不充分的发展之间的矛盾，这意味着人民对于教育的需求也正呈现着多样化、多元化的变化趋势，教育已经不能是过往程式化、格式化的流程，而应更加灵活、更具特色。办好人民满意的教育，一方面要明确什么样的教育是人民需要、人民满意的教育，新的科技革命背景提示我们可以利用先进的信息技术手段，开展广泛的信息数据采集活动，为教育事业发展生成一个专门的"信息库"；另一方面要意识到人民对教育的标准是在不断变化的，经济社会的发展速度日益加快，这就要求教育系统要提高反应力，及时应对人民对教育提出的新要求，起到引领社会发展的作用。我国的教育减负政策经历了长时间的演变,中共十八大以来,党和国家又在"减负"的大的价值导向之下,不断根据人民群众的现实需求与反馈,调整出台了一系列新的政策,从校内的作业量设置、课后时间规范、体美劳教育保障,到几次大力规范校外培训机构发展,再到今天的"双减",做出了许多新的尝试,其最终的目标都是办人民满意的教育。

习近平总书记指出:"中国梦归根到底是人民的梦,必须紧紧依靠人民来实现,必须不断为人民造福。"发展新时代中国特色社会主义教育必须坚持人民的主体地位和以人民为中心的发展思想,必须根植于人民、服务于人民,体现教育的人民性,必须把人民群众对公平而有质量的教育需求作为奋斗目标,要让人民在教育上有获得感,认真解决好当前在人民群众中普遍存在的教育问题,实现教育发展成果更多、更公平地惠及全体人民,努力构建德智体美劳全面培养的教育体系,促进人的全面发展。坚持教育为人民服务是中国共产党人的奋斗目标,也是社会主义教育制度的本质特征,教育发展永无止境,教育为人民服务也永无止境,要在经济社会发展与教育自身变革中不断促进和实现教育的人民性,以推动教育事业在不断满足人民期待中稳步发展,实现教育现代化,建成教育强国[①]。

(二)教育要为中国共产党治国理政服务

教育必须为中国共产党治国理政服务,是由中国共产党的领导地位决定的,这为新时代我国教育事业发展提供了基本遵循。中共十九大报告指出,"中国特色社会主义最本质的特征是中国共产党领导,中国特色社会主义制度的最大优势是中国共产党领导","党政军民学,东西南北中,党是领导一切的"。习近平总书记在全国教育大会中提出的"九个坚持"中,排在第一位的便是"坚持党对教育事业的全面领导"。由此可见,教育事业发展与中国共产党治国理政之间有紧密的联系。教育必须为中国共产党治国理政服务:首先,要坚持党对教育事业的全面领导;其次,要深刻领会党中央治国理政新理念新思想新战略,在此基础上培养出为中国共产党治国理政服务的人才。

---

① 李立国. 教育必须为人民服务 [J]. 中国高等教育,2019(Z3).

第十四章　贯彻落实"四为"方针

教育为中国共产党治国理政服务，要坚持党的领导。中国特色社会主义最本质的特征就是坚持中国共产党的领导，党的领导为教育工作的发展提供了基本遵循和根本方向。中共十八大以来，教育政策文本中逐渐开始强调党对教育工作的领导，2015年《国务院关于加快发展民族教育的决定》明确提出"坚持中国共产党的领导"的基本原则，这是党的领导在教育政策文本中的第一次明确体现。在党的领导之外，政策文本中还普遍出现"组织领导"的表述，如2015年颁布的《国务院关于进一步完善城乡义务教育经费保障机制的通知》、2016年颁布的《国务院办公厅关于加快中西部教育发展的指导意见》等，相比而言，组织领导更多强调政府部门的参与，同时领导主体更为多元。中共十九大以来，"坚持党的领导"更加频繁地出现在教育政策文本当中，尤其是关于立德树人工作、思想政治教育的政策文本，以及在与国家和平稳定、重大发展战略息息相关的教育政策领域中，更强调精确使用"党的领导"来体现党对于这部分工作的重要思想引领和实践指导作用。此外，"党的领导"在政策中出现的位置与之前相比更加提前，相对于过去只在最后一部分组织实施或组织保障中提及，近年来的重大教育政策一般都在基本原则部分的第一条强调党的领导，由此可见，坚持党的领导已经成为实现教育为中国共产党治国理政服务的基本原则。

教育为中国共产党治国理政服务，要深刻领会党中央治国理政新理念新思想新战略。中共十八大以来，以习近平同志为核心的党中央在治国理政的新实践中，不断开拓思路，以实现中华民族伟大复兴的中国梦为奋斗目标，创造性地提出新时代中国发展的一系列新理念新思想新战略。党中央治国理政新理念新思想新战略进一步丰富和发展了中国特色社会主义理论体系，为党的科学理论增添了新的内容、赋予了新的生机、注入了新的力量，也为教育事业发展提供了新的思想、指明了新的方向、提出了新的要求，是新时代教育事业发展的科学理论指导和重要价值遵循①。"时代是思想之母，实践是理论之源。"在中国共产党全面领导下的教育事业发展离不开党中央治国理政的新理念新思想新战略，

---

① 胡宝国. 以党中央治国理政新理念新思想新战略引领高校思想政治教育工作[J]. 思想理论教育，2016（12）.

教育的发展已经深深融入党和国家发展的方方面面。在"一带一路"倡议下，我国积极加强与沿线国家教育领域的国际交流与合作，截至2017年，"一带一路"沿线国家来华留学生数达14.5万，占来华留学生总数的60.01%①。有学者预测，2020年沿线国家来华学历留学生将达到16.59万人，2025年将增长至31.28万人，年均增长率为10.09%，"一带一路"倡议仍将持续为我国高等教育国际化创造重要的发展机遇。2015年，习近平总书记在会见第四届全国文明城市、文明村镇、文明单位和未成年人思想道德建设工作先进代表时强调"人民有信仰，民族有希望，国家有力量"，教育正是进行社会主义精神文明建设的重要环节，各级各类学校则是建设文化强国过程中的重要实践载体。中共十八大以来，党中央不断关注学校思想政治教育工作，强调以立德树人为根本，将社会主义核心价值观融入各级各类教育事业中。

教育为中国共产党治国理政服务，要培养为中国共产党治国理政服务的人才。中共十九大提出，"人才是实现民族振兴、赢得国际竞争主动的战略资源"，这是人才工作的新定位。当今世界的综合国力竞争，说到底是人才竞争，人才越来越成为推动经济社会发展的战略性资源，而教育为中国共产党治国理政服务，就必须要培养认同中国特色社会主义道路、认同中国共产党治国理政理念、有志于投身中国特色社会主义建设的高素质人才。2020年7月，习近平总书记在给中国石油大学（北京）克拉玛依校区毕业生回信时写道，"得知你们118名同学毕业后将奔赴新疆基层工作，立志同各族群众一起奋斗，努力成为可堪大用、能担重任的西部建设者，我支持你们作出的这个人生选择"，并勉励全国高校毕业生，"前进的道路从不会一帆风顺，实现中华民族伟大复兴的中国梦需要一代一代青年矢志奋斗。同学们生逢其时、肩负重任。希望全国广大高校毕业生志存高远、脚踏实地，不畏艰难险阻，勇担时代使命，把个人的理想追求融入党和国家事业之中，为党、为祖国、为人民多作贡献"。此外，人才培养关键在教师，因此，我们还要培养造就一支有理想信念、有道德情操、有扎实学识、有仁爱之心的"四有"教师

---

① 宗晓华，李亭松. "一带一路"沿线国家来华留学生分布演变与趋势预测［J］. 高教探索，2020（4）.

队伍，并鼓励他们在教育教学实际中坚定不移地贯彻习近平总书记在全国教育大会上提出的"在坚定理想信念、厚植爱国主义情怀、加强品德修养、增长知识见识、培养奋斗精神、增强综合素质上下功夫"，培养出德智体美劳全面发展的社会主义建设者和接班人。

教育必须为中国共产党治国理政服务，是由中国共产党的领导地位、我国教育事业的政治性和党性、我们党治国理政的实践决定的①。为中国共产党治国理政服务是教育工作义不容辞的责任担当，中国共产党是中国特色社会主义事业的领导核心，发展教育工作要牢牢把握正确方向，毫不动摇加强党对教育工作的全面领导。中国共产党代表最广大人民的根本利益，党的利益与人民利益在根本上是一致的，教育为中国共产党治国理政服务，实质也是为人民服务。党治国理政需要教育尤其是高等教育在人才、技术、知识与国民素质等多方面提供有力支持，教育也要为国家富强、民族复兴、人民幸福做出应有的贡献，为党治国理政提供人才支撑与智力支持。

（三）教育要为巩固和发展中国特色社会主义制度服务

为巩固和发展中国特色社会主义制度服务是教育工作的价值取向，习近平总书记指出，"坚持和完善中国特色社会主义制度、推进国家治理体系和治理能力现代化，是关系党和国家事业兴旺发达、国家长治久安、人民幸福安康的重大问题"②。"坚持社会主义办学方向"是习近平总书记提出的教育"九个坚持"的第四个坚持，有中国特色的教育与中国特色社会主义政治制度、经济制度、文化制度、生态文明制度都有着千丝万缕的联系。有中国特色的教育，不仅可以提高广大人民群众对中国特色社会主义制度的基本认识，还可以用理论指导、实践互动、人才输送等方式反哺中国特色社会主义制度的发展。

教育为巩固和发展中国特色社会主义制度服务，要坚持社会主义办学方向。坚持社会主义办学方向是教育为巩固和发展中国特色社会主义

---

① 朱庆葆，章兴鸣. 教育必须为中国共产党治国理政服务 [J]. 中国高等教育，2019 (Z3).

② 习近平. 坚持和完善中国特色社会主义制度推进国家治理体系和治理能力现代化 [J]. 求是，2020 (1).

制度服务的根本原则①。中共十九大报告在对中国特色社会主义进入新时代做出进一步阐释时指出，中国特色社会主义进入新时代，"意味着科学社会主义在二十一世纪的中国焕发出强大生机活力，在世界上高高举起了中国特色社会主义伟大旗帜"，并强调"我国仍处于并将长期处于社会主义初级阶段的基本国情没有变"，"全党要牢牢把握社会主义初级阶段这个基本国情，牢牢立足社会主义初级阶段这个最大实际"。足以见得，教育要为巩固和发展中国特色社会主义制度服务，必须坚持社会主义办学方向。办学方向决定着办学道路，办学道路决定着社会主义教育的前途命运，我们必须在事关办学方向的问题上有坚定的立场站位，以马克思主义为底色，从基本国情实际出发，一旦我们在教育建设的过程中走上了错的办学方向，那就像一棵歪脖子树，无论如何都长不成参天大树，无法吻合中国特色社会主义制度建设需求，培养不出中国特色社会主义发展需要的建设者和接班人②。

教育为巩固和发展中国特色社会主义制度服务，要办有中国特色的教育。从我国工人阶级领导的、以工农联盟为基础的人民民主专政的社会主义国家的国体出发，立足于社会主义初级阶段的基本国情和新时代的发展方位，扎根中国大地办的教育，必将有厚重的中国底色。一方面，我国有着源远流长、博大精深的传统文化，教育发展历史悠久、成果丰富、底蕴深厚，我们应该深入挖掘厚重的中华文明史给予我们的精神财富，将中华优秀传统文化引入教育发展过程中。正如习近平总书记2021年考察朱熹园时所说："如果没有中华五千年文明，哪里有什么中国特色？如果不是中国特色，哪有我们今天这么成功的中国特色社会主义道路？我们要特别重视挖掘中华五千年文明中的精华，把弘扬优秀传统文化同马克思主义立场观点方法结合起来，坚定不移走中国特色社会主义道路。"另一方面，在中国特色社会主义新时代，在实现中华民族伟大复兴中国梦的征程之中，教育要扎根中国基本国情和人民生活实际，解决发展不平衡、不充分的突出问题，把推进教育公平作为首要和

---

① 芮鸿岩. 教育必须为巩固和发展中国特色社会主义制度服务[J]. 中国高等教育, 2019 (Z3).

② 王占仁. 习近平总书记教育重要论述的原创性贡献[J]. 国家教育行政学院学报, 2020 (11).

长期任务，努力让经济发展和科技进步的成果惠及每一个家庭、每一名学生①。2021年3月，习近平总书记在看望参加政协会议的医药卫生界、教育界委员时强调，"要从我国改革发展实践中提出新观点、构建新理论，努力构建具有中国特色、中国风格、中国气派的学科体系、学术体系、话语体系"。这是站在国际与国内二重视角下为构建高质量的教育体系提出的新要求，只有建成有中国特色的教育体系，才能在世界舞台上拥有更广泛的发言权，让中国声音更好地被世界听到。

教育为巩固和发展中国特色社会主义制度服务，要阐明教育与中国特色社会主义制度的关系。"坚持和完善中国特色社会主义制度、推进国家治理体系和治理能力现代化"是中共十九届四中全会确定的全面深化改革的总目标。会议审议通过的《中共中央关于坚持和完善中国特色社会主义制度、推进国家治理体系和治理能力现代化若干重大问题的决定》指出，"中国特色社会主义制度是党和人民在长期实践探索中形成的科学制度体系"。新中国成立70多年来，党领导人民进行制度探索的历史实践呈现为从新民主主义制度到社会主义制度，再到中国特色社会主义制度的发展过程。今天的中国特色社会主义制度体系包括政治、经济、文化、社会、生态文明建设各领域，包括国防军队、祖国统一、外交工作、党的建设等各方面，关系到政府治理、国家安全、权力监督、民生保障、国家统一、持续发展、长治久安等一系列重大问题②。在党和国家的一系列文件中，教育事业发展问题时常在中国特色社会主义社会建设中被提出。事实上，教育作为国家的立国之本，民族振兴、社会进步的基石，与中国特色社会主义建设的方方面面都有着密切的联系。整体而言，中国特色社会主义制度为教育提出时代要求从而推动教育发展，教育自身的进步又可以提高国民素质，反哺经济、政治、文化、社会、生态文明的发展，推动建成富强民主文明和谐美丽的社会主义现代化强国。

中国特色社会主义制度是中国特色社会主义的根本保障，也是中国发展进步的制度保障，必须毫不动摇坚持和完善中国特色社会主义制

---

① 鲁子箫，王嘉毅. 扎根中国大地办教育的理论内涵与实践面向：学习习近平总书记关于教育的重要论述[J]. 教育研究，2021，42(2).

② 齐卫平. 中国特色社会主义制度体系：框架建构和结构层次：兼论根本制度、基本制度、重要制度的关系[J]. 思想理论教育，2020(3).

度，培养巩固和发展社会主义制度的拥护者、支持者和爱国者。为中国特色社会主义事业的发展培养建设者、拥护者和接班人，这是教育的根本任务，各级各类教育必须将巩固和发展中国特色社会主义制度作为现实出发点和根本立足点，引导受教育者增强责任感与使命感，强化制度认同与制度自信。

（四）教育要为改革开放和社会主义现代化建设服务

改革开放是我国的基本国策，是坚持和发展中国特色社会主义的必由之路，改革开放和社会主义现代化建设相互依存、相辅相成，是实现中华民族伟大复兴道路上必须长期坚持的路线与目标，为改革开放和社会主义现代化建设服务是检验教育工作的试金石，教育尤其是高等教育作为培养社会主义事业建设者和接班人的主要阵地，是全面深化改革中的重要一环，必然要服务于改革开放和社会主义现代化建设，各级各类教育必须加强思想政治教育与专业知识教育的有机结合，完善创新人才培养体系，进一步优化教育结构，为全面深化改革开放和推进社会主义现代化建设提供智力支持与人才支撑。

教育为改革开放和社会主义现代化建设服务，要完善创新人才培养体系。在2018年5月举办的中国科学院第十九次院士大会、中国工程院第十四次院士大会上，习近平总书记立足世界新一轮科技革命和产业变革同我国转变发展方式的历史性交汇期，强调"中国要强盛、要复兴，就一定要大力发展科学技术，努力成为世界主要科学中心和创新高地。我们比历史上任何时期都更接近中华民族伟大复兴的目标，我们比历史上任何时期都更需要建设世界科技强国！"创新是发展的第一动力，人才是实现创新发展的第一资源，在百年未有之大变局中，高质量的教育体系要与全球科学技术发展的实际情况灵活接轨，甚至具备超前性，培养出能够助力中国发展的高水平创新人才，特别是科技领军人物，不断夯实中国经济社会发展的人才基础，朝着"两个一百年"奋斗目标扎实前进。人类社会正在走向数字时代，第四次工业革命的快速来临使得整个人类社会已进入新一轮革命性变革的序曲，国际竞争的新格局、未来科技发展和产业结构升级都对人才培养规格提出了更高要求①。站在"十四五"规划的起点上,完善创新人才培养体系,要从释放高校基础研究科技创新潜力、聚焦国家战略需要、瞄准关键核心技术特别是卡脖子问题、加快技术攻关四个方面入手,把创新能力作为人才培养的关键能力,在创新驱动发展的国家战略下,让创新人才为改革开放和社会主义现代化做出更大的贡献。

教育为改革开放和社会主义现代化建设服务,要进一步优化教育结构。中共十九届五中全会精神强调,要"建设高质量的教育体系",理解建设高质量的教育体系的内涵,一方面要坚持为党育人、为国育才,培养高素质时代新人;另一方面要着力实现会议提出的"十四五"时期经济社会发展总体目标中"全民受教育程度不断提高"的具体目标。关于教育普及与质量提高,要建设与新发展格局相适应的教育结构、学科专业结构、人才培养结构,其中进一步优化教育结构是关键。中国共产党自成立以来长期致力于提升全民受教育水平,中国教育事业发展实现了从扫盲,到精英化、大众化,甚至普及化的飞跃。《2019年全国教育事业发展情况》数据显示,目前,我国义务教育普及水平继续保持高位,正在向优质均衡阶段迈进,2019年,全国小学净入学率为99.94%,初中毛入学率为102.6%,已相当于世界高收入国家平均水平;高中阶段毛入学率89.5%,表明我国目前新增劳动力绝大部分已接受过高中阶段以上教育;高等教育规模稳步发展,结构逐步优化,毛入学率达到51.6%,已经迈入普及化发展阶段。在"十四五"时期,教育结构应该得到进一步优化,具体表现在全面普及高中阶段教育、不断提高高等教育普及程度、扩大研究生教育规模、构建服务全民终身学习的终身教育体系四个方面。新时代的基础教育要突出强调教育的公益性,完善普惠性学前教育与特殊教育,建立专门保障机制,同时实现高中阶段学校多样化发展;新时代强调了人力资本的概念,要求补足高等教育短板,增强职业技术教育的适应性,分类建设一流大学和一流学科、加快培养理工农医类专业紧缺人才。

教育为改革开放和社会主义现代化建设服务,要深化教育领域综合

---

① 刘复兴. 论教育与机器的关系[J]. 教育研究,2019,40(11).

改革。教育领域综合改革是国家改革开放下教育领域一系列宏观的重要举措,面向教育现代化,中共十八大以来,中共中央不断加强对教育领域综合改革的重视程度,牵头出台了数十份重要政策文件,涉及国家教育事业发展从宏观到微观、从国家到个人的方方面面,教育领域综合改革进入深水区。深化教育领域综合改革,要处理好四对大局关系:面对国际国内双循环的经济发展现状,要处理好国内教育和国际教育的大局;面对后疫情时代与教育信息化蓬勃发展,要处理好线上教育和线下教育的大局;面对人民群众多样的个人发展需要,要处理好学校教育和终身教育的大局;面对中国特色知识体系与西方知识体系的碰撞,要处理好本土创新和西学东渐的大局。深化教育领域综合改革,让教育为改革开放和社会主义现代化建设服务,最紧要的任务有以下五点:一是要不断增强教育改革的系统性、整体性、协同性;二是要加速构建符合世界先进水平的教育评价体系;三是要着力更新教育理念,变革教育模式,尤其是疫情当中新的教育模式;四是要坚持优化教育开放全球布局;五是要坚决守住安全底线,包括政治安全底线、教育安全底线等。

教育发展的历史证明,不断变革是现代教育的基本特征之一,也是其存在形式。教育现代化建设包含八大基本理念,即更加注重以德为先、全面发展、面向人人、终身学习,以及更加注重因材施教、知行合一、融合发展和共建共享,教育要实现现代化发展,根本靠改革①。2020 年 7 月,习近平总书记对研究生教育工作做出重要指示,要"推动研究生教育适应党和国家事业发展需要,坚持'四为'方针,瞄准科技前沿和关键领域,深入推进学科专业调整,提升导师队伍水平,完善人才培养体系,加快培养国家急需的高层次人才,为坚持和发展中国特色社会主义、实现中华民族伟大复兴的中国梦作出贡献"。新时代全面贯彻党的教育方针,落实立德树人的根本任务,办好中国特色社会主义教育,必须以教育"四为"方针为指导,全面深化教育改革创新,不断朝着教育现代化的目标努力,提升全民受教育程度与国民素养,夯实社会文明进步的基础,为国家改革开放和社会主义现代化建设服务。

---

① 刘昌亚. 加快推进教育现代化　开启建设教育强国新征程:《中国教育现代化 2035》解读[J]. 教育研究,2019,40 (11).

二、培养德智体美劳全面发展的社会主义建设者和接班人

中共十八大以来，围绕人才培养的关键问题，党和国家提出了新时代人才培养的新标准和新要求，我国人才培养体系正在经历结构性变革的新趋势。在全国教育大会上，习近平总书记强调我们要"培养德智体美劳全面发展的社会主义建设者和接班人"。2019年6月，国务院办公厅印发《关于新时代推进普通高中育人方式改革的指导意见》，明确要求："到2022年，德智体美劳全面培养体系进一步完善，立德树人落实机制进一步健全。"与过去单一强调"全面发展"不同，新时代的人才培养体系不仅重提德智体美劳五育并举全面发展，更在培养过程中提出了全面培养的重要论断，强调五育融合，建设更高水平的人才培养体系，在传统重视智力培育的基础上，更突出其他四育的重要地位与关键作用，并在政策文本中予以特别强调和整体部署。新时代的人才培养不仅注重教育教学开展过程，更关注到教育评价方面，"教育评价事关教育发展方向，有什么样的评价指挥棒，就有什么样的办学导向"，基于对我国长期存在的不科学的教育评价导向进行深刻反思，开展起全面评价的新时代评价体系改革工作。

（一）重提德智体美劳全面发展，特别重申劳动教育重要性

培养德智体美劳全面发展的社会主义建设者和接班人是新时代党的教育方针的重要表述，是现阶段我国人才培养的关键目标，随着时代的发展，有着自身的历史发展逻辑。1978年，邓小平在全国教育工作会议上指出："应该使受教育者在德育、智育、体育几方面都得到发展，成为有社会主义觉悟的有文化的劳动者"；1993年颁发的《中国教育改革和发展纲要》指出："教育必须为社会主义现代化建设服务，必须与生产劳动相结合，培养德、智、体全面发展的建设者和接班人"，提出了人才全面发展的"三要素"；2015年颁布的《中华人民共和国教育法》（以下简称《教育法》）指出："教育必须为社会主义现代化建设服

务、为人民服务，必须与生产劳动和社会实践相结合，培养德、智、体、美等方面全面发展的社会主义建设者和接班人。"《教育法》所呈现的教育方针内容增加了教育要同"社会实践相结合"的具体要求，并将全面发展的要素由"德、智、体三要素"发展为"德、智、体、美四要素"，通过法律形式将其转化为国家意志；2018年，习近平总书记在全国教育大会上指出，要"培养德智体美劳全面发展的社会主义建设者和接班人，加快推进教育现代化、建设教育强国、办好人民满意的教育"[1]。五育并举的教育理念是对马克思主义关于人的全面发展思想的继承与发展，是新时代中国特色社会主义事业发展对教育事业的总体要求，顺应教育发展的基本规律，符合人才全面发展的内涵要求。

中共十九大报告对于人才培养目标的表述，只强调了"德智体美"四育，全国教育大会上习近平总书记则进一步提出"培养德智体美劳全面发展的社会主义建设者和接班人"这一重要论断，号召"要在学生中弘扬劳动精神，教育引导学生崇尚劳动、尊重劳动，懂得劳动最光荣、劳动最崇高、劳动最伟大、劳动最美丽的道理，长大后能够辛勤劳动、诚实劳动、创造性劳动"。在全国教育大会精神的指引下，劳动教育的重要性得到党和国家的重视，在政策文本和领导人讲话中被多次重申，并被人民群众广泛关注。2020年3月，中共中央、国务院发布了《关于全面加强新时代大中小学劳动教育的意见》（以下简称《意见》），这是中共十八大以来首次以独立政策的形式对劳动教育开展进行全面解读和规划。《意见》指出，劳动教育的总体目标是"通过劳动教育，使学生能够理解和形成马克思主义劳动观，牢固树立劳动最光荣、劳动最崇高、劳动最伟大、劳动最美丽的观念；体会劳动创造美好生活，体认劳动不分贵贱，热爱劳动，尊重普通劳动者，培养勤俭、奋斗、创新、奉献的劳动精神；具备满足生存发展需要的基本劳动能力，形成良好劳动习惯"，这一总体目标对新时代劳动教育的深刻内涵做出了全新的解读。《意见》同时指出要充分整合和利用社会资源，在家庭生活、学校生活、社会生活的时时刻刻进行劳动教育，营造全社会关心和支持劳动教育的

---

[1] 坚持中国特色社会主义教育发展道路　培养德智体美劳全面发展的社会主义建设者和接班人[N]. 人民日报，2018-09-11.

良好氛围。同年 11 月，习近平总书记在全国劳动模范和先进工作者表彰大会上进一步指出"教育引导青少年树立以辛勤劳动为荣、以好逸恶劳为耻的劳动观，培养一代又一代热爱劳动、勤于劳动、善于劳动的高素质劳动者"。与新中国成立初期的"学工、学农"不同，新时代的劳动教育强调劳动精神、劳动价值、劳动素养的全方位发展，不仅具有价值教育的属性，还有着强烈的时代特征与社会属性，劳动教育的观念和实践应与时俱进，适应现代社会发展变化，以及技术结构、产业结构变革的时代背景①。

（二）提出德智体美劳全面培养的重要论断，建设更高水平的人才培养体系

在全国教育大会上，习近平总书记首次提出，"要努力构建德智体美劳全面培养的教育体系，形成更高水平的人才培养体系"。全面培养是实现人的全面发展的手段，是对学校、家庭、社会等教育主体做出的要求，最终期待的仍是实现全面发展的终极理想。德育、智育、体育、美育、劳动教育五育，既体现了个人发展过程中的不同向度，又体现了教育中应该包含的方面：德育教人向善，智育教人求真，体育教人健体，美育教人臻美，劳动教育教人在劳力上劳心，五育依靠其独特的内涵，共同完成培养德智体美劳全面发展社会主义建设者和接班人的任务②。

习近平总书记在全国教育大会上进一步阐明了教育的九个要求：一是要在坚定理想信念上下功夫，"教育引导学生树立共产主义远大理想和中国特色社会主义共同理想，增强学生的中国特色社会主义道路自信、理论自信、制度自信、文化自信，立志肩负起民族复兴的时代重任"。二是要在厚植爱国主义情怀上下功夫，"让爱国主义精神在学生心中牢牢扎根，教育引导学生热爱和拥护中国共产党，立志听党话、跟党走，立志扎根人民、奉献国家"。三是要在加强品德修养上下功夫，"教

---

① 檀传宝. 劳动教育的概念理解：如何认识劳动教育概念的基本内涵与基本特征 [J]. 中国教育学刊，2019（2）.
② 冯建军. 构建德智体美劳全面培养的教育体系：理据与策略 [J]. 西北师大学报（社会科学版），2020，57（3）.

育引导学生培育和践行社会主义核心价值观,踏踏实实修好品德,成为有大爱大德大情怀的人"。四是要在增长知识见识上下功夫,"教育引导学生珍惜学习时光,心无旁骛求知问学,增长见识,丰富学识,沿着求真理、悟道理、明事理的方向前进"。五是要在培养奋斗精神上下功夫,"教育引导学生树立高远志向,历练敢于担当、不懈奋斗的精神,具有勇于奋斗的精神状态、乐观向上的人生态度,做到刚健有为、自强不息"。六是要在增强综合素质上下功夫,"教育引导学生培养综合能力,培养创新思维"。七是要树立健康第一的教育理念,"开齐开足体育课,帮助学生在体育锻炼中享受乐趣、增强体质、健全人格、锤炼意志"。八是要全面加强和改进学校美育,"坚持以美育人、以文化人,提高学生审美和人文素养"。九是要在学生中弘扬劳动精神,"教育引导学生崇尚劳动、尊重劳动,懂得劳动最光荣、劳动最崇高、劳动最伟大、劳动最美丽的道理,长大后能够辛勤劳动、诚实劳动、创造性劳动"。这九个要求,是党中央对全面培养的最生动、全面的叙述。

德育是培养学生爱党爱国爱人民,增强国家意识和社会责任意识,教育学生理解、认同和拥护国家政治制度,了解中华优秀传统文化和革命文化、社会主义先进文化,增强中国特色社会主义道路自信、理论自信、制度自信、文化自信,引导学生准确理解和把握社会主义核心价值观的深刻内涵和实践要求,养成良好的政治素质、道德品质、法治意识和行为习惯,形成积极健康的人格和良好的心理品质,促进学生核心素养提升和全面发展,为学生一生成长奠定坚实的思想基础的关键一环。道德是社会性的核心,也是人的精神的灵魂,人无德不立,立德树人是各级各类学校的根本任务。习近平总书记在2018年全国教育大会上强调,建设更高水平的人才培养体系,"要把立德树人融入思想道德教育、文化知识教育、社会实践教育各环节,贯穿基础教育、职业教育、高等教育各领域,学科体系、教学体系、教材体系、管理体系要围绕这个目标来设计,教师要围绕这个目标来教,学生要围绕这个目标来学。凡是不利于实现这个目标的做法都要坚决改过来"。在德育培养上,思想政治理论课是最关键一环,中共十九大以来,在党中央领导下,我国不断推行基础教育和高等教育思政课改革创新,培养了一支政治强、情怀深、思维新、视野广、自律严、人格正的思政课教师队伍，明确了思政课具体内容与体系，大中小学思政课教材建设由国家教材委员会统筹，编写统一教材，课程思政水平日益深化，思政课的思想性、理论性和亲和力、针对性不断增强。可以说，德育工作作为发展人、培养人最重要的也是首要的一环，正在新时代得到前所未有的关注，实现前所未有的现代化发展。

智育是培养认知能力、促进思维发展、激发创新意识的根本性环节，好的智育能够保护学生的好奇心、想象力、求知欲，激发学生的学习兴趣，提高学生的学习能力。智育是传统学校教育中最为核心的内容，它大多以课程教学为基础载体，始于知识传递，但最后期望的是人能够自主生发知识。面对新时代科技发展与国际竞争的新挑战，智育培养也面临着全新的时代问题，基础学科的作用日益凸显。2020年，强基计划取代实行十余年的自主招生计划，前者更侧重于选拔培养有志于服务国家重大战略需求且综合素质优秀或基础学科拔尖的学生，这体现出我国对于智育的更高层次追求，尤其在高等教育领域，高水平科研素养是智育培养的重要内容。习近平总书记在科学家座谈会上强调，基础研究是科技创新的源头，"我国基础研究虽然取得显著进步，但同国际先进水平的差距还是明显的。我国面临的很多'卡脖子'技术问题，根子是基础理论研究跟不上，源头和底层的东西没有搞清楚……要加大基础研究投入，首先是国家财政要加大投入力度，同时要引导企业和金融机构以适当形式加大支持，鼓励社会以捐赠和建立基金等方式多渠道投入，扩大资金来源，形成持续稳定投入机制。对开展基础研究有成效的科研单位和企业，要在财政、金融、税收等方面给予必要政策支持。要创造有利于基础研究的良好科研生态，建立健全科学评价体系、激励机制，鼓励广大科研人员解放思想、大胆创新，让科学家潜心搞研究。要办好一流学术期刊和各类学术平台，加强国内国际学术交流"。

体育是实现立德树人根本任务、提升学生综合素质的基础性工程，是加快推进教育现代化、建设教育强国和体育强国的重要工作，对于弘扬社会主义核心价值观，培养学生爱国主义、集体主义、社会主义精神和奋发向上、顽强拼搏的意志品质，实现以体育智、以体育心具有独特功能。然而，长期以来全民体育的风气并未在全社会普及开来，学校体育更一直在学校教育中处于边缘地位，为了体能测试而突击锻炼的情况不在少数，许多孩子从小就处于肥胖、体质虚弱等亚健康状态。习近平总书记在安康市平利县老县镇中心小学考察调研时指出："现在孩子普遍眼镜化，这是我的隐忧。还有身体的健康程度，由于体育锻炼少，有所下降。文明其精神，野蛮其体魄，我说的'野蛮其体魄'就是强身健体。"2020年10月，中共中央办公厅、国务院办公厅印发了《关于全面加强和改进新时代学校体育工作的意见》，这是新时代对于学校体育教育进行全面规划设计的政策体现，强调要开齐开足体育课，不断深化体育教学改革，推广武术、射艺等中华传统体育项目，健全体育竞赛和人才培养体系并全面改善办学条件。

美育是审美教育、情操教育、心灵教育，也是丰富想象力和培养创新意识的教育，能提升审美素养、陶冶情操、温润心灵、激发创新创造活力。美是纯洁道德、丰富精神的重要源泉，相比于其他教育来说，美育是最为抽象的，也是最不为学校教育所重视的。但事实上，"生活中不缺少美，而缺少发现美的眼睛"，美育是极具包容度的，美无处不在，德育、智育、体育、劳动教育中都包含着诸如心灵美、语言美、行为美、科学美、秩序美、健康美、勤劳美、艺术美等美的元素。长期以来，美育课程和实践的生存发展空间在学校教育中常被考试科目所挤占，学生们往往不能得到系统的美育培养，也不能有自由的美育素养发展。同样是在2020年10月，中共中央办公厅、国务院办公厅印发了《关于全面加强和改进新时代学校美育工作的意见》，至此，美育也有了专门性的政策文件推动建设。习近平总书记在给中央美术学院老教授的回信中写道："美术教育是美育的重要组成部分，对塑造美好心灵具有重要作用。你们提出加强美育工作，很有必要。做好美育工作，要坚持立德树人，扎根时代生活，遵循美育特点，弘扬中华美育精神，让祖国青年一代身心都健康成长。"以提高学生审美和人文素养为目标，弘扬中华美育精神，以美育人、以美化人、以美培元，美育将在新时代焕发新的生机。

劳动教育是中国特色社会主义教育制度的重要内容，直接决定社会主义建设者和接班人的劳动精神面貌、劳动价值取向和劳动技能水平。劳动教育自中共十九大以来备受党中央关注，2019年11月，习近平总书记主持召开中央全面深化改革委员会第十一次会议强调，"劳动教育是中国特色社会主义教育制度的重要内容。要全面贯彻党的教育方针，坚持立德树人，把劳动教育纳入人才培养全过程，贯通大中小各学段，贯穿家庭、学校、社会各方面，把握育人导向，遵循教育规律，创新体制机制，注重教育实效，实现知行合一，促进学生形成正确的世界观、人生观、价值观"。空谈误国，实干兴邦，我们要着力建设一套贯穿基础教育到高等教育的劳动教育体系，从劳动意识启蒙开始，不断养成讲卫生、爱劳动的良好习惯，增加劳动知识、技能，丰富职业体验，开展服务性劳动、参加生产劳动，最终在高等教育阶段围绕创新创业，结合学科和专业积极开展实习实训、专业服务、社会实践、勤工助学，让劳动教育在新时代不断呈现新的育人价值。

（三）以破"五唯"为导向，深化新时代教育评价改革

教育评价是教育治理的重要环节，事关教育发展的方向和前途[①]。中共十八大尤其是全国教育大会以来，习近平总书记多次强调，完善立德树人体制机制，扭转不科学的教育评价导向，坚决克服唯分数、唯升学、唯文凭、唯论文、唯帽子的顽瘴痼疾，提高教育治理能力和水平，加快推进教育现代化、建设教育强国、办好人民满意的教育。2020年9月，习近平总书记在教育文化卫生体育领域专家代表座谈会上强调，"要抓好深化新时代教育评价改革总体方案出台和落实落地，构建符合中国实际、具有世界水平的评价体系"。为深入贯彻落实习近平总书记关于教育的重要论述和全国教育大会精神，2020年10月，中共中央、国务院印发了《深化新时代教育评价改革总体方案》（以下简称《总体方案》），根据我国教育改革发展的新形势新要求，对教育评价改革进行了系统部署，共涉及5个方面22项改革任务，与2035教育现代化总体目标相对应，要求到2035年，基本形成富有时代特征、彰显中国特色、体现世界水平的教育评价体系。《总体方案》在主要原则中提出"改进

---

① 周洪宇. 以科学的教育评价推动新时代教育学发展[J]. 中国教育学刊, 2020 (12).

结果评价,强化过程评价,探索增值评价,健全综合评价"四个评价,它是重要的思路创新、路径创新,体现了对教育规律和人才成长规律的尊重,强调了评价的动态性、诊断性、多元性①。

第一,要改革党委和政府教育工作评价,推进科学履行职责,这是我们一般提到教育评价最容易忽略的内容。党委和政府在教育事业发展中起到统筹规划的作用,各级党委和政府在对教育事业进行统筹规划和指标安排时的政绩观会直接影响整体教育评价生态②。因此,《总体方案》中特别强调"各级党委和政府要坚持正确政绩观,不得下达升学指标或以中高考升学率考核下一级党委和政府、教育部门、学校和教师,不得将升学率与学校工程项目、经费分配、评优评先等挂钩,不得通过任何形式以中高考成绩为标准奖励教师和学生,严禁公布、宣传、炒作中高考'状元'和升学率"。第二,要改革学校评价,推进落实立德树人根本任务。首先,对学校的评价是教育评价体系中的重要部分,在对学校进行教育评价的过程中要首先坚持把立德树人成效作为根本标准;其次,要针对各级各类学校的办学特点特色进行差异化、区分化、各有侧重的评价,不能以同一套评价体系对待不同类型的学校。第三,要改革教师评价,推进践行教书育人使命。教师是开展教育教学活动的主体,是教育评价中的关键对象,首先要坚持把师德师风作为教师评价的第一标准,坚决克服重科研轻教学、重教书轻育人等现象,同时,《总体方案》还提出要突出教育教学实绩和一线学生工作,推进人才称号回归学术性、荣誉性,这大大改善了之前教师评价中唯论文、唯帽子这些由简单化、绝对化带来的不科学、不正确的评价导向。第四,要改革学生评价,促进德智体美劳全面发展。学生评价是教育评价中最核心、最受社会广泛关注的内容,《总体方案》对德智体美劳五育评价都做出了进一步的细化规定,并特别强调严格学业标准。针对社会普遍关注的升学问题,《总体方案》继续强调要打破"唯分数"论,深化考试招生制度改革,稳步推进中高考改革,加快完善初高中学生综合素质档案建设

---

① 周洪宇. 指导深化新时代教育评价改革的纲领性文件:《深化新时代教育评价改革总体方案》解读 [J]. 红旗文稿,2020 (22).

② 瞿振元,张炜,陈骏,等. 深化新时代教育评价改革研究(笔谈)[J]. 中国高教研究,2020 (12).

和使用办法，完善高等职业教育"文化素质＋职业技能"考试招生办法，深化研究生考试招生改革，"探索建立学分银行制度，推动多种形式学习成果的认定、积累和转换，实现不同类型教育、学历与非学历教育、校内与校外教育之间互通衔接，畅通终身学习和人才成长渠道"。第五，要改革用人评价，共同营造教育发展良好环境，这是对教育评价体系的进一步补充，强调要扭转"唯名校""唯学历"的用人导向，在就业过程中促进人岗相适。

  建立符合新时代要求的教育评价机制，要把人才培养评价放在根本性位置上，把教育"九个坚持"、"四为"方针以及人才新标准确立为新的评价指导思想，并将结果评价与过程性评价、诊断性评价、发展性评价相结合，重视增值性评价、表现性评价与综合性评价的有机结合，同时切实解决学科评价之外的非学科、非学术性要素的评价问题。此外，我们要格外注意，实现全面发展，可以以全面培养作为手段，但要进行全面培养，绝不能以全面考试为推进器，全面评价与全面考试是两个截然不同的概念，如果为了实现全面发展和全面培养就一定要把所有科目都纳入考试，那我们就会陷入全面培养的素质教育与全面考试的应试教育、减负与增负的怪圈中。在新时代的全面发展、全面培养、全面评价不断得到有效推动之时，全面考试的导向是我们应当高度警惕的。

第十五章 努力培养堪当民族复兴重任的时代新人

纵观历史可以发现，中国共产党的教育政策总是服务于每一时期的战略任务，在党的历史上，没有一个时期对教育有如今天这般关注。中共十八大以来，特别是中共十九大之后，党和国家根据"培养什么人、怎样培养人、为谁培养人"这一根本问题，针对新时期的人才培养工作提出了新的要求。站在新的历史方位上，我们要培养德智体美劳全面发展的社会主义建设者和接班人，把服务中华民族伟大复兴作为教育的重要使命，全面贯彻党的教育方针，培养担当民族复兴大任的时代新人。新时代人才培养的新要求是对马克思主义有关人才培养思想的继承与创新发展，突出体现了新时代教育的重要使命作用，体现了我国人才培养的社会主义方向与时代任务。站位新时代，培养担当民族复兴大任的时代新人，是中国共产党在新的社会历史背景下，实现对教育事业全面领导的战略任务，必须全面把握包含在中共十八大以来党和国家教育理论与实践中的新人之新，深刻挖掘全球政治经济文化环境下的"新时代"之新，方能深刻理解培养担当民族复兴大任的时代新人这一重大战略任务，并从历史和现实的角度出发，回应"培养什么人、怎样培养人、为谁培养人"的根本问题。

一、提出人才培养的新标准与新要求

中共十八大以来，中国社会发生了全方位变革，与此同时，中国所面对的国际形势也瞬息万变。2017年，习近平总书记在中共十九大报告中指出"中国特色社会主义进入了新时代"，这是我国发展新的历史方位。教育是民族振兴和社会进步的基石，在国内发展与国际形势变换中发挥着不可替代的作用。"发展是第一要务，人才是第一资源"，新时代的教育如何培养能够适应国内国际环境发展的、国家富强和社会进步需要的人才成为亟须明确的关键问题。面对世界百年未有之大变局，面

第十五章　努力培养堪当民族复兴重任的时代新人

对第四次工业革命的挑战，面对精神文明建设的困境，面对新的发展战略目标的新要求，站在"两个一百年"奋斗目标的交汇点，党和国家从多个维度对人才培养标准提出了若干新要求。

一是把立德树人作为教育根本任务，要求把培育和践行社会主义核心价值观融入国民教育全过程。中共十八大报告要求"把立德树人作为教育的根本任务"，中共十九大报告进一步要求，要培育和践行社会主义核心价值观，发挥社会主义核心价值观对国民教育的引领作用。习近平总书记在2014年五四青年节考察北京大学时强调"核心价值观，其实就是一种德，既是个人的德，也是一种大德，就是国家的德、社会的德。国无德不兴，人无德不立"，其实正指明了教育的根本任务立德树人与培养和践行社会主义核心价值观的密切关系。2018年9月，在全国教育大会上，习近平总书记进一步集中论述了"要把立德树人融入思想道德教育、文化知识教育、社会实践教育各环节，贯穿基础教育、职业教育、高等教育各领域"，强调要健全立德树人落实机制。2019年3月，在学校思想政治理论课教师座谈会上，习近平总书记进一步明确，"思想政治理论课是落实立德树人根本任务的关键课程"，要发挥教师的积极性、主动性、创造性，不断增强思政课的思想性、理论性和亲和力、针对性，全面加强党对思想政治理论课建设的领导，确保各级各类教育中的思政课都可以得到实际的落实和效果的保障，实现立德树人、社会主义核心价值观教育在人才培养中的核心、首要、引领地位。

二是提出了创新发展理念和培养创新型人才的问题。中共十八届五中全会提出实施"创新发展、协调发展、绿色发展、开放发展、共享发展"的五大发展理念，把"创新发展"列在首位。习近平总书记在科学把握创新发展、新科技革命和产业变革、数字经济的历史性机遇的基础上，提出了"创新是引领发展的第一动力"的论断，而创新发展必须大力"培养实践性、创新型、复合型"[①]人才。中共十九大确立了到2035年跻身创新型国家前列的战略目标，中共十九届五中全会提出了坚持创新在我国现代化建设全局中的核心地位，把科技自立自强作为国家发展的战略支撑。立足新发展阶段、贯彻新发展理念、构建新发展格局、推

---

① 刘复兴. 试论新时代我国基础教育的结构性变革[J]. 教育研究，2018，39 (10).

动高质量发展,必须深入实施科教兴国战略、人才强国战略、创新驱动发展战略,完善国家创新体系,加快建设科技强国,实现高水平科技自立自强。习近平总书记在中国科学院第二十次院士大会、中国工程院第十五次院士大会、中国科学技术协会第十次全国代表大会上讲道,"高水平研究型大学要把发展科技第一生产力、培养人才第一资源、增强创新第一动力更好结合起来,发挥基础研究深厚、学科交叉融合的优势,成为基础研究的主力军和重大科技突破的生力军。要强化研究型大学建设同国家战略目标、战略任务的对接,加强基础前沿探索和关键技术突破,努力构建中国特色、中国风格、中国气派的学科体系、学术体系、话语体系,为培养更多杰出人才作出贡献"。因此,要将创新能力作为人才培养的关键能力,不断提升人才的创新能力,培养大批具有创造性、敢于突破的高质量人才。

三是提出了教育"四为"方针,特别强调了"为谁培养人"这个根本问题。习近平总书记在全国高校思想政治工作会议上强调,教育要"为人民服务,为中国共产党治国理政服务,为巩固和发展中国特色社会主义制度服务,为改革开放和社会主义现代化建设服务"的"四为"教育方针,发展了党和国家关于教育方针与目的的表述,创新、丰富和发展了对于人才培养目标的根本要求,提出了"为谁培养人"这个根本问题。"四为"方针全方位地回答了"为谁培养人"的问题,明确了教育要为党育人、为国育才的新时代我国社会主义教育事业的总方向和根本方针。在全国教育大会上,习近平总书记进一步要求"培养一代又一代拥护中国共产党领导和我国社会主义制度、立志为中国特色社会主义奋斗终身的有用人才"。2021年9月,习近平总书记在中央人才工作会议上提出,"坚持党对人才工作的全面领导","坚持党管人才",进一步强调了教育培养人才的目的性与价值观教育的根本性,突出了党在人才工作中的关键地位和重要作用,明晰了人才培养的社会主义方向性。

四是重视学生发展核心素养,要求培养必备品格与关键能力。2014年,教育部颁布《关于全面深化课程改革落实立德树人根本任务的意见》,明确提出要培养学生必备品格与关键能力的要求,强调要"组织研究提出各学段学生发展核心素养体系,明确学生应具备的适应终身发

第十五章　努力培养堪当民族复兴重任的时代新人

展和社会发展需要的必备品格和关键能力"。2016年《中国学生发展核心素养》正式公布，以培养"全面发展的人"为核心，核心素养分为文化基础、自主发展、社会参与3个方面，综合表现为人文底蕴、科学精神、学会学习、健康生活、责任担当、实践创新等6大素养，具体细化为人文积淀、理性思维、信息意识、健全人格、国家认同、劳动意识等18个基本要点。各素养之间相互联系、互相补充、相互促进，在不同情境中整体发挥作用[①]。2017年，中共中央、国务院印发《关于深化教育体制机制改革的意见》，强调"要注重培养支撑终身发展、适应时代要求的关键能力。在培养学生基础知识和基本技能的过程中，强化学生关键能力培养"，从而把核心素养置于人才培养的基础地位，把必备品格和关键能力作为培育和践行社会主义核心价值观、落实立德树人根本任务、培养时代新人的一个十分重要的标准[②]。

五是提出"培养担当民族复兴大任的时代新人"重大命题。中共十九大报告提出"培养担当民族复兴大任的时代新人"的新时代命题，进一步突出强调了社会主义核心价值观对人才培养的引领作用和人才标准的时代性以及时代新人的担当精神，将时代新人的培养融入中华民族伟大复兴的中国梦中。2019年，习近平总书记在对全国道德模范表彰活动做出重要指示时指出，"要培育和践行社会主义核心价值观，推进社会公德、职业道德、家庭美德、个人品德建设，深化群众性精神文明创建活动，着力培养担当民族复兴大任的时代新人"；2021年在清华大学考察时讲道，"要想国家之所想、急国家之所急、应国家之所需，抓住全面提高人才培养能力这个重点，坚持把立德树人作为根本任务，着力培养担当民族复兴大任的时代新人"，无不体现出"培养担当民族复兴大任的时代新人"的高标准与严要求。"教育就是要培养中国特色社会主义事业的建设者和接班人，而不是旁观者和反对派"，而当代中国青年恰恰是"与新时代同向同行、共同前进"的一代，生逢盛世，肩负重任，我们要把担当精神和社会责任感作为人才培养的必备品格，突出新时代中国特色社会主义思想精神实质对于人才培养的根本标准，着力培

---

① 核心素养研究课题组. 中国学生发展核心素养[J]. 中国教育学刊，2016 (10).
② 刘复兴. 试论新时代我国基础教育的结构性变革[J]. 教育研究，2018，39 (10).

养时代新人的担当精神和社会责任感。

六是把劳动教育作为人才培养的基本内容和根本途径。在全国教育大会上，习近平总书记指出，要"坚持马克思主义指导地位"，"培养德智体美劳全面发展的社会主义建设者和接班人"，"在学生中弘扬劳动精神"，再一次将劳动教育纳入我国教育方针，重申马克思主义关于人的全面发展理论的指导地位和教育与生产劳动相结合的重要思想，突出新时代劳动教育的重要性及特殊价值。劳动教育有着双重属性机制：第一重是对劳动本身的教育，包括新时代劳动者素质至少应包含态度、情感、人生观、习惯、知识、技能、能力等；第二重是劳动对其他教育的促进作用，"以劳树德、以劳增智、以劳强体、以劳育美、以劳创新"，要充分意识到将劳动作为培养人才的重要途径①。长期以来，劳动教育在学校教育、社会教育、家庭教育中始终处于边缘位置，然而"社会主义是干出来的，新时代是奋斗出来的"，"劳动是一切幸福的源泉"。2020年11月，习近平总书记在全国劳动模范和先进工作者表彰大会上进一步重申了劳动的价值和劳动教育的重要作用，指出"要开展以劳动创造幸福为主题的宣传教育，把劳动教育纳入人才培养全过程，贯通大中小学各学段和家庭、学校、社会各方面，教育引导青少年树立以辛勤劳动为荣、以好逸恶劳为耻的劳动观，培养一代又一代热爱劳动、勤于劳动、善于劳动的高素质劳动者"。我们要坚持社会主义教育的方向，把劳动教育作为人才培养的基本内容和根本途径，关注劳动教育课程的设计和落实，同时将劳动最光荣的理念融入社会生活的方方面面，培养德智体美劳全面发展的时代新人。

二、着力培养时代新人

习近平总书记在中共十九大报告中提出要"培养担当民族复兴大任的时代新人"的新要求，并指出"要以培养担当民族复兴大任的时代新人为着眼点，强化教育引导、实践养成、制度保障，发挥社会主义核心

---

① 刘复兴，惠文婕. 新时代人才培养标准与粤港澳大湾区教育创新［J］. 中国人民大学教育学刊，2020（1）.

第十五章　努力培养堪当民族复兴重任的时代新人

价值观对国民教育、精神文明创建、精神文化产品创作生产传播的引领作用,把社会主义核心价值观融入社会发展各方面,转化为人们的情感认同和行为习惯"①,进而提出"有理想、有本领、有担当"的"三有青年"成才观,为新时代培养什么人指明了方向。在 2018 年 9 月的全国教育大会上,习近平总书记再次强调,"我国是中国共产党领导的社会主义国家,这就决定了我们的教育必须把培养社会主义建设者和接班人作为根本任务,培养一代又一代拥护中国共产党领导和我国社会主义制度、立志为中国特色社会主义奋斗终身的有用人才"②。他还提出培养人要在坚定理想信念上下功夫,要在厚植爱国主义情怀上下功夫,要在加强品德修养上下功夫,要在增长知识见识上下功夫,要在培养奋斗精神上下功夫,要在增强综合素质上下功夫。"六个下功夫"明确了新时代人才培养的主要任务,是做好新时代人才培养工作的行动指南。习近平总书记从"三有青年"到"六个下功夫"的重要论述,深刻阐明了"时代新人"的具体内涵与培养路径。中共十九大报告指出:"青年兴则国家兴,青年强则国家强。青年一代有理想、有本领、有担当,国家就有前途,民族就有希望。""有理想、有本领、有担当",对应时代新人之精神、能力、特色,把握时代新人内涵,要在深刻领会民族复兴之大任的基础上,全面探索时代新人之精神、能力与特色③。

(一) 时代新人之精神

时代新人之精神是指人才首先必须爱国,要忠于祖国,忠于人民。其次是要立志,立鸿鹄志,做奋斗者。将个人与民族大义相结合,以中国精神、中国力量来凝聚品格。这就要求我们教育工作者在教育过程中引导学生培育和践行社会主义核心价值观,将爱国主义情怀厚植在学生心中,让爱国主义精神在学生心中牢牢扎根,鼓励引导学生树立高远志

---

① 习近平. 决胜全面建成小康社会　夺取新时代中国特色社会主义伟大胜利:在中国共产党第十九次全国代表大会上的报告 [N]. 人民日报,2017-10-28.
② 坚持中国特色社会主义教育发展道路　培养德智体美劳全面发展的社会主义建设者和接班人 [N]. 人民日报,2018-09-11.
③ 刘复兴,惠文婕. 新时代人才培养标准与粤港澳大湾区教育创新 [J]. 中国人民大学教育学刊,2020 (1).

向，践行敢于担当、不懈奋斗的精神。

第一，爱国主义是中华民族的民族心、民族魂，是中华民族最重要的精神财富，是中华儿女维护民族独立和民族尊严的强大精神动力。爱国主义精神深深植根于中华儿女心中，维系着中华大地上各个民族的团结统一，激励着一代又一代中华儿女为祖国发展繁荣而自强不息、不懈奋斗，时代新人应当做到爱党爱国爱社会主义相统一，以坚定的信念、真挚的情感走在新时代中国特色社会主义道路上。2019年11月，中共中央、国务院印发《新时代爱国主义教育实施纲要》，其中尤其强调"新时代爱国主义教育要面向全体人民、聚焦青少年"，在全社会营造新时代爱国主义教育的浓厚氛围。第二，时代新人要立长志，做追梦人和奋斗者。习近平总书记十分强调"奋斗精神"，并指出中华民族具有伟大奋斗精神，新时代中国人特别是青年一代更要有奋斗精神；指出中国改革开放和现代化建设的伟大成就是奋斗出来的，中国人民的幸福生活也是奋斗出来的，这高度吻合了奋斗与奋进的新时代主题，可以说是时代新人的最基本精神[①]。习近平总书记在纪念五四运动100周年大会上讲道："新时代中国青年要增强学习紧迫感，如饥似渴、孜孜不倦学习，努力学习马克思主义立场观点方法，努力掌握科学文化知识和专业技能，努力提高人文素养，在学习中增长知识、锤炼品格，在工作中增长才干、练就本领，以真才实学服务人民，以创新创造贡献国家！"

（二）时代新人之能力

时代新人之能力是指微观个体技能与宏观社会技能之结合。人才必须具备能肩负起民族复兴大任的各种能力。这种能力不仅指学生个人的能力，还指宏观的人才能力合集。民族复兴大任不是靠一个人的能力支撑起来的，而是靠千千万万劳动者的共同努力。一个人也不可能掌握所有的技能。因此，如何培养支撑民族复兴大任的时代新人，不仅要明确新人需要掌握的技能，还要从宏观层面上把握技能的社会总分配原则，体现人才发展的多样性与人才培养规格的科学性。只有确立了教育培养人才的规格，才能在教育中遵循因材施教的原则，让学生在学习中求真

---

① 刘建军. 论"时代新人"的科学内涵[J]. 思想理论教育，2019（2）.

第十五章　努力培养堪当民族复兴重任的时代新人

学问，练真本领。

时代新人能力的培养，对我国构建多样化人才培养体系提出新的挑战。我们要确保公共教育服务均等化，保证全民受教育水平不断提高；要着力培养高素质高水平的一流人才，尤其要夯实基础性学科研究，实现人才驱动发展；还要构建学习型社会，建设全民终身学习的教育体系，推动整个社会形成崇尚知识、终身学习的良好风气，提升全体国民素质。此外，在普通教育之外，我们还应格外重视职业教育发展，培养更多具备高水平专业技能的能工巧匠。正如2021年4月习近平总书记对职业教育工作做出重要指示强调："在全面建设社会主义现代化国家新征程中，职业教育前途广阔、大有可为。要坚持党的领导，坚持正确办学方向，坚持立德树人，优化职业教育类型定位，深化产教融合、校企合作，深入推进育人方式、办学模式、管理体制、保障机制改革，稳步发展职业本科教育，建设一批高水平职业院校和专业，推动职普融通，增强职业教育适应性，加快构建现代职业教育体系，培养更多高素质技术技能人才、能工巧匠、大国工匠。各级党委和政府要加大制度创新、政策供给、投入力度，弘扬工匠精神，提高技术技能人才社会地位，为全面建设社会主义现代化国家、实现中华民族伟大复兴的中国梦提供有力人才和技能支撑。"

（三）时代新人之特色

时代新人之特色是指人才的国际视野、国际能力与中国自信。当下的青年正处于百年未有之大变局，处于中华实现伟大复兴的关键历史阶段，处于科技革命先锋较量的智能浪潮中，更需要深刻认识与增强中国特色社会主义道路自信、理论自信、制度自信、文化自信，坚定地运用中国主张、中国方案，在国际舞台上绽放中华民族的光辉。正如习近平总书记强调的，青少年要"以青春之我……，创建青春之国家，青春之民族"。青年一代要志存高远，脚踏实地，努力实现中华民族伟大复兴的中国梦。

在历史上，我们党曾提出过多种育人目标，从培养干部、培养劳动者，再到今天的培养德智体美劳全面发展的社会主义建设者和接班人，无不体现着时代对党育人育才的特殊要求，以及当代青年所肩负的历史使命与社会责任。一是要明确价值观教育在人才培养中的核心、首要、引领地位；二是要坚持人才培养的社会主义方向；三是要把核心素养作为人才培养的基本要求；四是把创新能力作为人才培养的关键能力；五是把担当精神、社会责任感作为人才培养的必备品格；六是把劳动教育作为人才培养基本途径[①]。此外，为了应对国际社会的竞争与挑战，回应"人类命运共同体"理念下中国的责任担当，实现全球化趋势下人的全面发展的现实需要，需要引领时代新人树立具有国际视野的思维意识，在与世界合作的实践锻炼中造就时代新人[②]。2020 年儿童节前夕，习近平总书记为孩子们送上祝福并寄予殷殷嘱托："少年强则国强。当代中国少年儿童既是实现第一个百年奋斗目标的经历者、见证者，更是实现第二个百年奋斗目标、建设社会主义现代化强国的生力军。希望广大少年儿童刻苦学习知识，坚定理想信念，磨练坚强意志，锻炼强健体魄，为实现中华民族伟大复兴的中国梦时刻准备着。"

三、体现时代特征，服务时代要求

"十八大以来的五年，是党和国家发展进程中极不平凡的五年。面对世界经济复苏乏力、局部冲突和动荡频发、全球性问题加剧的外部环境，面对我国经济发展进入新常态等一系列深刻变化，我们坚持稳中求进工作总基调，迎难而上，开拓进取，取得了改革开放和社会主义现代化建设的历史性成就。"中共十九大报告总结道，十八大以来，我们在经济建设、全面深化改革、民主法治建设、思想文化建设、民生事业发展、生态文明建设、强军兴军、港澳台工作、外交工作、全面从严治党等十个方面取得了全方位的、开创性的成就，由此，中国特色社会主义进入了新时代。新时代不仅有新成就，更有新挑战，"中国特色社会主义进入新时代"的历史方位，不仅要求我们对国内环境有全面了解，更

---

① 刘复兴，曹宇新. 坚持把服务中华民族伟大复兴作为教育的重要使命[J]. 中国高等教育，2019（7）.

② 冯刚，王方. 国际视野下时代新人培育的理论蕴含与实践路径[J]. 国家教育行政学院学报，2020（3）.

第十五章　努力培养堪当民族复兴重任的时代新人

要对国际环境做出深刻判断。在 2018 年 6 月召开的中央外事工作会议上，习近平总书记再次提出，"当前，我国处于近代以来最好的发展时期，世界处于百年未有之大变局，两者同步交织、相互激荡"。目前，我国正处于"实现第一个百年奋斗目标之后，乘势而上开启全面建设社会主义现代化国家新征程、向第二个百年奋斗目标进军"的关键节点，同时面临着百年未有之大变局的国际环境，必须把教育事业改革创新发展放在二者之下共同考量，方能更好地培养"担当民族复兴大任的时代新人"。

（一）把教育改革创新放到中华民族伟大复兴大局中考虑

"为了实现中国梦，我们确立了'两个一百年'奋斗目标。"习近平总书记指出："时代越是向前，知识和人才的重要性就愈发突出，教育的地位和作用就愈发凸显。"我国正处于历史上最好的发展时期，但要实现"两个一百年"奋斗目标、实现中华民族伟大复兴的中国梦，必须更加重视教育，努力培养出更多能够更好满足党、国家、人民、时代需要的人才。教育作为实现"两个一百年"奋斗目标的关键环节，必须从服务全面建成小康社会目标做起，服务于实现社会主义现代化目标，服务于建设富强民主文明和谐美丽的社会主义现代化强国目标，服务于建设人类命运共同体目标，为最终实现"两个一百年"奋斗目标提供人才支撑和智力支持。

着眼"两个一百年"奋斗目标，尤其是我们目前面临的第二个百年奋斗目标，教育要实现自身的现代化发展，其中一项就是要积极面对教育信息化的发展，在处理教育与人的发展、教育与社会发展的关系之外，着手考量教育与机器发展的关系。2019 年 5 月，习近平总书记在向国际人工智能与教育大会发出的贺信中强调了对中国教育信息化、现代化、前沿化的期许，"中国高度重视人工智能对教育的深刻影响，积极推动人工智能和教育深度融合，促进教育变革创新，充分发挥人工智能优势，加快发展伴随每个人一生的教育、平等面向每个人的教育、适合每个人的教育、更加开放灵活的教育。中国愿同世界各国一道，聚焦人工智能发展前沿问题，深入探讨人工智能快速发展条件下教育发展创新的思路和举措，凝聚共识、深化合作、扩大共享，携手推动构建人类命运共同体"。

此外，在"两个一百年"奋斗目标交汇期实施的"十四五"规划是一个承上启下的规划，我们应当使教育在"十四五"规划中实现长足的发展。2020年10月，中共第十九届中央委员会第五次全体会议通过了《中共中央关于制定国民经济和社会发展第十四个五年规划和二〇三五年远景目标的建议》，其中强调"'十四五'时期是我国全面建成小康社会、实现第一个百年奋斗目标之后，乘势而上开启全面建设社会主义现代化国家新征程、向第二个百年奋斗目标进军的第一个五年"。"十四五"规划是一个新的特殊时期的规划，我们正面对中华民族伟大复兴的大局面、全球百年未有之大变局、世界百年未遇之大疫情、新工业革命的重大挑战；"十四五"规划同时还是一个要求引领高质量发展的规划，它要求我们提高质量，引领发展，实现教育现代化，建设教育强国，以为实现第二个百年奋斗目标奠定基石。

在中共十九届五中全会召开前一个月，2020年9月，习近平总书记在主持召开教育文化卫生体育领域专家代表座谈会上就对"十四五"时期教育事业的发展方向做出了总体展望，"我们要从党和国家事业发展全局的高度，全面贯彻党的教育方针，坚持优先发展教育事业，坚守为党育人、为国育才，努力办好人民满意的教育，在加快推进教育现代化的新征程中培养担当民族复兴大任的时代新人。要坚持社会主义办学方向，把立德树人作为教育的根本任务，发挥教育在培育和践行社会主义核心价值观中的重要作用，深化学校思想政治理论课改革创新，加强和改进学校体育美育，广泛开展劳动教育，发展素质教育，推进教育公平，促进学生德智体美劳全面发展，培养学生爱国情怀、社会责任感、创新精神、实践能力。……要优化同新发展格局相适应的教育结构、学科专业结构、人才培养结构。要完善全民终身学习推进机制。……我国高校要勇挑重担，……聚焦国家战略需要，瞄准关键核心技术特别是'卡脖子'问题，加快技术攻关。……要立足服务国家区域发展战略，优化区域教育资源配置，加快形成点线面结合、东中西呼应的教育发展空间格局，提升教育服务区域发展战略水平。要全面深化教育领域综合改革，增强教育改革的系统性、整体性、协同性"。这无不体现出"两个一百年"奋斗目标下时代呼唤教育事业焕发新生机、实现新发展、开拓新作为。

（二）把教育改革创新放到百年未有之大变局中考虑

20 世纪 50 年代以来，第二次世界大战后建立的国际体系日益受到挑战，世界范围内不断爆发大大小小的危机和矛盾——东欧剧变、苏联解体、资本主义金融危机、英国脱欧等不断冲击着全球秩序，20 世纪 70 年代新自由主义诞生以来形成的市场化、全球化、经济贸易一体化趋势正在发生逆转，第四次工业革命与新冠疫情的全球性暴发则增强了这一挑战，世界在技术竞争基础上进行价值反省与价值重建。价值反省与价值重建加剧了中国与西方的意识形态之争乃至文明冲突，这就要求我们特别重视政治建设、思想建设、价值建设、信仰建设、文化建设，重视自主创新，"十四五"时期教育的改革创新面临诸多过去我们从未面临的新挑战与新要求。

2017 年 12 月，习近平总书记在接见回国参加 2017 年度驻外使节工作会议代表时，首次提出了"百年未有之大变局"的重要论断。在 2018 年 6 月召开的中央外事工作会议上，习近平总书记再次提出，"当前，我国处于近代以来最好的发展时期，世界处于百年未有之大变局，两者同步交织、相互激荡"，并从激情、理性和欲望的深度分别论述了全球性故事弱化、战争乏利可图、智能迅速崛起三种"大变局"[①]。"百年未有之大变局"具体表现在大国实力对比变化、科技进步影响深远并伴随众多不确定性、民众权利意识普遍觉醒、人口结构改变、国际货币体系演化、多边体系瓦解与重建、美国内部制度颓势显露和中美博弈加剧"规锁"等八个方面[②]。然而，大国竞争、此消彼长的根本动力在于技术变革与文明冲突两个关键因素。从第一次工业革命到第四次工业革命，技术变革的速度呈指数型加速，从单一技术主导走向今天的技术叠加，因此我们可以看到，世界范围内开展得如火如荼的第四次工业革命

[①] 张一飞．"百年未有之大变局"的三个面向［J］．国际经济评论，2020（1）．
[②] 张宇燕．理解百年未有之大变局［J］．国际经济评论，2019（5）．

具体表现为人工智能、大数据、互联网、物联网、区块链、5G 与新能源等新兴技术的叠加组合，甚至随时会有更加先进的技术涌现。目前，中国在 5G、超级计算机、AI、射电望远镜、航天、量子通信、高铁这七大领域已经开始超越美国，领先世界发展，然而，我们在众多领域仍存在短板：通用电气领域、复合材料领域、微电子领域、精细化工领域、机械制造领域、高档数控系统等高新科技领域。在教育领域中，则是我们缺少一批世界一流大学，缺少一批世界一流学科、一流人才。面对文明冲突的挑战，我们同样也面对着一个困境，即改革开放 40 多年，物质文明建设与精神文明建设存在失衡现象，我们之前所定的"两手抓、两手都要硬"的目标并没有完全达到，思想建设、价值建设、信仰建设、文化建设略显滞后。

正因如此，中共十八大以来党和国家才尤其重视教育工作，面对世界百年未有之大变局，面对第四次工业革命的挑战，面对精神文明建设的困境，面对"两个一百年"奋斗目标交汇期新的发展战略目标的新要求，将教育作为国之大计、党之大计，强调教育对实现中华民族伟大复兴的决定性意义，提出人才是第一资源，创新是第一动力，坚持中国特色社会主义教育发展道路，培养德智体美劳全面发展的社会主义建设者和接班人，以实现教育现代化，建设教育强国，在中国特色社会主义新时代，培养担当民族复兴大任的时代新人。

附录五　中共十八大到中共二十大时期全国代表大会报告有关教育内容的节选及其他重要政策文献

● 坚定不移沿着中国特色社会主义道路前进，为全面建成小康社会而奋斗——在中国共产党第十八次全国代表大会上的报告（二〇一二年十一月）

根据我国经济社会发展实际，要在十六大、十七大确立的全面建设小康社会目标的基础上努力实现新的要求。

……

人民生活水平全面提高。基本公共服务均等化总体实现。全民受教育程度和创新人才培养水平明显提高，进入人才强国和人力资源强国行列，教育现代化基本实现。就业更加充分。收入分配差距缩小，中等收入群体持续扩大，扶贫对象大幅减少。社会保障全民覆盖，人人享有基本医疗卫生服务，住房保障体系基本形成，社会和谐稳定。

……

实施创新驱动发展战略。科技创新是提高社会生产力和综合国力的战略支撑，必须摆在国家发展全局的核心位置。要坚持走中国特色自主创新道路，以全球视野谋划和推动创新，提高原始创新、集成创新和引进消化吸收再创新能力，更加注重协同创新。深化科技体制改革，推动科技和经济紧密结合，加快建设国家创新体系，着力构建以企业为主体、市场为导向、产学研相结合的技术创新体系。完善知识创新体系，强化基础研究、前沿技术研究、社会公益技术研究，提高科学研究水平和成果转化能力，抢占科技发展战略制高点。实施国家科技重大专项，突破重大技术瓶颈。加快新技术新产品新工艺研发应用，加强技术集成和商业模式创新。完善科技创新评价标准、激励机制、转化机制。实施知识产权战略，加强知识产权保护。促进创新资源高效配置和综合集成，把全社会智慧和力量凝聚到创新发展上来。

……

教育理论与政策

努力办好人民满意的教育。教育是民族振兴和社会进步的基石。要坚持教育优先发展，全面贯彻党的教育方针，坚持教育为社会主义现代化建设服务、为人民服务，把立德树人作为教育的根本任务，培养德智体美全面发展的社会主义建设者和接班人。全面实施素质教育，深化教育领域综合改革，着力提高教育质量，培养学生社会责任感、创新精神、实践能力。办好学前教育，均衡发展九年义务教育，基本普及高中阶段教育，加快发展现代职业教育，推动高等教育内涵式发展，积极发展继续教育，完善终身教育体系，建设学习型社会。大力促进教育公平，合理配置教育资源，重点向农村、边远、贫困、民族地区倾斜，支持特殊教育，提高家庭经济困难学生资助水平，积极推动农民工子女平等接受教育，让每个孩子都能成为有用之才。鼓励引导社会力量兴办教育。加强教师队伍建设，提高师德水平和业务能力，增强教师教书育人的荣誉感和责任感。

● **决胜全面建成小康社会　夺取新时代中国特色社会主义伟大胜利——在中国共产党第十九次全国代表大会上的报告（二〇一七年十月）**

经过长期努力，中国特色社会主义进入了新时代，这是我国发展新的历史方位。

....

加快建设创新型国家。创新是引领发展的第一动力，是建设现代化经济体系的战略支撑。要瞄准世界科技前沿，强化基础研究，实现前瞻性基础研究、引领性原创成果重大突破。加强应用基础研究，拓展实施国家重大科技项目，突出关键共性技术、前沿引领技术、现代工程技术、颠覆性技术创新，为建设科技强国、质量强国、航天强国、网络强国、交通强国、数字中国、智慧社会提供有力支撑。加强国家创新体系建设，强化战略科技力量。深化科技体制改革，建立以企业为主体、市场为导向、产学研深度融合的技术创新体系，加强对中小企业创新的支持，促进科技成果转化。倡导创新文化，强化知识产权创造、保护、运用。培养造就一大批具有国际水平的战略科技人才、科技领军人才、青年科技人才和高水平创新团队。

....

优先发展教育事业。建设教育强国是中华民族伟大复兴的基础工

附录五　中共十八大到中共二十大时期全国代表大会报告有关教育内容的节选及其他重要政策文献

程，必须把教育事业放在优先位置，深化教育改革，加快教育现代化，办好人民满意的教育。要全面贯彻党的教育方针，落实立德树人根本任务，发展素质教育，推进教育公平，培养德智体美全面发展的社会主义建设者和接班人。推动城乡义务教育一体化发展，高度重视农村义务教育，办好学前教育、特殊教育和网络教育，普及高中阶段教育，努力让每个孩子都能享有公平而有质量的教育。完善职业教育和培训体系，深化产教融合、校企合作。加快一流大学和一流学科建设，实现高等教育内涵式发展。健全学生资助制度，使绝大多数城乡新增劳动力接受高中阶段教育、更多接受高等教育。支持和规范社会力量兴办教育。加强师德师风建设，培养高素质教师队伍，倡导全社会尊师重教。办好继续教育，加快建设学习型社会，大力提高国民素质。

● **高举中国特色社会主义伟大旗帜　为全面建设社会主义现代化国家而团结奋斗——在中国共产党第二十次全国代表大会上的报告（二〇二二年十月）**

建成世界上规模最大的教育体系、社会保障体系、医疗卫生体系，教育普及水平实现历史性跨越，基本养老保险覆盖十亿四千万人，基本医疗保险参保率稳定在百分之九十五。

…………

五、实施科教兴国战略，强化现代化建设人才支撑

教育、科技、人才是全面建设社会主义现代化国家的基础性、战略性支撑。必须坚持科技是第一生产力、人才是第一资源、创新是第一动力，深入实施科教兴国战略、人才强国战略、创新驱动发展战略，开辟发展新领域新赛道，不断塑造发展新动能新优势。

我们要坚持教育优先发展、科技自立自强、人才引领驱动，加快建设教育强国、科技强国、人才强国，坚持为党育人、为国育才，全面提高人才自主培养质量，着力造就拔尖创新人才，聚天下英才而用之。

（一）办好人民满意的教育。教育是国之大计、党之大计。培养什么人、怎样培养人、为谁培养人是教育的根本问题。育人的根本在于立德。全面贯彻党的教育方针，落实立德树人根本任务，培养德智体美劳全面发展的社会主义建设者和接班人。坚持以人民为中心发展教育，加

快建设高质量教育体系，发展素质教育，促进教育公平。加快义务教育优质均衡发展和城乡一体化，优化区域教育资源配置，强化学前教育、特殊教育普惠发展，坚持高中阶段学校多样化发展，完善覆盖全学段学生资助体系。统筹职业教育、高等教育、继续教育协同创新，推进职普融通、产教融合、科教融汇，优化职业教育类型定位。加强基础学科、新兴学科、交叉学科建设，加快建设中国特色、世界一流的大学和优势学科。引导规范民办教育发展。加大国家通用语言文字推广力度。深化教育领域综合改革，加强教材建设和管理，完善学校管理和教育评价体系，健全学校家庭社会育人机制。加强师德师风建设，培养高素质教师队伍，弘扬尊师重教社会风尚。推进教育数字化，建设全民终身学习的学习型社会、学习型大国。

（二）完善科技创新体系。坚持创新在我国现代化建设全局中的核心地位。完善党中央对科技工作统一领导的体制，健全新型举国体制，强化国家战略科技力量，优化配置创新资源，优化国家科研机构、高水平研究型大学、科技领军企业定位和布局，形成国家实验室体系，统筹推进国际科技创新中心、区域科技创新中心建设，加强科技基础能力建设，强化科技战略咨询，提升国家创新体系整体效能。深化科技体制改革，深化科技评价改革，加大多元化科技投入，加强知识产权法治保障，形成支持全面创新的基础制度。培育创新文化，弘扬科学家精神，涵养优良学风，营造创新氛围。扩大国际科技交流合作，加强国际化科研环境建设，形成具有全球竞争力的开放创新生态。

（三）加快实施创新驱动发展战略。坚持面向世界科技前沿、面向经济主战场、面向国家重大需求、面向人民生命健康，加快实现高水平科技自立自强。以国家战略需求为导向，集聚力量进行原创性引领性科技攻关，坚决打赢关键核心技术攻坚战。加快实施一批具有战略性全局性前瞻性的国家重大科技项目，增强自主创新能力。加强基础研究，突出原创，鼓励自由探索。提升科技投入效能，深化财政科技经费分配使用机制改革，激发创新活力。加强企业主导的产学研深度融合，强化目标导向，提高科技成果转化和产业化水平。强化企业科技创新主体地位，发挥科技型骨干企业引领支撑作用，营造有利于科技型中小微企业成长的良好环境，推动创新链产业链资金链人才链深度融合。

（四）深入实施人才强国战略。培养造就大批德才兼备的高素质人才，是国家和民族长远发展大计。功以才成，业由才广。坚持党管人才原则，坚持尊重劳动、尊重知识、尊重人才、尊重创造，实施更加积极、更加开放、更加有效的人才政策，引导广大人才爱党报国、敬业奉献、服务人民。完善人才战略布局，坚持各方面人才一起抓，建设规模宏大、结构合理、素质优良的人才队伍。加快建设世界重要人才中心和创新高地，促进人才区域合理布局和协调发展，着力形成人才国际竞争的比较优势。加快建设国家战略人才力量，努力培养造就更多大师、战略科学家、一流科技领军人才和创新团队、青年科技人才、卓越工程师、大国工匠、高技能人才。加强人才国际交流，用好用活各类人才。深化人才发展体制机制改革，真心爱才、悉心育才、倾心引才、精心用才，求贤若渴，不拘一格，把各方面优秀人才集聚到党和人民事业中来。

● 把思想政治工作贯穿教育教学全过程 开创我国高等教育事业发展新局面（二〇一六年十二月）

● 中共中央办公厅、国务院办公厅关于深化教育体制机制改革的意见（二〇一七年九月）

● 中共中央、国务院关于全面深化新时代教师队伍建设改革的意见（二〇一八年一月）

● 坚持中国特色社会主义教育发展道路 培养德智体美劳全面发展的社会主义建设者和接班人（二〇一八年九月）

● 中共中央、国务院关于全面加强新时代大中小学劳动教育的意见（二〇二〇年三月）

● 深化新时代教育评价改革总体方案（二〇二〇年十月）

● 中共中央办公厅、国务院办公厅关于全面加强和改进新时代学校体育工作的意见（二〇二〇年十月）

● 中共中央办公厅、国务院办公厅关于全面加强和改进新时代学校美育工作的意见（二〇二〇年十月）

● 中共中央办公厅、国务院办公厅关于进一步减轻义务教育阶段学

生作业负担和校外培训负担的意见（二〇二一年七月）

● 中共中央办公厅、国务院办公厅关于加强新时代高技能人才队伍建设的意见（二〇二二年十月）

● 中共中央办公厅、国务院办公厅关于深化现代职业教育体系建设改革的意见（二〇二二年十二月）

● 加快建设教育强国 为中华民族伟大复兴提供有力支撑（二〇二三年五月）

● 中共中央办公厅、国务院办公厅关于构建优质均衡的基本公共教育服务体系的意见（二〇二三年六月）

后　记

本书是"中国共产党百年教育理论与实践研究丛书"的一本。"中国共产党百年教育理论与实践研究丛书"是中国人民大学为纪念中国共产党成立一百周年而组织撰写的一套丛书，也是中国人民大学教育学院学科建设的一项标志性成果。

一百多年来，中国共产党带领中国人民前赴后继，艰苦奋斗，取得了新民主主义革命的胜利，建立了中华人民共和国；开展了社会主义革命的探索，确立了社会主义基本制度；推动了改革开放伟大历史进程，开辟了中国特色社会主义发展道路；提出了"两个一百年"奋斗目标，确立了中国式现代化道路。在每一个历史发展阶段，中国共产党的教育理论与政策都发挥了重要的作用。中国共产党从成立的那天起就十分重视教育工作，十分重视教育理论创新与教育政策发展。本书系统研究与总结一百多年来中国共产党教育理论与政策的理论体系与基本经验，以为新时代我国教育的改革创新提供历史方位与理论指导。

本书是集体合作的成果。全书的撰写整体上由刘复兴设计，大家分工负责。参与写作的人员主要是中国人民大学教育学院的教师与博士研究生。具体分工：第一部分，刘复兴（中国人民大学教育学院教授）、曹宇新（中国人民大学教育学院博士研究生）。第二部分，袁玉芝（中国人民大学教育学院副教授）、赵伽诺（中国人民大学教育学院博士研究生）。第三部分，胡莉芳（中国人民大学教育学院教授）、白紫薇（中国人民大学教育学院博士研究生）。第四部分，詹宏毅（中国人民大学教育学院副教授）、惠文婕（中国人民大学教育学院博士后）。第五部分，刘复兴、李清煜（中国人民大学教育学院博士研究生）、李淼（高等教育出版社编辑，中国人民大学教育学院硕士研究生）。全书由刘复兴审阅定稿。

  由于本书研究的内容庞杂，加之作者水平有限，书中错漏在所难免，恳请广大读者给予批评指正！

作　者
2024 年 3 月 29 日

图书在版编目（CIP）数据

教育理论与政策/刘复兴等著. -- 北京：中国人民大学出版社，2024.5
（中国共产党百年教育理论与实践研究丛书/靳诺总主编）
ISBN 978-7-300-32527-9

Ⅰ.①教… Ⅱ.①刘… Ⅲ.①教育理论-研究-中国 ②教育政策-研究-中国 Ⅳ.①G520

中国国家版本馆CIP数据核字（2024）第035805号

国家出版基金项目
"十四五"时期国家重点出版物出版专项规划项目
中国共产党百年教育理论与实践研究丛书
总 主 编 靳 诺
执 行 主 编 郑水泉 刘复兴
教育理论与政策
刘复兴 等 著

出版发行	中国人民大学出版社			
社 址	北京中关村大街31号	邮政编码	100080	
电 话	010-62511242（总编室）	010-62511770（质管部）		
	010-82501766（邮购部）	010-62514148（门市部）		
	010-62515195（发行公司）	010-62515275（盗版举报）		
网 址	http://www.crup.com.cn			
经 销	新华书店			
印 刷	北京宏伟双华印刷有限公司			
开 本	720 mm×1000 mm 1/16	版 次	2024年5月第1版	
印 张	19.5	印 次	2024年5月第1次印刷	
字 数	258 000	定 价	88.00元	

版权所有 侵权必究 印装差错 负责调换